本书得到国家自然科学基金项目（71L73141）、国家自然科学基金项目（71373170）、山西省国际科技合作项目（2013081070）、山西省软科学研究项目（2013041015—04）资助

The Research of Optimizing the Primary Energy Consumption Structure in China based on the Low-carbon Economy Constraints

低碳经济约束下中国一次能源消费结构优化研究

柳亚琴◎著

经济管理出版社
ECONOMY & MANAGEMENT PUBLISHING HOUSE

图书在版编目（CIP）数据

低碳经济约束下中国一次能源消费结构优化研究/柳亚琴著．—北京：经济管理出版社，2015.4

ISBN 978－7－5096－3665－7

Ⅰ.①低…　Ⅱ.①柳…　Ⅲ.①能源消费—消费结构—研究—中国　Ⅳ.①F426.2

中国版本图书馆 CIP 数据核字(2015)第 050061 号

组稿编辑：杜　菲
责任编辑：杜　菲
责任印制：司东翔
责任校对：车立佳

出版发行：经济管理出版社
（北京市海淀区北蜂窝 8 号中雅大厦 A 座 11 层　100038）
网　　址：www. E－mp. com. cn
电　　话：(010) 51915602
印　　刷：北京京华虎彩印刷有限公司
经　　销：新华书店
开　　本：720mm×1000mm/16
印　　张：12.25
字　　数：236 千字
版　　次：2015 年 4 月第 1 版　　2015 年 4 月第 1 次印刷
书　　号：ISBN 978－7－5096－3665－7
定　　价：48.00 元

前　　言

以“低能耗、低污染、低排放”为基础的低碳经济是应对气候变化的根本途径。低碳经济的实质是在确保经济平稳发展的前提下减少二氧化碳排放量，建立合理的能源消费结构，从而达到社会经济发展与生态环境保护双赢的一种经济发展形态，它已成为世界各国共同研究和探讨的焦点。与此同时，在发达国家应对气候变化的行动进行得如火如荼之际，作为世界上最大的发展中国家，中国提出到2020年二氧化碳排放强度比2005年降低40%～45%。要实现2020年二氧化碳排放强度目标，中国必须走低碳经济发展道路，其不仅是经济增长和能源消费总量问题，还是能源消费结构问题。目前，中国正处于经济高速发展和工业化、城市化进程加快的阶段，能源需求持续快速增长，能源消费结构以煤炭为主，但以煤炭为主的能源消费结构会带来较高的二氧化碳排放，导致中国2020年二氧化碳排放强度目标的实现面临严峻挑战。另外，由于中国地域辽阔，资源禀赋各异，各地区的经济发展很不平衡，导致了各地区的能源消费结构和二氧化碳排放水平存在着显著差异，而且随着社会经济的发展，减排难度会越来越大，成本也会越来越高。因此，从全国和区域层面系统研究低碳经济约束下中国一次能源消费结构优化问题具有重要的意义。

基于此，本书围绕分析低碳经济约束条件下一次能源消费结构优化的各种问题，主要采用比较分析方法、定量与定性分析方法相结合、理论分析与实证研究方法相结合、归纳和演绎相结合等研究方法从全国和区域两个层面对一次能源消费结构优化展开了剖析与研究。

概括起来，研究的主要工作和创新之处包括以下几个方面：

（1）在理论研究方面，本书对低碳经济约束下一次能源消费结构优化的理论基础：低碳经济理论、能源消费结构优化相关理论（可持续发展理论和能源优化配置理论）以及区域协调可持续发展理论进行了研究；并以经济增长、能源消费和二氧化碳排放为比较对象，广泛收集相关资料，从全国、三大地带和八大经济区域三个视角，分别采用横向比较、纵向比较和定量分析方法对中国各地区以及全国的 GDP、能源消费、二氧化碳排放现状以及特征进行了分析，结果发现中国和世界主要发达国家之间、中国各地区之间存在着显著差异，从而剖析产生这些差异的内在原因；基于此，使用归纳和演绎相结合方法论述了低碳经济约束下中国一次能源消费结构优化调整的五大原则，提出了低碳经济约束下一次能源消费结构优化的目标。

（2）对一次能源消费结构优化的低碳经济约束条件进行了分析。利用能源经济学和经济增长理论构建二氧化碳减排约束下的经济增长理论模型，根据动态最优控制理论推导得到二氧化碳减排与不减排两种经济平稳增长路径下的最优经济增长率，进一步采用偏最小二乘回归方法分别计算两种经济平稳增长路径下 2020 年的最优经济增长率，得到以下结论：二氧化碳不减排情况下 2020 年最优经济增长率为 8.30%；2020 年二氧化碳排放强度降低 40% ~45% 的减排目标下最优经济增长率分别为 7.67% 和 7.52%。基于此，设定 2012 ~2020 年期间两种不同的最优经济发展情景：基准情景和低碳经济发展情景，其年均最优经济增长率分别为 9% 和 8%，由此预测得到两种不同经济发展情景下 2020 年经济产出、能源消费需求量和二氧化碳排放量，研究结果表明在实现经济平稳增长的同时，落实中国政府公布的 2020 年二氧化碳排放强度目标，不仅可以加快粗放经济增长方式的转变，促进低碳经济发展模式的形成，同时还能推动能源、经济与环境的协调可持续发展。

（3）从全国整体角度对低碳经济约束下一次能源消费结构优化问题进行了研究。采用 Markov 链模型研究 1995 ~2012 年一次能源消费结构的变动规律和预测 2020 年无能源规划约束以及能源规划约束情景下中国的一次能源消费结构；运用多目标决策方法对基于低碳经济发展情景下的 2020 年中国一次能源消费结构优化进行了研究。研究结果表明：在无能源规划约束情景下基本可以实现 2020 年单位 GDP 二氧化碳排放较 2005 年降低 40% 的目标，但要实现 45% 的目标则存在较大的难度；在有能源规划约束情景下，由于煤炭占一次能源消费比重的显著下降和非化石能源消费比重的大幅提升，一次能源消费结构得到一定优化，可以实现 2020 年单位 GDP 二氧化碳排放较 2005 年降低 40% ~45% 的目标。Markov 链模型计算得到的一次能源消费结构和低碳情景下的一次能源消费结构相比，一次能源消费结构在低碳情景中三种不同优化方案下均得到优化调整，煤炭消费比重大幅降低，水电、核电等非化石能源作为重要替代能源在一次能源消费结构中所占比重有很大增幅，能源消费种类将逐渐多元化。

（4）从区域角度对低碳经济约束下一次能源消费结构优化问题进行了研究。在区域层面，运用考虑投入产出松弛的 SBM 模型和传统 CCR 模型分别对中国 30 个省、市、自治区二氧化碳排放效率值进行了测算和对比，定量分析了中国省际二氧化碳排放效率状况及差异，利用地理信息系统（GIS）技术研究了各省、市、自治区二氧化碳排放效率演进规律和能源消费结构特征，并基于 K－Means 聚类分析方法对这两个指标进行了聚类分析和空间区划，将中国划分为五大类群。另外，对一次能源消费结构优化中省际二氧化碳排放约束条件进行了研究，定性分析了二氧化碳排放权配额分配方式、分配原则和分配标准，归纳得到中国省际二氧化碳排放权配额分配原则，从而计算得出未来两种不同经济发展情景下各省、市、自治区相应的二氧化碳排放总配额与年均二氧化碳排放配额；在此基础上，运用多目标决策方法对五大类群中具有代表性的省份或城市进行了一次能源消费结构优化研究，并对比分析了它们在两种经济发展情景中 2020 年不同二氧化碳排放权配额下的一次能源消费结构情况。研究结果表明：在中国实现 2020 年二氧化碳排放强度目标前提下，未来两种不同经济发展情景中 2020 年这五个代表性省、市的一次能源消费结构均呈现出显著的差异，但中国总体的能源消费结构在未来的能源消费结构优化调整中将逐步趋向多元化。

（5）最后提出了中国一次能源消费结构优化调整的对策，本书的主旨是通过全方位的研究低碳经济约束下中国一次能源消费结构优化问题，厘清当前中国一次能源消费结构优化存在的问题并提出相应对策建议。因此，本书从管理制度建设、技术、政策三个层面提出切实可行的中国一次能源消费结构优化调整的低碳发展对策，对中国低碳经济约束下一次能源消费结构的优化调整具有一定的实践参考价值。

ABSTRACT

Take the low energy consumption, the low pollution, the low emissions as the foundation of the low - carbon economy are the fundamental way to tackle climate change. It has become a common focus of research and discussion in countries around the world about how to reduce carbon dioxide emissions and establish a rational energy consumption structure while ensuring steady economic development to achieve a win - win economic development pattern of social economic development and ecological protection. Meanwhile, when the developed country takes more and more action to tackle climate change, the biggest developing country, China, will commit to reducing carbon dioxide emission intensity by 40 to 45 percent of 2005 levels by 2020. China must follow the path of low - carbon economic development to realize the carbon dioxide emission intensity target, which relates not only to economic growth and the total amount of energy consumption, but also the energy consumption structure. China is still in the process of urbanization and industrialization, and the key features are fast economic growth, rapid growth of energy demand, rigid growth, and the consumption structure of energy relying mainly on coal. Coal is the main fuel in the energy consumption structure which causes higher carbon dioxide emissions and leads to severe challenges in the realization of the carbon dioxide emission intensity target. Moreover, China covers a large territory, has different resource endowments and regional economic developments, and hence a variety of regional energy consumption structures and the carbon dioxide emissions levels are significantly different. With the development of the social economy, the difficulty of emission reduction will get larger and larger, and the cost will become increasingly higher. Therefore, it has important significance in the research of optimizing the primary energy consumption structure in China based on the low - carbon economy constraints at the national and regional levels.

Based on this consideration that the primary energy consumption structures were comprehensively analyzed and studied at the national and regional levels, focusing on the analysis of various issues about the primary energy consumption structure was based on the low - carbon economy constraints. Comparative analysis, combining quantitative and qualitative analysis, both theoretical analysis and empirical research, and the combination of induction and deductive research methods were adopted.

In general, the main work and innovation of this study includes the following aspects:

(1) The related theories of optimizing the primary energy consumption structure in China based on the low - carbon economy constraints were studied, which cover low - carbon economic theory, the energy consumption structure optimization theory and the regional coordinated sustainable development theory and so on. Moreover, economic growth, energy consumption and carbon dioxide emissions were used as the objects to be compared, and widely relevant information was collected. The situation of GDP, energy consumption and carbon dioxide emissions were analyzed in both various regions of China and the whole country from the levels of the nation, the three major zones and the eight economic regions by using horizontal comparison, vertical comparison and quantitative analysis. The results showed that there were significant differences not only between China and the main developed country but also the various regions of China. Accordingly, the underlying reasons for these differences were analyzed. By use of a combination of inductive and deductive methods the five principles of primary energy consumption structure optimization and adjustment in China based on the low - carbon economy constraints were discussed, and the three goals of primary energy consumption structure optimization in China based on the low - carbon economy constraints were conducted.

(2) Firstly, the low - carbon economy constraints of primary energy consumption structure optimization were analyzed. Built the model of optimal economic growth based on energy economics and the economic growth theory, calculated the optimal economic growth rate by 2020 on the two steady economic growth paths of both CO_2 control and no CO_2 control, and made use of Partial Least - Squares Regression to calculate the optimal economic growth rate in 2020. The results are as follows: on having no CO_2 control scenario, the optimal economic growth rate is 8.30%; and on the CO_2 control scenario, the optimal economic growth rate is separately 7.67% and 7.52% under the two different controls of reducing carbon dioxide emission intensity by 40 percent and 45 percent by 2020. On this basis, two different optimal economic development scenarios were set

during the period from 2012 to 2020: regarding the baseline scenario and low carbon economy development scenario, the two optimal economic growth rates are respectively 9% and 8%, so forecasted economic output, energy consumption and carbon dioxide emissions refer to two different economic development scenarios. Furthermore, realizing the carbon dioxide emission intensity target under the premise of steady economic growth cannot only accelerate the transformation of the traditional extensive economic growth pattern, boost the formation of low - carbon economic development mode, but meanwhile also promote the comprehensive, harmonious and sustainable development of energy, economy and the environment.

(3) Additionally, the optimization of the primary energy consumption structure in China based on the low - carbon economy constraints from the national angle was studied. The Markov chains model was used to study the fluctuation patterns of the primary energy consumption structure during the period from 2004 to 2011 and predicted the trend of China's energy consumption structure in 2020 on both the no energy planning constraint scenario and on an energy planning constraint scenario. A study of the multi - objective optimization model of the energy consumption structure on the low carbon scenario by the multi - objective decision method was used. The experiment results indicated lowering carbon dioxide emissions per unit of GDP by 40% by 2020 from the 2005 level can be realized on the no energy planning constraint scenario, and there is great difficulty while cutting carbon dioxide emissions per unit of GDP by 45% by 2020 from the 2005 level on the no energy planning constraint scenario. Whereas, the reduction carbon dioxide emissions per unit of GDP by 40% ~ 45% by 2020 from the 2005 level can be realized on an energy planning constraint scenario because the consumption proportion of coal was further lowered and non - fossil energy share increased significantly so the primary energy consumption structure was optimized. Therefore, by comparing the results of the primary energy consumption structure based on the Markov chains model and the low carbon scenario, the primary energy consumption structure achieved optimization and adjustment under the three different optimization schemes based on the low carbon scenario. The proportion of the consumption of coal is significantly reduced. Meanwhile hydro, nuclear and other non - fossil energy is an important alternative energy in which the share of the primary energy consumption structure has a great increase, so China's energy multiple will be gradually realized.

(4) Moreover, the optimization of the primary energy consumption structure in China based on the low - carbon economy constraints from the regional angle was stud-

ied. First, the carbon dioxide emissions efficiencies were respectively calculated and compared according to 30 provinces, municipalities and autonomous regions in China by use of both the SBM model considering relaxation of the input – output problem and the traditional CCR model. The situation of provincial carbon dioxide emissions efficiency and differences were quantitatively analyzed. The evolution rule of carbon dioxide emissions efficiency studied in the provinces and the characteristics of the energy consumption structure by GIS technology was also studied. China was divided into five groups based on the K – means clustering analysis and the partition of feature space. In addition, the provincial carbon dioxide emissions constraints of primary energy consumption structure optimization were analyzed. A qualitative analysis of allocation methods, and principles of distribution and assignment criteria for carbon dioxide emissions allowance in China were made, summarizing the allocation the principle of provincial carbon dioxide emissions allowance in China. The total and average annual carbon dioxide emissions quotas in their regions based on different economic development scenarios were separately calculated. On this basis, a study was conducted of the primary energy consumption structure for the five representative provinces or cities among their groups by use of the multi – objective decision method, and compared their primary energy consumption structure based on different carbon dioxide emissions allowance by 2020 under the two economic development scenarios. The results showed that the primary energy consumption structure of five representative provinces or cities all presented significant differences by 2020 on the two different economic development scenarios while realizing carbon dioxide emission intensity target by 2020; however, the overall energy consumption structure in China gradually diversifies in the future energy consumption structure optimization and adjustment.

(5) Finally, some useful countermeasures about China' s primary energy consumption structure optimization and adjustment were put forward. A comprehensive study of optimizing the primary energy consumption structure in China based on the low – carbon economy constraints to clarify the problems of China' s current primary energy consumption structure was made, and the corresponding countermeasures and suggestions were proposed. Therefore, some operable low carbon countermeasures about the primary energy consumption structure in China were put forward at the management, technology and policy levels. It has a certain practical reference value for optimizing and adjusting China' s primary energy consumption structure based on the low – carbon economy constraints.

目　录

第一章　绪　论

一、研究背景和意义

（一）研究背景

全球气候变暖问题日益成为21世纪国际社会关注的焦点。然而早在19世纪末瑞典科学家Arrhenius就第一次提出温室效应问题，他指出大气中二氧化碳（CO_2）浓度升高将会导致气候变暖，主要是由于人类大量燃烧煤炭等化石能源造成的。随后，1985年国际科学联盟理事会（International Council of Scientific Unions，ICSU）、世界气象组织（World Meteorological Organization，WMO）和联合国环境规划署（United Nations Environment Programme，UNEP）在Villach共同召开了国际会议，这次会议标志着气候变暖问题成为一个国际性问题。1988年政府间气候变化专门委员会（Intergovernmental Panel on Climate Change，IPCC）由WMO和UNEP共同建立，开始探索研究全球气候变化问题，这标志着气候变化问题被提上了国际政治议程。

IPCC第四份气候变化评估报告的研究已表明，人类在经济社会活动过程中大量使用煤炭、石油和天然气等化石能源，所排放的以二氧化碳为主的温室气体导致了全球变暖这一气候变化特征的出现，该气候变化会给人类社会带来不可估量的后果。

应对气候变化的根本出路就是发展低碳经济。在此背景下，随着1992年《联合国气候变化框架公约》（United Nations Framework Convention on Climate Change，UNFCCC）、1997年《京都议定书》（Kyoto Protocol）、2007年巴厘路线图（Bali Road Map）和2009年《哥本哈根协议》（Copenhagen Accord）等的签

署和缔结,发达国家纷纷开展温室气体减排行动，向低碳经济转型。

随着中国工业化和城市化进程的不断推进，中国能源需求持续快速增长且能源消费结构以煤炭为主，在一次能源消费总量中所占比重高达70%左右。与此同时，以煤炭为主的能源消费结构带来了高额的二氧化碳排放，导致极端天气频发，给中国带来了严重的生态环境问题。据荷兰环境评估署（Netherlands Environmental Assessment Agency，MNP）报告显示，中国已超过美国成为世界第一大二氧化碳排放国①。国际能源机构（International Energy Agency，IEA）报告显示，2007 年中国超过美国成为世界上由能源所导致的二氧化碳排放量最多的国家，排放量为60 亿吨碳，在世界排放总量中的比重达到21%。并且在1990 ~2007 年间，中国二氧化碳排放量增长逼近3 倍，特别是近几年来增长非常迅速，2003 年增速为16%、2004 年增速为19%、2005 年和2006 年均为11%、2007 年相对较小，但也达到8%。另外，由于中国地域辽阔，资源禀赋各异，各地区的经济发展很不平衡，导致了各地区的能源消费结构和二氧化碳排放水平存在着较大的差异，而且随着社会经济的发展，减排难度会越来越大，成本也会越来越高。中国作为全球最大的发展中国家、能源消费和二氧化碳排放增量最多的国家，面临国际上全球低碳博弈与竞争以及国内资源短缺和环境污染严重的多重压力。

为此，中国作为最大的发展中国家和负责任大国，为了应对全球气候变化，2009 年11 月25 日在哥本哈根会议上庄重承诺到2020 年二氧化碳排放强度比2005 年降低40% ~45%。“十一五”期间，中国政府将能源强度第一次作为经济社会发展中的重要约束指标，当前这一约束指标转变成以能源强度和二氧化碳排放强度为主，该变化充分表明中国的能源政策将在提高能源利用效率的基础上，更加注重能源消费结构对气候变化的影响。

二氧化碳排放强度指标是指一国或地区在一定时期内单位国内生产总值的二氧化碳排放量，通过增加国内生产总值、降低二氧化碳排放量或两者同时进行可实现该目标。另外，通过强制性地降低高耗能产业比重减少二氧化碳排放量可以实现二氧化碳排放强度目标，但这可能导致经济增长不平稳，引发经济危机。可见，实现二氧化碳排放强度目标不仅是经济增长和能源消费总量问题，还是能源消费结构问题。

现阶段中国一次能源消费结构中，过度依赖煤炭、石油和天然气，非化石能源消费比重相当低，如2012 年中国一次能源消费总量中煤炭占比为66.60%，石油占比为18.80%，天然气占比为5.20%，非化石能源占比为9.40%②。但中国

---

① MNP. China Now No. 1 in CO_2 Emissions; USA in Second Position [EB/OL]. http://www.mnp.nl/en/dossiers/Climatechan - ge/moreinfo/Chinanowno1 inCO_2 emissionsUSAinsecondposition.

② 中国统计年鉴2013 [M]. 中国统计出版社，2013.

可再生能源和核能却有着丰富的资源禀赋条件，能源研发投入水平也远远低于发达国家，开发使用核能和可再生能源潜力巨大。因此，在各地环境污染严重而亟须改善和面对日益紧迫的全球减排温室气体形势下，中国以煤炭为主的能源消费结构必然面临改革，跨越式的更新传统高碳能源消费模式是确保国家可持续发展的必由之路。

低碳经济发展模式是以“低能耗、低污染、低排放”为基础的，其实质是通过降低高碳能源消耗和减少二氧化碳排放，建立合理的能源消费结构，从而达到社会经济发展与生态环境保护双赢的一种经济发展形态。因此，如何在确保经济平稳发展的前提下减少二氧化碳排放量和优化调整能源消费结构已成为世界各国共同研究和探讨的焦点。在此背景下，本书对低碳经济约束下中国一次能源消费结构优化问题进行了探索性研究。

（二）研究意义

在低碳经济发展模式运行的背景下，能源消费结构优化涉及社会经济生活的方方面面，不仅受到经济系统的影响（包括经济产出总量），还受到能源消费总量和二氧化碳排放量的约束。随着中国进入深化改革开放、加快转变经济发展方式的攻坚时期，中国一次能源消费结构优化研究还有待不断深入和拓展。如何在保障经济平稳发展的前提下减少二氧化碳排放量和优化调整一次能源消费结构，是一个需要深入全面分析和研究的大问题。

在理论意义方面，新古典经济增长理论认为物质资本 K 和劳动力 L 是经济增长的基本投入要素，而技术进步 A 则是经济增长的源泉和动力。随着科学的进步和社会的发展，能源已经成为关乎国民经济命脉和国家经济安全的重要战略资源，学者们也认为能源成为生产过程中不可缺少的要素。本书在保证经济平稳增长的前提下，以新古典经济增长理论为基础，基于 Solow 经济增长模型，将能源、资本、劳动力要素一起引入柯布－道格拉斯生产函数，同时根据二氧化碳排放强度目标，尝试性地将 CO_2 减排控制率引入生产函数对其进行拓展，构建得到二氧化碳减排约束下的经济增长模型，该模型的本质就是在二氧化碳减排目标下保证最优经济增长。

在现实意义方面，在全球应对气候变化和低碳转型的大背景下，中国仍然处在经济社会快速发展进程中，但能源资源匮乏、生态环境承载能力压力大，需要转变经济发展模式，破解原有粗放的经济发展模式，构建资源节约型和环境友好型的低碳经济社会发展模式。同时由于中国幅员辽阔，各省、市、自治区的社会经济发展和资源禀赋存在较大的不平衡，各地区的经济结构、人口发展、技术水平有着显著性差异，导致其能源消费结构也呈现出巨大的差异，能源消费结构模式千差万别。因此，在经济转型时期，综合考虑社会经济、能源、环境系统之间的协调发展，从全国和区域层面分别对低碳经济约束条件下一次能源消费结构优化问题进行研究，对全国以及中国各地区经济可持续发展问题和能源消费结构的改善具有重大的战略意义。

此外，能源资源是一种典型的重要战略资源，优化能源消费结构又是实现二氧化碳排放强度目标的有效途径之一，研究低碳经济约束条件下的一次能源消费结构优化问题，对于形成国家能源资源的合理配置与社会经济的稳定发展具有重要的实践指导意义；同时，在参与国家自然科学基金项目（应对气候变化的煤炭资源低碳化利用理论与政策研究 71L73141）和山西省国际科技合作项目（煤炭资源低碳化利用技术路径选择研究 2013081070）研究过程中，提出本书的研究内容，其研究方法、思路和政策建议对其他的国家战略性资源都有借鉴和应用价值。

二、研究内容和方法

本书围绕低碳经济约束下一次能源消费结构优化的各种问题，主要采用比较分析方法、定量与定性分析方法相结合、理论分析与实证研究方法相结合、归纳和演绎相结合等研究方法从全国和区域两个层面对一次能源消费结构优化问题展开了剖析与研究。具体如下：

首先，在理论研究方面，对低碳经济约束下一次能源消费结构优化的理论基础：低碳经济理论、能源消费结构相关理论（可持续发展理论和能源优化配置理论）以及区域协调可持续发展理论进行了研究；并以经济增长、能源消费和二氧化碳排放为比较对象，广泛收集大量的相关资料，从全国、三大地带和八大经济区域三个视角，分别采用横向比较、纵向比较和定量分析方法对中国各地区以及全国的 GDP、能源消费、二氧化碳排放现状以及特征进行分析，从中发现中国和世界主要发达国家之间、中国各地区之间存在的差异，剖析产生这些差异的内在原因；基于此使用归纳和演绎相结合方法阐述了低碳经济约束下中国一次能源消费结构优化调整的五大原则，提出了低碳经济约束下一次能源消费结构优化的目标。

其次，利用能源经济学和经济增长理论构建得到二氧化碳减排约束下的经济增长理论模型，根据动态最优控制理论推导得到经济平稳增长路径下有/无 CO_2 减排控制率的最优经济增长率。进一步利用偏最小二乘回归方法实证研究得到

2020 年不同经济增长路径下的最优经济增长率，并设定了未来两种不同的经济发展情景。在此基础上，采用 Markov 链模型研究了 1995 ~ 2012 年一次能源消费结构的变动规律和预测 2020 年无能源规划约束和能源规划约束情景下中国的一次能源消费结构，通过路径分析方法对节能减排约束下能源消费结构的外部影响因素进行了剖析，明确其影响效应；并运用多目标决策方法对基于低碳经济的 2020 年中国一次能源消费结构优化进行了研究。

再次，从区域角度对一次能源消费结构优化进行了研究。在区域层面，运用考虑投入产出松弛的 SBM 模型和传统 CCR 模型分别对中国 30 个省、市、自治区二氧化碳排放效率值进行了测算和对比，定量分析了中国省际二氧化碳排放效率状况及差异，并基于地理信息系统（GIS）分析方法研究了各省、市、自治区二氧化碳排放效率演进规律和能源消费结构特征，利用 K – Means 聚类分析方法对这两个特征进行了聚类分析和空间区划。定性分析了二氧化碳排放权配额分配方式、分配原则、分配标准，归纳得到中国省际二氧化碳排放权配额分配原则，从而计算得出未来两种不同经济发展情景下各地区相应的二氧化碳排放总配额和年均二氧化碳排放配额；在此基础上，运用多目标决策方法对 5 个具有代表性的省、市进行了一次能源消费结构优化研究，对比分析了它们在未来两种不同经济发展情景中 2020 年不同二氧化碳排放权配额下的一次能源消费结构情况。

最后，提出了中国一次能源消费结构优化调整的对策，本书的主旨是通过全方位的系统研究低碳经济约束条件下中国一次能源消费结构优化问题，厘清当前中国一次能源消费结构存在的问题并提出相应的对策建议。因此，本书从管理制度建设、技术、政策 3 个层面提出了切实可行的中国一次能源消费结构优化调整的低碳发展对策。

三、研究工作和创新

低碳经济约束条件下的一次能源消费结构优化问题是一个极其复杂但很重要的课题。本书在进行调研、资料收集、出国研修、参加学术会议等大量工作的基础上对其进行了系统研究，根据对国内外相关文献的整理总结，将在以下方面有一定程度的创新：

（1）在研究视角方面，如何在确保经济平稳发展的前提下减少二氧化碳排放量，建立合理的能源消费结构是低碳经济的实质，本书在低碳经济约束条件下从全国和区域两个角度对中国一次能源消费结构优化问题进行了系统研究，这是一种思维创新。

（2）在理论方面，以新古典经济增长理论为基础，对 Moon - Sonn 模型进行改进，进一步将能源投入、劳动力、技术进步及 CO_2 减排控制率引入 Cobb - Douglas 生产函数，对二氧化碳减排约束下的中国最优经济增长进行了研究，这是一种理论创新。

（3）根据有/无二氧化碳减排控制下的最优经济增长率分析得到未来两种不同经济发展情景，基于此分别对不同最优经济增长路径下 2020 年中国经济产出、一次能源消费需求量和二氧化碳排放量进行了预测。在此基础上，对低碳经济发展情景下中国一次能源消费结构进行了多目标优化的研究，这是一种应用创新。

（4）对排放权配额下的区域一次能源消费结构优化进行了系统研究。首先根据各省、市、自治区能源消费结构和二氧化碳排放效率特征进行了类群划分，得到五大类群：低效率能源消费结构欠合理类群、低效率能源消费结构较合理类群、高效率能源消费结构欠合理类群、高效率能源消费结构较合理类群和高效率能源消费结构合理类群。其次对各省、市、自治区的排放权配额进行公平合理分配，在此基础上，选取 5 个有代表性的省、市，对其一次能源消费结构优化问题进行了系统研究，这是一种方法运用创新。

（5）有针对性地提出了适应气候变化和经济转型时期的中国一次能源消费结构优化调整的五大指导原则：节能减排原则、保障能源资源安全原则、能源资源低碳多元化原则、宏观调控与市场调节相结合原则和因地制宜、因需制宜原则；提出了低碳经济约束条件下一次能源消费结构优化的目标以及基于管理制度建设、技术、政策层面的三大低碳发展对策，这是一种创新。

四、基本结构

本书在低碳经济约束条件下对中国一次能源消费结构优化进行了系统研究，具体章节安排如下：

第一章　绪论。主要介绍了本书的研究背景和意义、研究内容及方法，并对全书的研究工作、创新点以及基本结构进行了介绍。

第二章　国内外研究现状。从能源消费、环境污染与经济增长之间的经验性关系，减排目标与经济增长关系以及能源消费结构问题等几个方面对国内外相关文献的现状进行了全面的概况总结。

第三章　低碳经济约束下一次能源消费结构优化的理论基础。简要介绍了能源的概念和分类，从低碳经济的概念、内涵和低碳经济发展模式三个方面入手阐述了低碳经济理论，并对一次能源消费结构优化的相关理论、可持续发展理论和能源优化配置理论进行了论述，最后系统综述了区域协调可持续发展的概念、内涵、原则与策略等基本理论，为低碳经济约束下一次能源消费结构优化的研究奠定了理论基础。

第四章 低碳经济约束下一次能源消费结构优化原则和目标。从全国、三大地带和八大经济区域三个角度详细对比分析了中国经济增长、能源消费与二氧化碳排放的现状以及特征，目的在于对这三者的情况进行一个全面的解读，为研究低碳经济约束下中国一次能源消费结构优化问题提供基础统计数据信息支持。基于此，使用归纳和演绎相结合方法阐述了低碳经济约束下中国一次能源消费结构优化调整的五大原则，提出了低碳经济约束下一次能源消费结构优化的实现目标。

第五章 一次能源消费结构优化的约束条件分析。详细阐述了资源环境约束下的经济增长理论模型；基于此，通过将能源、资本、劳动力要素一起引入生产函数，对其进行扩展，同时考虑二氧化碳减排成本的实际情况，将 CO_2 减排控制率引入经济增长模型；并通过理论推导得到经济平稳增长路径下的最优增长率。在此基础上，利用历史数据测算出模型参数，计算分析得到 2020 年不同经济增长路径下的最优增长率，并预测出两种不同经济发展情景下 2020 年经济产出、能源消费需求量和二氧化碳排放量。本章为后续章节的研究提供了理论基础与数据支撑。

第六章 低碳经济约束下中国一次能源消费结构优化分析。首先利用历史数据对一次能源消费结构的变动规律进行了研究，据此预测得到 2020 年中国的一次能源消费结构，其次通过路径分析方法对节能减排约束下能源消费结构的外部影响因素进行了剖析，明确其影响效应，并根据第四章的测算结果运用多目标决策方法对基于低碳情景的 2020 年中国一次能源消费结构进行了优化研究，目的在于对比分析不同约束控制下 2020 年一次能源消费结构的差异，从而为中国一次能源消费结构的优化调整对策提供理论依据。

第七章 低碳经济约束下区域一次能源消费结构优化分析。首先，基于省际层面对中国二氧化碳排放效率进行了分析，在此基础上，根据各省、市、自治区能源消费结构和二氧化碳排放效率特征进行了类群划分和对比分析，目的在于认识和把握中国各地区二氧化碳排放效率和能源消费结构的差异，进而为区域二氧化碳减排任务的合理分配和一次能源消费结构的优化研究提供理论支撑。其次，基于分配公平原则对经济平稳增长条件下各省、市、自治区的二氧化碳排放权配额进行分配，在此基础上对区域一次能源消费结构优化进行了研究，目的是在保证经济平稳发展的前提下，有目的、有针对性地对二氧化碳减排任务进行合理分配，从而为决策者因地制宜地制定各地区的能源消费结构优化调整策略和二氧化碳减排目标提供了重要的信息支撑。

第八章　中国一次能源消费结构优化调整的对策。根据上述章节的研究结论和中国当前所处的基本国情，全面综合地考虑影响能源消费结构优化的因素，从管理制度建设、技术、政策层面提出切实可行的中国一次能源消费结构优化调整的低碳发展对策，对低碳经济背景下中国一次能源消费结构的优化调整具有一定的实践参考价值。

第九章　结论与展望。本章综合前面章节的内容，从理论研究及经济增长、能源消费和 CO_2 排放现状和特征、一次能源消费结构优化、低碳经济约束下区域一次能源消费结构优化等方面总结得出本书的研究结论，同时提出了进一步需要开展的研究方向。

第二章　国内外研究现状

对能源消费结构的调整和优化，离不开能源经济学、能源与可持续发展、能源与环境、能源战略、能源预测、能源技术、能源安全、能源系统工程等多方面研究成果的支持，其研究主要可归纳为以下四个方面。

一、能源消费、环境污染与经济增长关系研究

从20世纪70年代开始，随着可持续发展理念被国际社会广泛接受，国内外学者开始把能源和环境纳入经济增长理论模型进行研究。

（一）能源与经济增长关系的研究

1. 国外学者的研究

关于能源与经济增长关系的研究，国外学者主要集中在能源消费与经济增长相互关系的验证方面，一般可以分为三个阶段：

（1）简单线性回归模型阶段。自Granger因果关系检验方法提出以来，Kraft和Kraft（1978）开创性地使用该方法对美国1947～1974年的能源消费和GNP数据之间的关系进行了分析，研究发现存在GNP到能源消费的单向因果关系，实施能源政策影响不了GNP增长。Akarca和Long（1980）采用美国月度数据也得出了一致的结论。Glasure和Lee（1998）对Kraft等所建立的双变量模型进行扩展，其研究结果表明，经济增长和能源消费之间存在双向因果关系。Atkeson和Kehoe（1999）通过变动数据的时间跨度，得到与Kraft等不一致的结论。Yu和Choi（1985）运用美国、英国、韩国、波兰和菲律宾5个国家的样本数据，研究发现韩国的GNP与能源消费之间存在单向因果关系，菲律宾的结果正好相反，美国、波兰和英国则不存在GNP与能源消费之间的因果关系。Yu和

Hwang（1984）与 Abosedra 和 Baghestani（1989）等根据不同时间段的样本数据，研究得到能源消费和经济产出之间不存在因果关系。这表明选取不同的样本数据，得到的实证研究结果可能会有所不同。Erol 和 Yu（1987）对德国、英国、法国、日本、加拿大和意大利 6 个工业化国家的样本数据进行检验，研究发现日本和意大利存在从收入到能源消费的单向因果关系，德国则存在相反的结论，对于英国、加拿大和法国这 3 个国家，能源消费表现为中性。Hwang 和 Gum（1992）采用中国台湾的样本数据，得到经济增长、能源消费与就业之间并不存在显著的因果关系。Stern（1993）建立了一个包含 GDP、能源消费、资本、劳动力在内的四变量向量自回归（VAR）模型，根据美国 1947～1990 年样本数据，通过 Granger 因果检验发现存在能源消费到 GDP 的单向因果关系。Chiou－Wei、Chen 和 Zhu（2008）对亚洲新兴工业化国家的样本数据进行了实证分析，得出的结论是混合的。Tsani（2010）利用希腊 1960～2006 年的样本数据，研究发现能源消费与经济增长之间存在单向因果关系，实施能源政策应考虑其对经济增长的影响。上述研究是在时间序列数据是平稳的这一假设基础上展开的实证分析，没有对样本数据进行平稳性检验，这样极有可能会出现“伪回归”的结果。

（2）时间序列协整分析阶段。协整理论和方法于 1987 年由 Engle 和 Granger 提出，为非平稳时间序列数据的建模提供了一种解决途径，学者们也开始利用协整技术对能源消费与经济增长问题进行研究。Yu 和 Jin（1992）利用协整分析方法对能源消费与经济增长之间的关系进行了研究，根据美国 1974～1990 年的季度样本数据，应用 E－G 两步法研究发现能源消费与国民收入之间并不存在长期均衡关系。Cheng 和 Lai（1997）同样采用 E－G 两步法对中国台湾地区 1955～1993 年的能源消费、GDP 和劳动力数据进行了分析，得出能源消费、GDP 以及劳动力之间均不存在长期均衡关系，但利用 VAR 模型进行 Granger 因果检验时发现存在从 GDP 到能源消费和从能源消费到劳动力的单向因果关系。Yang（2000）对中国台湾地区的样本数据进行了更新，样本范围更新为 1954～1997 年，采用同样的方法分析了台湾地区 GDP 和煤炭、石油、天然气、电力消费以及能源消费总量之间的因果关系，研究结果表明：GDP 与能源消费总量之间同样不存在长期均衡关系，而 GDP 和能源消费总量、煤炭、电力消费之间均存在双向因果关系，天然气消费到 GDP 则存在单向因果关系，GDP 到电力消费也存在单向因果关系。Asafu－Adjaye（2000）运用协整分析方法和误差修正模型（ECM）对印度、菲律宾、印度尼西亚、泰国 4 个东南亚国家的能源消费与经济增长之间的关系进行了比较研究，结果表明菲律宾和泰国存在能源消费和 GDP 之间的双向因果关系，而印度和印度尼西亚则存在从能源消费到 GDP 的单向因果关系。Soytas

和 Sari（2003）运用协整分析方法和误差修正模型（ECM）研究得到阿根廷国家能源消费和经济增长之间存在双向因果关系，而土耳其、日本、法国和德国存在从能源消费到 GDP 的单向因果关系，韩国和意大利则存在从 GDP 到能源消费的单向因果关系。另外，Masih 和 Masih（1997）与 Ghali 和 El－Sakka（2004）等运用协整分析方法和误差修正模型选取不同的样本区间数据针对不同国家和地区的能源消费与经济增长之间的关系进行了实证分析，各自得出了不尽相同的研究结论。

（3）面板协整检验分析阶段。随着协整检验理论和面板数据分析方法的发展，能源消费与经济增长之间关系的实证研究进入面板协整检验分析阶段。面板数据的协整检验理论研究始于 1995 年，面板数据弥补了单纯使用动态时间序列数据或截面数据的局限性，既对样本容量不足问题的解决有利，又能提高检验势，准确刻画和分析多个时间序列变量之间的关系，因而在能源经济学领域得到了广泛应用。最早采用面板协整检验方法分析能源消费和经济增长关系的是 Lee（2005）的研究，该研究通过面板误差修正模型对 1975～2001 年 18 个发展中国家的能源消费和经济增长之间的关系进行了分析，结果表明这些发展中国家能源消费与经济增长之间存在短期和长期单向因果关系。Narayan 和 Smyth（2007）利用面板协整检验分析方法对中东地区的石油消费和经济增长之间的关系进行了考察分析，发现中东地区的经济增长驱动了石油消费需求。Narayan、Smyth 和 Prasad（2007）还运用面板协整分析方法和面板单位根检验技术，考察了七国集团居民电力消费的价格弹性和收入弹性，认为居民电力需求的收入弹性短缺和价格弹性富有，提高电力价格长期内对减少居民电力需求有利，进而有利于二氧化碳的减排。Mehrara（2007）采用面板协整分析方法和面板单位根检验技术对 8 个石油输出国（OPEC）的人均能源消费与人均 GDP 之间的关系进行了实证分析，结果表明这些国家存在从 GDP 到能源消费的单向因果关系。Huang、Hwang 和 Yang（2008）采用面板协整检验分析方法对 18 个发展中国家的能源消费与经济增长之间的关系进行了考察，研究发现，这些发展中国家长期来看存在从经济增长到能源消费的单向因果关系。Ciarreta 和 Zarraga（2010）利用面板协整检验分析方法选取 12 个欧洲国家的样本数据进行估计和分析，研究结果表明欧洲国家的经济增长和能源消费之间存在长期的单向因果关系。Lee、Chang 和 Chen（2008）与 Belke、Dobnik 和 Dreger（2011）的研究发现经合组织（OECD）国家的经济增长和能源消费之间存在长期均衡关系和双向因果关系。

2. 国内学者的研究

国内学者针对中国能源消费与经济增长之间的关系也展开了大量研究，同样也没有得到一致性的结论。顾培亮（1986）运用数学模型对经济增长与能源消费之间的关系进行了实证分析研究。赵丽霞、魏巍贤（1998）首次将能源要素作为新的生产要素引入柯布－道格拉斯生产函数，构建了三变量的向量自回归 VAR 模型，结果表明中国电力消费与“GDP”、资本以及人力资本之间均存在长期均衡关系。林伯强（2003）采用协整检验分析方法和误差修正模型，对中国电力消费与经济增长之间的关系进行了考察，研究发现中国电力消费与“GDP”、资本以及人力资本之间均存在长期均衡关系。韩智勇等（2005）采用协整检验分析方法对中国 1978～2000 年能源消费和经济增长之间的关系进行检验和估计，发现中国能源消费与经济增长之间不存在长期均衡关系，而存在双向因果关系。吴巧生、成金华、王华（2005）采用面板协整分析和面板单位根检验方法研究了中国区域能源消费与 GDP 之间的因果关系，认为不同地区表现的特征不同。赵进文、范继涛（2007）运用非线性平滑转换回归（LSTR）模型探讨了中国经济增长与能源消费之间的关系，研究结论表明两者之间存在相互非对称变化特征，同时中国经济增长对能源消费的影响存在非线性的阶段特征。林伯强、魏巍贤、李丕东（2007）利用协整技术研究了中国 1980～2004 年煤炭消费与经济增长之间的关系，发现从经济增长到煤炭消费存在单向因果关系。张志柏（2008）通过误差修正模型和协整技术分析了中国 1953～2005 年经济增长、产业结构、能源价格和能源消费之间的关系，研究发现存在能源消费到经济增长和产业结构到能源消费的单向因果关系，能源价格和能源消费之间不存在因果关系。另外，解垩（2008），杨宜勇、池振合（2009）和宁泽逵（2010）等也采用 Granger 因果检验方法和协整分析技术对能源消费和经济增长之间的关系作了一系列研究，得出的研究结论也不尽相同。

（二）环境污染排放量与经济增长关系的研究

20 世纪 90 年代开始关于环境污染排放量与经济增长关系成为国内外研究和关注的焦点。Grossman 和 Krueger（1995）最早采用回归模型选取 66 个国家与地区的样本数据对其经济增长与多种环境污染物之间的关系进行了研究，发现多数环境污染物的污染水平与人均收入之间呈现出倒 U 形曲线关系，进而提出环境库茨涅茨假说。从此国内外学者们分别选取横截面数据、时间序列数据或面板数据对环境库茨涅茨曲线是否存在进行了大量广泛的检验，如 Torras 和 Boyce（1998）、Dasgupta 等（2002）、Stern（2004）和 Dinda（2004）等使用跨国横截面数据进行了 EKC 的研究；随着计量经济学的发展，导致使用时间序列数据来研究 EKC 进入了一个热潮，学者们对此展开了一系列研究，有 Selden、Forrest 和 Lockhart（1999），张晓（1999），杨凯等（2003），Bruvoll 和 Medin（2003），Gergel 等（2004），赵细康等（2005），苏伟、刘景双

(2007),闫新华、赵国浩(2009),韩旭(2010)等;使用面板数据进行研究的有 Ansuategi(2003),Rupasingha 等(2004),Markandya、Golub 和 Pedroso - Galinato(2006),宋涛、郑挺国、佟连军(2007),Paudel 和 Schafer(2009),郭军华、李帮义(2010),王良举、王永培、李逢春(2011),李惠娟、龙如银(2013)等。

(三)能源消费、二氧化碳排放与经济增长关系的研究

近年来,许多学者开始探索能源消费、二氧化碳排放与经济增长之间的关系,Ang(2007)根据法国 1960 ~ 2000 年的样本数据,采用向量误差修正模型对其能源消费、二氧化碳排放与经济增长之间的关系进行了研究,发现从长期来看存在从经济增长到能源消费和从经济增长到二氧化碳排放的单向因果关系,从短期来看能源消费驱动了经济增长,存在单向因果关系。Apergis 和 Payne(2009)基于 Ang 的研究,运用面板误差修正模型对中美洲 6 个国家的能源消费、二氧化碳排放和经济增长之间的关系进行了研究,发现从长期来看能源消费是二氧化碳排放的原因,与经济增长则呈现倒 U 形曲线关系;能源消费与经济增长之间在短期存在单向因果关系,在长期两者存在双向因果关系。Soytas、Sari 和 Ewing(2007)在综合考虑劳动投入和固定资本形成总额的情况下对美国能源消费、二氧化碳排放和收入之间的关系进行了分析,研究结果表明:从长期来看能源消费是二氧化碳排放的 Granger 原因,而收入不是二氧化碳排放的 Granger 原因,同时强调减缓收入的增长速率并不一定是解决环境污染问题的有效途径。Soytas 和 Sari(2009)在综合考虑劳动投入和固定资本形成总额的情况下对欧盟候选国能源消费、二氧化碳排放和经济增长之间的长期因果关系进行了检验和分析,发现从能源消费到二氧化碳排放不存在单向因果关系,反之则成立;从长期来看经济增长和二氧化碳排放之间不存在因果关系。Marrero(2010)对 Ang 的研究进行拓展,使用了欧洲 24 个国家 1990 ~ 2006 年的动态面板数据框架,考察分析了能源消费对二氧化碳排放的影响取决于其能源结构和能源终端使用量这两个因素。Halicioglu(2009)运用边界检验法(Bound Testing Approach)考察分析了土耳其 1960 ~ 2005 年能源消费、二氧化碳排放、对外贸易以及收入之间的动态关系,研究发现这些变量之间存在两种协整关系:第一种协整关系表现为二氧化碳排放由能源消费、对外贸易和收入决定,第二种协整关系表现为收入由能源消费、二氧化碳排放和对外贸易决定;且发现对二氧化碳排放影响最显著的是收入,其次是能源消费和对外贸易。牛叔文等(2010)利用亚太地区 8 个国家 1971 ~ 2005 年的面板数据对能源消费、二氧化碳排放和经济增长之间的动态关系进行了研究,结果发现能源消费、二氧化碳排放和经济增长三者之间存在协整关系,发展

中国家的二氧化碳排放基数和能源利用效率低、单位能耗和单位 GDP 二氧化碳排放高，而发达国家恰恰相反。胡彩梅、韦福雷（2011）运用面板协整分析方法和面板单位根检验对 28 个 OECD 国家 1971 ~2006 年的能源消费、二氧化碳排放和经济增长之间的关系进行了研究，研究结果表明三者之间存在长期均衡关系，并且二氧化碳排放与能源消费之间有显著的正相关关系，各国二氧化碳排放的能源消费弹性系数差异显著；从长期来看，一部分国家二氧化碳排放与经济增长的关系呈现倒 U 形曲线关系，另一部分国家则呈现 U 形曲线关系。曹广喜、杨灵娟（2012）选取细分行业面板数据，利用面板协整分析方法和面板误差修正模型考察了中国经济增长、能源消费以及二氧化碳排放之间的协整关系和短期影响，结果表明经济增长、能源消费以及二氧化碳排放之间有着长期均衡关系，其中经济增长对二氧化碳排放具有正向短期影响，能源消费对二氧化碳排放存在负向的短期因果关系。

经过对已有文献的梳理分析，发现能源消费、环境污染和经济增长三个变量之间的关系非常复杂，学者们针对不同国家和地区的研究还没有形成一个一致性的结论。

二、减排目标与经济增长关系的研究

随着科学技术的进步和社会工业化进程的加快，人类经济社会活动过程中对能源的需求量越来越大，经济增长和经济发展也越来越依赖能源，而能源的消费又带来了许多环境污染问题的出现。另外，随着全球气候日益变暖，世界各国之间的气候谈判进程也随之不断推进，可以预见未来针对各国的减排目标极有可能会确定下来。减排目标通常是指为避免发生某种危险性气候变化的风险而提出大气中温室气体浓度目标或温室气体排放量目标。为了应对气候变化，在中国第一次公布 2020 年减排目标之际，许多国家也都提出了自己的减排目标（见表 2 -1）。经济增长一直都是经济研究领域中备受关注的焦点问题，一般认为经济增长会增加一个国家的财富和就业机会，而人们真正关心的问题实际上是如何能最大限度地满足自身的物质需要，使消费者社会福利效益最大化。如何针对减排目标和最小成本适应原则来确定合适的减排路径，即在尽可能不影响经济增长或发展的前提下实现减排目标，成为世界各国关注的热点问题。

表 2－1　世界各国 2020 年减排量化目标汇总表

分类	国家/地区	2020 年减排量化目标
工业化国家	美国	减排 17%（在 2005 年基础上）
	欧盟	减排 20%～30%（在 1990 年基础上）
	日本	减排 25%（在 1990 年基础上）
	挪威	减排 30%～40%（在 1990 年基础上）
	澳大利亚	减排 5%～25%（在 2000 年基础上）
	新西兰	减排 10%～20%（在 1990 年基础上）
	俄罗斯	减排 15%～20%（在 1990 年基础上）
	加拿大	减排 17%（在 2005 年基础上）
	哈萨克斯坦	减排 15%（在 1992 年基础上）
	克罗地亚	减排 5%（到加入欧盟前）
发展中国家	中国	二氧化碳排放强度减少 40%～45%（在 2005 年基础上）
	巴西	减排 36%～39%（“情景照常”模式——BAU）
	以色列	减排 20%（“情景照常”模式——BAU）
	印度	二氧化碳排放强度减少 20%～25%（在 2005 年基础上）
	韩国	减排 30%（“情景照常”模式——BAU）
	印度尼西亚	减排 26%（“情景照常”模式——BAU）
	马绍尔群岛	减排 40%（在 2009 年基础上）
	摩尔多瓦	减排 25%（在 1990 年基础上）
	新加坡	减排 16%（“情景照常”模式——BAU）
	南非	减排 34%（“情景照常”模式——BAU）

注：截至 2010 年 2 月 2 日世界各国公布的减排承诺。

对温室气体排放的研究，经济学家最初主要集中在构建“情景照常”模式（Bussiness－as－usual，BAU）排放曲线，即不采取减排行动时的排放轨迹，自从 1988 年多伦多会议提出应对气候变化的目标后，研究重心转向温室气体减排经济成本的评估上面，并由此涌现了大量的研究成果和文献。减排温室气体经济成本的评估模型大致可以分为两类：自下而上（Bottom－up）的系统工程模型和自上而下（Top－down）的宏观经济模型。自上而下类型的模型是以经济学理论和方法为基础的，能源在经济活动模型中被认为是投入的生产要素，因而可通过计算一般均衡 CGE（Computable General Equilibrium）模型成为能源政策、减排措施和气候保护政策对经济系统影响研究中的常用分析工具。Jorgenson 和 Wilcoxen（1993）与 Goulder（1995）采用跨期动态 CGE 模型分析了美国环境税改革的经济效应。Brendemoen 和 Vennemo（1994）通过 CGE 模型分析了挪威国家环境税改革的二次收入分配效应。Bohringer（1998）运用动态 CGE 模型研究了某些环境政策的经济影响。Bye（2000）对 Brendemoen 等人的研究进行拓展，采用动态 CGE 模型对挪威国家环境税改革的非环境成本进行研究，研究发现，环境税改革将带来正的非环境效用和不充分完备的价格预期会影响效用成本。Kemfert 和 Welsch（2000）采用多部门动态 CGE 模型对德国二氧化碳排放受限制带来的经济影响进行了评估，并研究了资本—劳动—能源之间替代弹性的敏感性。Nakata 和 lamont（2000）与 Scrimgeour（2005）分别利用局部均衡模型和一般均衡模型，对碳税和能源税给日本以及新西兰能源系统和能源密集产业部门带来的影响进行了研究。Dissou、Leod 和 Souissi（2002）采用基于垄断竞争市场的动态 CGE 模型，对加拿大国家执行京都议定书的成本和偏离自由竞争市场的程度进行了研究，结果表明执行成本在自由竞争市场框架下被低估。Dellink 等（2004）运用动态 CGE 模型研究了荷兰气候变化和酸化气体的温室气体减排经济成本。Bohringer 和 Welsch（2004）通过多地区动态 CGE 模型对全球减排行动中各个国家人均二氧化碳排放水平是否会收敛到某个值进行了研究，结果发现相对于排放权不可交易情况，排放权交易在提高二氧化碳减排效率和各区域的经济福利方面表现显著。Babiker（2005）采用多地区 CGE 模型研究分析了京都议定书有关国际减排合作目标的设定给能源密集型产业在全球布局带来的影响。Wissema 和 Dellink（2007）通过 CGE 模型对能源税和碳税给爱尔兰国家经济造成的影响进行了研究，认为碳税能显著改变生产和消费方式，引导其向新能源和低碳能源转变，相对单一的能源税可以促进更大的减排。Telli、Voyvoda 和 Yeldan（2008）分析了能源税、碳排放配额和减排技术投资等不同减排措施给土耳其经济带来的影响。Fisher - Vanden 和 Sue（2008）利用 CGE 模型分析了效率提高型 R&D 和质量改进型 R&D 对中国二氧化碳排放的影响，研究发现质量改进型 R&D 效应高于效率提高型 R&D 效应，最终将导致累积二氧化碳排放不断增加。Loisel（2009）运用动态 CGE 模型得出即使在严格的排放配额下，排放权的自由分配同样能保证罗马尼亚的经济增长，这主要是由于环境管制加大了经济结构的转变。Lu、Zhang 和 He（2010）利用 CGE 模型对山西省能源投资给经济增长和二氧化碳排放带来的影响进行了研究。朱永彬、刘晓、王铮（2010）采用 CGE 模型模拟分析了不同碳税水平下，减排效果与国民经济 121 个部门以及整个宏观经济各自受到的影响。Bye 和 Jacobsen（2011）运用 CGE 模型分别考察了一般研发活动和降低碳排放的研发活动（如 CCS 技术）对挪威经济造成的影响，发现一般研发活动的经济效用更优，较高的碳税水平能显著减少两种研发活动造成的效用差距。

由于自上而下 CGE 模型在减排成本评价方面也有一定的局限性，它不能反映减排措施对温室效应控制是否有效，减排目标的经济效应分析归根结底是一个在许多未知不确定因素情形下，在采取减排行动的成本与避免经济或其他损失的收益之间进行权衡取舍，从而寻求到最优决策。所以，在气候变化领域的研究中综合决策集成评估模型占有重要地位。综合决策集成评估模型中的成本收益分析（Cost Benefit Analysis，CBA）是经济学最常用的方法之一，是将减排成本模型、损失成本模型和适应成本模型等集成起来的综合评价模型。Nordhaus（1991）最先对大气中温室气体排放量导致的温室效应所带来的经济影响与成本收益进行了开创性的研究。Peek 和 Teisberg（1992）对 Nordhaus 的研究作了拓展，进一步考察分析了不同成本函数和损失函数的假定给全球最优二氧化碳排放路径造成的影响。Nordhaus（1992）把全球当作一个整体，将气候系统模型与全球经济一般均衡模型集成为动态综合气候经济（Dynamic Integrated Model of Climate and the Economy,DICE）模型，该模型包含了气候变化、碳循环、碳排放、二氧化碳大气浓度以及气候系统对经济系统的影响和反馈等作用机制，也包括最优减排政策对经济气候系统的影响，等等。还有一些学者如 Hope、Anderson 和 Wenman（1993）与 Dowlatabati 和 Morgan（1993）基于区域尺度建立模型，研究了各种水平国际合作下的损益区别。Nordhaus 和 Yang（1996）基于 DICE 模型，又构建出 RICE（Regional Integrated Model of Cliamte and the Economy）模型，它是气候变化的经济学中的经济模型，是将气候、地球物理系统和经济系统集成起来对气候变化经济影响进行研究的模型，属于多部分、多地区、动态、一般均衡、拉姆齐最优增长类型的模型，其将全球划分成几大部分，探索分析区域间的竞争博弈行为和区域层面上的最优二氧化碳减排政策。Manne 和 Richels（2005）也从区域尺度构建出了地区最优政策评估模型，并模拟分析了实施减排政策后给这些地区以及全球带来的影响。Kavuncu 和 Knabb（2005）评估了京都议定书设定的减排目标下的成本和收益，通过研究负担成本和获得收益的各代人构建出代际交叠经济增长模型。Moslener 和 Requate（2007）首先研究了几种污染物所造成的污染损失和减排成本，其次对最优减排路径进行了局部均衡分析。Gerlagh（2007）将代际交叠模型和 DICE（1999）模型相结合，重新研究了 KK 控制目标下的成本和收益，发现开始获益的年份由 2315 年变为 2080 年。Doyen 等（2008）基于可承受的二氧化碳浓度上限约束分别对有效的和最优的减排率进行了研究，发现减排率随时间的变化是对代际公平和成本有效的。Bollen 等（2009）采用改进的地区最优政策评估模型对全球气候变化和局部地区空气污染进行了综合成本收益分析，结果表明能源生产和消费模式同时驱动了两者的变化，两者的联系非常紧密，并且发现减缓气候变化所获取的收益要低于从改善空气污染中获取的收益。Nordhaus（2010）基于 RICE 模型，在全球气温上升不超过 2 度的减排目标情景下对最优政策进行了模拟。林伯强、孙传旺（2011）研究了在保障中国经济增长的前提下如何实现2020年二氧化碳减排目标。王建民（2012）估算了中国二氧化碳减排目标约束对经济增长的影响，结果发现在二氧化碳减排目标约束下，中国2011～2020年能源消费给经济增长带来的影响将减少8.74%。周立群、李伟华（2013）对中国二氧化碳排放约束指标和经济发展指标作了统一性分析检验，将二氧化碳排放约束因素引入扩展的新古典经济增长模型进行研究，发现二氧化碳排放约束指标和经济发展指标具有统一性。

综上，可以发现以往对减排目标约束下经济增长情景预测的研究都极少关注经济增长平稳性，经济增长的不平稳很容易引起经济危机的发生。因此，本书将对2020年二氧化碳减排目标下经济增长的平稳性进行探索研究。

三、能源消费结构问题研究

对于能源消费结构，国内外相关文献在研究内容方面主要集中在不同种类能源之间的替代关系、能源消费结构预测和能源消费结构优化、能源以及经济之间的关系三个方面。

（一）关于不同种类能源之间的替代关系

各国学者根据不同地域、不同时间段的样本数据，对各国不同时期能源之间的替代关系进行了实证分析，得到了一些有影响力的成果。其中比较有代表性的成果主要包括：

Pindyck（1979）对发达国家不同类型能源之间的替代关系进行了跨国研究，结果表明所有样本国家中需求弹性最高的能源是煤炭，电力是需求弹性最小的能源，煤炭、电力和石油之间具有显著的替代关系。Andrikopoulos、Brox和Paraskevopoulos（1989）对加拿大的某些行业进行了分析，发现在通常情况下，煤炭、石油和电力之间是可以相互替代的。Harvey和Marshall（1991）以英国为例进行研究，发现石油和电力之间可以相互替代，石油和煤炭之间则可以互补。Renou－Maissant（1999）对美国、日本、加拿大、英国、法国、德国和意大利7个主要OECD国家工业部门的不同类型能源间的替代性进行了研究，发现在1960～1993年能源间的替代弹性和价格弹性都是很弱的，还明显具有不对称效应，尤其从1986年以后，能源之间的替代弹性几乎为零。这些国家关于能源之间的替代关系从长期来看：所有国家的各种能源自价格弹性均是负的；除美国外，其他国家石油和电力是可相互替代的，平均而言所有国家的交叉价格弹性非常接近；所有国家的天然气和电力互为替代品，但各个国家的替代程度有所不同。Soderholm（2000）选取西欧发电部门的样本数据，研究价格变化所导致的各种燃料之间的关系，结果发现从短期而言，能源之间替代关系表现十分显著，尤其是天然气和石油这两种能源之间的替代弹性。Cho、Nam 和 Pagan（2004）选取韩国 1981 ~ 1997 年的季度数据，利用两阶段超越对数成本模型对韩国能源之间的替代关系进行了分析，研究发现煤炭、电力和石油的自价格弹性都是负的，其中自价格弹性值最大的是煤炭，最小的是石油；煤炭和石油之间的关系是可以相互替代的，石油和电力之间、煤炭与电力之间的关系都是可以互补的。Serletis 和 Shahmoradi（2008）运用非参数和半参数相结合的统计方法对美国能源间替代问题进行了研究，发现在价格机制和供求机制的作用下，石油消费量趋于下降，美国能源间替代的前进方向应当是新能源的大量使用。

国内对能源间替代关系的研究起步较晚，杭雷鸣（2007）基于 1985 ~ 2003 年的样本数据利用超越对数生产函数模型对中国制造业内部能源间的替代关系进行了分析，发现石油与煤炭的自价格弹性均为正值，电力自价格弹性为负值；石油和煤炭之间是互补关系，电力是石油的可替代品，较发达国家而言，中国能源之间的替代关系相对较弱。黄磊、周勇（2008）选取中国 1978 ~ 2004 年的样本数据，运用超越对数生产函数模型对煤炭、石油、电力和天然气之间的替代弹性进行了研究，发现电力与煤炭、石油及天然气之间的替代弹性均大于 1，天然气与煤炭、石油之间的替代弹性则小于 1。史宏亮、陈凯、闫波（2010）利用岭回归方法对中国钢铁行业煤炭、电力、石油和天然气四种类型的能源之间替代弹性进行了分析，研究发现煤炭与石油、天然气以及电力之间的替代弹性均近似为 1。王明益（2012）通过建立一个包括煤炭、电力、石油、天然气四种能源要素的超越对数生产函数模型研究了 1979 ~ 2009 年山东省各能源之间的替代弹性，结果发现煤炭与电力、煤炭与石油、天然气与电力以及石油与电力之间的替代弹性都大于 1，石油与天然气的替代弹性则小于 1。于立宏、贺媛（2013）利用 AES 替代弹性和超越对数生产函数对中国煤炭、石油、电力之间的相关替代弹性进行了估算，结果表明能源之间的替代效应、互补效应和自价格弹性均很低。

（二）关于能源消费结构的预测

国内外相关学者利用各种方法对预测能源消费结构进行了很多尝试。对于能源消费结构的预测方法主要包括宏观系统模型、马尔科夫（Markov）链、多目标决策法、情景分析法以及灰色理论等。Kalogirou（2000）为避免对历史数据进行单纯地统计和定性分析，利用人工神经网络模型对部门的能源需求进行了预测。

Gabriel、Kydes 和 Whitman（2001）考虑经济、环境等因素的影响构建宏观模型分析能源消费结构的变化情况。Nakata（2004）研究发现调整和优化能源消费结构应该考虑经济、人口增长和环境等的影响，构建“低碳经济”，大力加强可再生能源的开发利用。赵柳榕、田立新（2008）建立了基于 Logistic 的能源结构预测模型。孔锐、储志君（2010）对中国未来的能源消费总量及各品种能源的消费量进行了预测。王迪、聂锐、李强（2011）利用多目标决策方法，计算了未来中国江苏地区的最优能源结构。王锋、冯根福（2011）利用协整检验分析方法和马尔科夫（Markov）链模型对中国 2011～2020 年的二氧化碳排放强度趋势进行了预测，并分不同情景评估分析了优化能源消费结构对实现二氧化碳排放强度的贡献潜力，结果表明在经济高速增长情景中的能源消费结构优化对实现二氧化碳排放强度目标的贡献潜力最大。范德成、王韶华、张伟（2012）认为实现低碳经济关键在于能源消费结构的优化，利用路径分析方法测算了低碳经济目标下各因素对一次能源消费结构的影响。王韶华、于维洋（2013）利用通径分析方法研究了一次能源消费结构中各种类型能源所占比重的相互关系以及和二氧化碳排放强度的直接和间接关系，基于此测算了各种类型能源消费比重对二氧化碳排放强度和 GDP 的贡献，并研究分析了一次能源消费结构变动对二氧化碳排放强度影响的灵敏度。

（三）关于能源消费结构优化、能源以及经济之间的关系

国内学者从多角度，运用定性、定量以及定性和定量相结合等方法做了大量研究。如责兴振、杨宝臣（2005）基于 1953～2003 年的样本数据，运用协整检验分析方法和误差修正模型对中国能源消费总量，以及各类型能源消费量与经济增长之间的关系进行检验和分析，结果表明能源消费总量与经济增长之间存在长期均衡关系，中国能源消费机构需要大力改善。管卫华、顾朝林、林振山（2006）最先通过构建能源消费结构变化动力模型去模拟和预测中国能源消费结构，结果表明能源消费结构中煤炭消费比重将逐渐下降，石油、天然气和水电的消费比重将会上升，特别是石油消费地位会逐渐提高。邱立新、雷仲敏、周田君（2006）利用多目标决策模型研究了如何通过能源消费结构的优化实现经济增长和环境保护双赢的目标。郭菊娥、柴建、席酉民（2008）采用通径分析方法估算了中国一次能源消费结构、技术水平、管理水平因素和单位 GDP 能耗强度之间的关系，发现中国单位 GDP 能耗低下主要是由于以煤为主的能源消费结构，并利用多元回归模型研究分析了调整和优化能源消费结构对节能降耗的影响效应和影响途径。孙晓鑫、孔微巍（2009）研究发现一次能源消费结构的不合理导致单位 GDP 能耗居高不下，因此必须节能减排，提高能源利用效率。帅通、袁霞

(2009) 研究发现能源消费结构的变化特别是高碳能源中煤炭能源消费比重的下降和热、电等清洁能源比重的上升，是二氧化碳排放强度下降的最主要原因之一。鞠可一等（2010）基于1980～2007年的样本数据分析了中国能源消费结构和能源安全之间的关系。王强等（2011）通过向量自回归（VAR）模型、方差分解函数（VD）和脉冲函数（IRF）分析了中国能源效率对经济结构和能源消费结构演变的响应机理。王火根、刘志飞（2012）利用投入产出数据和SDA技术分析了影响中国能源消费结构的因素。郝新东（2013）从能源消费结构视角出发，研究比较了中美能源消费结构之间的异同及其原因。

综上所述，学者针对能源消费结构优化的诸多问题：如能源消费、环境污染与经济增长之间的经验性关系，减排目标与经济增长之间的关系，能源消费结构等问题进行了大量的广泛性研究。已有的研究成果为认清能源相关问题本质，进一步对能源消费结构优化问题作深入的研究，为宏微观层面决策起到了重要作用。而科学地分析能源消费结构优化问题对经济社会和生态环境的作用和影响机制是一项非常艰巨且复杂的任务，已有的文献对经济平稳增长下减少二氧化碳排放量和优化调整能源消费结构等相关问题的研究还比较匮乏。鉴于此，本书对低碳经济约束下一次能源消费结构的优化问题进行了探索研究。

第三章　低碳经济约束下一次能源消费结构优化的理论基础

低碳经济约束下一次能源消费结构优化的研究目前正处于不断发展、不断探索和不断完善阶段，研究低碳经济理论、可持续发展理论、能源优化配置理论和区域协调可持续发展理论，是低碳经济约束下一次能源消费结构优化理论发展过程中必不可少的尝试和实践。

一、能源的概念及其分类

“能源”这一术语，涉及自然科学、社会科学、经济学等众多领域。关于能源的定义目前大约有20多种。本书综合各种定义后将能源概念定义为：能量资源或能源资源，是国民经济运行的重要物质基础，是一种有多种表现形式并且能够相互转换的能量的源泉。简单地说，能源是指自然界中可为人类提供可用能量的资源。

能源的种类繁多，由不同的划分标准可得到不同的分类结果。本书依据形态特征或其被转换利用的程度，将能源资源划分为一次能源和二次能源；常规能源和新型能源；不可再生能源（有限的能源）和可再生能源（永续的能源）等（见表3－1）。

表3－1　能源分类表

能源类型	一次能源		二次能源
	不可再生能源	可再生能源	
常规能源	煤炭、石油 天然气	水能	煤气、电力、蒸汽、沼气、汽油、柴油、焦炭、氢气、甲烷
新型能源	核能	风能、生物质能、海洋能、地热能、太阳能	太阳能电池等

一次能源是指从自然界中直接获取未经过任何加工转换的能源。如煤炭、石油、天然气、水能、生物质能、地热能、潮汐能、太阳能等。二次能源则是指对一次能源进行加工转换后得到的能源。如煤气、电力、蒸汽、沼气、焦炭和包括汽油、柴油在内的各种石油制品等。根据一次能源在使用过程中是否能得到循环利用和不断补充，又可将一次能源分为不可再生能源和可再生能源。其中煤炭、石油、天然气等化石能源使用后不能再生，称为不可再生能源或者非再生能源；而水能、生物质能、地热能、潮汐能、太阳能等能源使用后可以再生，被称为可再生能源。另外，一次能源中煤炭、石油和天然气这三种能源是核心也是全球能源的基础构成。

根据使用类型又可将能源资源分为常规能源和新型能源。一般将使用普遍和技术成熟的能源称为常规能源，包括不可再生的煤炭、石油、天然气和可再生的水能等资源。通常将正着手开发或最近开始使用的能源称为新型能源，包括风能、生物质能、海洋能、地热能、潮汐能、太阳能等能源，新型能源大多数为可再生能源，其资源富饶、分布广阔，是未来主要开发利用的能源之一。

二、低碳经济理论

（一）低碳经济的概念及其内涵

关于低碳经济的概念，最早由英国政府 2003 年在《能源白皮书》中将“低碳经济”概括为：在提高投入产出比的同时减少对环境的污染，从而提高人类的生活质量。随着世界各国经济联系的不断加强，低碳经济由经济问题逐步变化为政治和经济问题，因此一直未形成统一的定义。目前由英国环境专家鲁宾斯德提出的低碳经济概念基本得到各国的认可，其描述为：通过市场与政府两种手段的结合，促进低碳技术的进步，实现产出效率高、能源消耗少、污染排放小的新型经济发展模式。

国内学者对低碳经济的概念研究较多。庄贵阳（2005）认为实现低碳经济的重点是能源结构的优化以及通过市场竞争与政策引导促进能源技术创新和能源政策优化。邢继俊、赵刚（2007）认为低碳经济就是加强新能源开发的技术研究和能源利用制度创新，实现二氧化碳减排和经济的可持续发展。鲍健强、苗阳、陈锋（2008）将低碳经济定义为从化石能源低效利用的工业文明向化石能源高效利用、新能源大力开发、社会发展与生态保护并进的经济发展模式。李友华、王虹

(2009) 提到低碳经济是从高碳能源向低碳能源时代的转变，目标是实现新的可持续的经济增长模式。金乐琴、刘瑞（2009）认为低碳经济是经济、社会、环境问题的综合，是调整经济发展模式，转变经济结构，改变人类生活方式的重要选择，也是需要全球合作的战略性任务。李慧明、杨娜（2010）以二氧化碳排放量作为考察经济发展的尺度，通过新能源的开发和传统能源的高效利用，降低二氧化碳排放量，从而在实现经济增长目标的同时，落实二氧化碳减排目标，创造经济、生态、社会和谐发展的发展理念。薛进军、赵忠秀（2011）从低碳发展和低碳经济两个方面综合考虑，认为平衡经济增长与环境保护两方面的需求，低碳发展的概念更适合中国的国情。

学者们对低碳经济有了深刻的认识和把握，低碳经济的基本特征是低碳排放，低碳经济的实现依赖能源消费结构的调整与能源利用效率的提高。本书认为低碳经济是以“低能耗、低污染、低排放”为基础的新型经济发展模式，其实质是通过降低高碳能源消耗和减少二氧化碳排放，建立合理的能源消费结构，从而达到社会经济发展与生态环境保护双赢的一种经济发展形态。从字面上看，低碳经济包括“低碳”和“经济”，本书将从以下三个方面理解低碳经济：

（1）在低碳层面，低碳经济的重点是在经济发展过程中优化调整能源消费结构，减少高碳能源消耗和转变能源利用方式，降低由能源消费所导致的二氧化碳排放。

（2）在经济层面，要求在保障经济平稳增长的前提下降低二氧化碳排放，关键是研发高新能源的低碳技术促进可再生能源和新型能源的发展，不断优化能源消费结构，实现二氧化碳排放的持续下降和经济的长期稳定增长。

（3）在目标层面，低碳经济的目标是实现经济社会发展与生态文明建设的高度统一，这一目标的实现需要政府政策的引导和支持。

（二）低碳经济发展模式

低碳经济发展模式是相对于高投入、高消耗、高污染、低效益“三高一低”的传统经济发展模式而言，是应对气候变化的有效实现途径之一。付允等（2008）总结了低碳经济发展模式（见图 3－1）。

低碳经济发展模式是以可持续发展理论为指导思想，发展方向为低碳发展，通过节能减排等发展方式，采用碳中和等多种技术手段的一种新型绿色经济发展模式。

优化能源消费结构和提高能源利用效率是实现节能减排的有效途径，低碳经济发展模式的实现同样离不开能源消费结构的优化调整。低碳经济发展模式的实

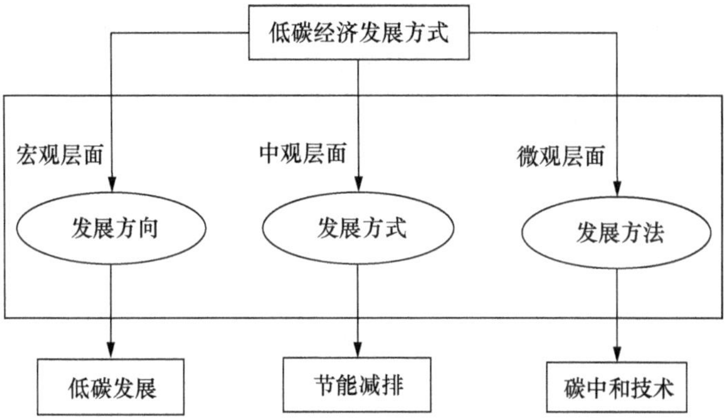

图3-1　低碳经济发展模式

资料来源：付允等. 低碳经济的发展模式研究［J］. 中国人口·资源与环境，2008，18（3）.

现依靠政府的推动，需要面向高碳经济的政府管理体制向低碳化转型，同时也需要相应地调整政府职权、主管机关和监督管理机制。另外，低碳经济发展模式的实现同样离不开制度的保障。在当前能源资源不足和面对日益紧迫的全球减排温室气体形势下，世界各国纷纷开展低碳经济发展模式，制定了相配套的法律法规体系。低碳经济发展模式是一种新兴的经济发展形态，其理念、发展方向、发展方式和发展方法与中国目前的法律法规体系仍然有着明显的差距，中国要实现低碳经济发展模式，必须完善相应的法律法规体系，保障各项措施的顺利实施。

三、能源消费结构优化的相关理论

（一）可持续发展理论

1987年，挪威前首相布伦特兰夫人领导的联合国环境与发展委员会（WCED）发表了《我们共同的未来》，首次诠释了可持续发展理论，指出要“既满足当代人需求，又不损害后代人满足其需求能力的发展”。恩格斯早已关注了人类开发所带来的自然环境的破坏，提出人类的发展必须协调好人与自然的关系。

联合国环境规划署对可持续发展的定义为：“可持续的发展，系指满足当前需要而又不削弱子孙后代满足其需要之能力的发展，而且绝不包含侵犯国家主权的含义。”可持续发展的核心是发展，关键是在以最小的代价实现当前经济发展的同时，保护资源和生态环境，保障后代发展的潜力。在发展中国家保证当代人生活质量的迫切性往往大于保障后代发展潜力的需求，所以厘清可持续发展的本质是解决两者矛盾的关键，这对发展中国家尤为迫切。

可持续发展涉及社会生活的方方面面，目标是持续提高人民生活质量，方法是高效、合理地利用资源，保证自然资源对经济发展的持续支持。其内涵表现为：

（1）持续提高人民生活质量是可持续发展的最终目标。生活质量不能仅仅以经济增长为唯一目标，而是对经济增长、社会进步、环境友好等方面的综合衡量。

（2）经济发展是可持续发展的表现之一，但可持续发展要求的经济发展模式是资源浪费少，环境污染小的发展模式。

（3）资源与环境是经济发展的基本条件，可持续发展研究的首要问题就是高效利用自然资源，确保经济的持续增长和自然环境的不断改善。资源与环境对经济发展的持续支持依赖自然资源在不同地域、国家之间的高效利用，需要建立合理的贸易制度，协调不同群体之间的利益关系，同时当代人的发展不应该以牺牲后代人的发展空间为条件，一个区域的发展不应以牺牲其他区域的发展空间为条件。

（4）完善政策法规，加大技术保障力度，加强国际合作是可持续发展的根本途径。实现可持续发展是各国发展的重要战略目标，但是全球性环境问题的解决需要世界各国的统一行动。各国在完善各自政策法规的同时，加强国际合作，促进科技成果在世界各国间转移和应用，按照“共同但有区别的责任”这一基本原则，在确保不同国家人民生存和发展权利的同时，通过国际合作共同解决可持续发展中遇到的问题，真正走向国家和国际的公平。

可持续发展是中国消除贫困，提高人民生活水平，实现资源节约型和环境友好型社会的基本保障，中国的可持续发展战略是在不断改善和提高人民生活水平，增强综合国力这一基本主题确定的，主要表现在以下三个方面：

（1）中国作为世界上最大的发展中国家，经济建设取得了世人瞩目的成就，但中国在人口、资源、环境等方面的压力仍然十分巨大，同时面对全球变暖这一世界问题，中国坚持走可持续发展道路是历史的必然选择。

（2）中国的能源结构以煤为主，同时中国在世界产业结构的分工中处于生产加工环节，导致中国的工业生产吃下了更多的“粗粮”，成为了世界最大的二氧化碳排放国，在经济建设取得一定成就后，调整能源消费结构，转变经济发展模式，提高工业生产的技术含量，走低碳发展的道路是中国实现可持续发展的自主选择。

（3）作为负责任的大国，中国制定了2020年二氧化碳排放强度比2005年减少40%～45%的减排目标，这一目标的确定，促进了企业调整生产方式加快产业结构升级的步伐，对中国走可持续发展道路具有极大的推动作用。

（二）能源资源优化配置理论

能源资源是人类经济社会生存与发展的基础和保障，对经济社会的发展具有极其重要的作用。能源资源的稀缺性要求人类在生产与消费过程中最大化地使用和分配社会资源，做出理性的选择。同时能源也是开发利用其他自然资源的基础，能源的空间赋存情况与供给情况在一定程度上决定了一个区域产业结构的分布情况与产业发展的规模，一些地区能源产业已经成为区域经济发展的支柱。因此，优化配置各类能源，对于消除区域发展差异，提升和调整产业结构，保障社会稳定，具有十分重要的意义。

合理利用能源资源，实现快速发展是可持续发展的关键。以对能源资源的掠夺性开发和粗放型利用为特征的消耗型经济给资源、生态环境带来了很大的压力，其发展过程是不可持续的；节约能源资源，合理开发利用，提高能源资源的回收利用率，实现经济、社会、生态效益的和谐统一是可持续发展的核心内容。

能源分为可再生能源和不可再生能源，可持续发展对这两类能源都提出了节约和合理利用的要求（赵国浩等，2000），但是对不可再生能源，必须通过优化配置，处理好当代发展与后代存续的问题。实现经济的可持续发展，必须保证能源的供给与社会的需求相适应，能源的需求在短期内表现为一定的弹性（如冬季采暖对能源的需求），但最大供给量则相对稳定，通过各类能源的优化配置，降低对单一能源的短期需求，可以对经济的发展起到稳定器的作用。

能源是人类活动的基础，渗透人类活动的方方面面，能源行业已经构成了一个复杂的系统，通过能源优化配置，对经济、环境、社会具有极其重要的意义（赵国浩，2010）。首先通过优化配置，提高能源利用效率，促进有限能源的充分利用对其他行业的发展有一定的推动作用；其次通过优化配置，提高能源利用效率，对于提高生态环境对能源利用的包容度具有极大的促进作用；最后优化配置各类能源资源是消除贫困，解决社会二元化的问题，实现能源与人之间协调发展的有效手段。

四、区域协调可持续发展理论

（一）区域协调可持续发展的概念及其内涵

关于区域的概念，目前有多种定义。郝寿义和安虎森在《区域经济学》著作中将其定义为：区域是一个客观上存在的，由人们主观抽象想出来的概念，通常没有确定的方位以及严格的范畴和边界，有相似特征的一个或几个国家（地区）都可称为一个区域。陈秀山和张可云在《区域经济理论》著作中对区域也作了类似的定义。美国著名的区域经济学家埃德加·胡佛（Edgar Malone Hoover）将区域定义为：区域是按照系统内部功能一体化或同质性的划分原则，考虑描述、管理、分析、计划或制定政策等应用目的而形成的多个地区。

从地理学角度来说，区域是地球表面上具有相似自然地理特征的地域单元。

从行政学角度来说，区域是按照行政权力覆盖的划分原则，将国家划分成不同的行政区域，如中国东部、中部、西部三大地带的划分就以行政区域为标准。

从社会学角度来说，区域是按照具有共同文化、语言和信仰特征而划分形成成的社会区域。

本书对区域的定义是：地球上客观存在的，由经济单元和自然地理单元共同作用形成的一个应用性整体，具有功能一体化或同质性等特征。并且区域具有稳定性和层次性的特点，在内部区域相对稳定，其资源、经济、环境、社会、人口之间是相互联系、相互作用和相互制约的；在外部区域的规模大小和地域空间不是一成不变的，可根据具体的应用进行不同尺度的划分。本书的区域研究对象泛指全国、三大地带和八大经济区域或按照某种应用目的划分形成的一片地区。

协调可持续发展是人类社会生产活动中的一种新型发展模式，从地域空间范围的尺度来看，由全球协调可持续发展（Global Coordinated Sustainable Development，GCSD）、国家协调可持续发展（National Coordinated Sustainable Development，NCSD）和区域协调可持续发展（Regional Coordinated Sustainable Development，RCSD）等不同范围尺度的等级组成。

目前，关于区域协调可持续发展的概念还没有达成一个共识，本书将其定义为：区域协调可持续发展就是协调区域内部的资源、经济、社会、环境、人口之间的关系，使其达到一个理想的优化配置状态。

区域协调可持续发展的内涵表现在三个方面：

（1）坚持人本位的发展，主要原因是任何国家或区域的发展最终目的都是为了满足人们日益扩大的需求和提高人民生活质量。

（2）核心是发展，发展的目的是为了得到更多且质量更高的产出，在发展的基础上才能实现其可持续发展目的。

（3）重点是协调，协调的目的是使区域内各种要素之间能够长期保持一种高效、和谐、有效的发展状态。

（二）区域协调可持续发展的原则和策略

区域协调可持续发展的原则主要有公平性原则、系统性原则和主体性原则。

公平性原则强调人与人、人与自然以及地区与地区之间的公平，既要努力维持当代人们之间的横向公平，又要不损害与后代人之间的纵向公平，更不能凌驾于自然之上随意地支配自然，同时还要不断加强地区之间的合作与支持。系统性原则强调资源、经济、社会、环境、人口之间的整体协调发展，是指基于保持人与自然和谐发展、环境友好的前提下，实现资源、经济、生态环境、社会之间相互依赖、相互促进和共同协调可持续发展的目的。主体性原则强调以人为本，任何发展都离不开人的发展，同样可持续发展的源泉和动力也依赖于人的全面发展。

由于中国地域辽阔、人口数量庞大、资源禀赋等基本现实，中国各区域之间的经济发展、能源消费和二氧化碳水平均存在显著的差异。因此，中国的区域协调可持续发展显得尤为重要。中国的区域协调可持续发展模式应在人口控制、环境友好、经济创新、资源节约、科技创新相结合的框架下，建立一个以全社会的全面发展为目的，促进人口、环境、经济、社会、资源共同发展的具有中国特色的协调可持续发展模式。

五、本章小结

本章简要介绍了能源的概念和分类，从低碳经济的概念、内涵和低碳经济发展模式三方面入手阐述了低碳经济理论，并对能源消费结构优化的可持续发展理论和能源优化配置理论进行了论述，最后系统综述了区域协调可持续发展的概念、内涵、原则与策略等基本理论，为低碳经济约束下一次能源消费结构优化的研究奠定了理论基础。

第四章 低碳经济约束下一次能源消费结构优化原则和目标

中国经济经过60多年的增长，尤其是改革开放30多年来的发展，综合经济实力得到迅速提升，能源消费总量日益增加，以煤炭为主的能源消费结构所导致的二氧化碳排放总量也大幅增长。同时由于中国地域辽阔，各个地区之间的GDP、能源消费和二氧化碳排放情况也千差万别。基于此，本章以经济增长、能源消费和二氧化碳排放为比较对象，广泛收集大量的相关资料，从全国、三大地带和八大经济区域三个视角，分别采用横向比较、纵向比较和定量分析方法来对中国各地区以及全国的GDP、能源消费、二氧化碳排放现状以及特征进行分析，从中发现中国和世界主要发达国家之间、中国各地区之间存在的差异，剖析产生这些差异的内在原因，并提出低碳经济约束下一次能源消费结构优化应坚持的指导原则和实现目标。

一、中国经济增长、能源消费与二氧化碳排放现状

（一）经济增长现状

1. 中国总体经济增长情况

从GDP总量来看，1978～2012年中国经济保持了强劲的增长趋势，绝对量从3645.22亿元增加到38914.51亿元（以1978年为不变价），34年间增加了9倍多。图4－1为中国1978～2012年国内GDP的总体变化趋势，可以看出中国经济发展呈现出明显的阶段性特征：1978～1990年处于改革开放初期，经济呈现平稳增长阶段；1991～1995年经济呈现快速增长阶段；1996～2000年由于受到东南亚金融危机的影响，经济增速放缓，表现出平稳阶段；2001～2007年经济

呈现急速增长阶段；2008 年以后由于全球金融危机的冲击和中国加快转变经济发展方式，经济增长有所回落，但仍完成了“保 8”的经济增长目标。

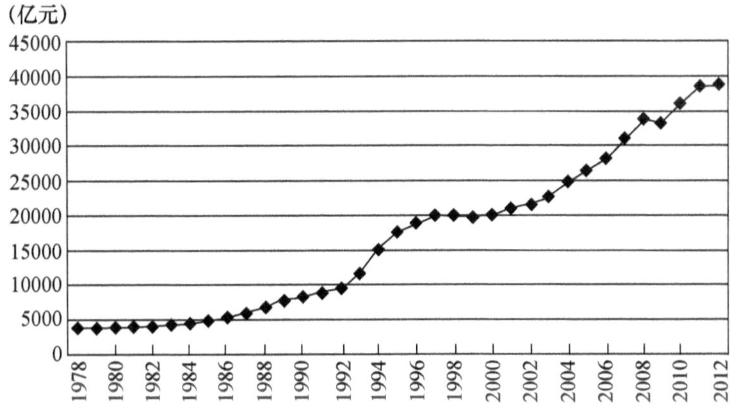

图 4－1 1978～2012 年中国 GDP 增长情况

经济的快速增长使得中国与发达国家之间的差距进一步缩小，中国经济总量得到迅速扩张。根据世界银行的测算（见表 4－1），1980 年中国经济总量居世界第十二位。到 2000 年，中国经济总量超过意大利，位于世界第六位，是美国经济总量的 12.3%，日本总量的 25.7%，德国总量的 63.1%，英国总量的 82.6%，法国总量的 90.2%。到 2005 年，中国经济总量超过法国和英国，位于世界第四位，是美国经济总量的 18.1%，较 2000 年提高了将近 6 个百分点；是日本总量的 49.3%，与 2000 年相比提高将近 1 倍；是德国总量的 80.5%，较 2000 年提高了将近 20 个百分点。在 2008 年 GDP 超越德国后，2010 年又超越日本，以 58782 亿美元的 GDP 总量位列世界第二。

表 4－1 1980 年和 2012 年 GDP 居世界前十二位的国家比较

位次	1980 年			2012 年		
	国家名称	GDP（亿美元）	占世界比重（%）	国家名称	GDP（亿美元）	占世界比重（%）
1	美国	28625	27.2	美国	162446	22.4
2	日本	10870	10.3	中国	82271	11.4
3	德国	9196	8.7	日本	59597	8.2
4	法国	6903	6.5	德国	34281	4.7

续表

位次	1980年			2012年		
	国家名称	GDP（亿美元）	占世界比重（%）	国家名称	GDP（亿美元）	占世界比重（%）
5	英国	5419	5.1	法国	26129	3.6
6	意大利	4598	4.4	英国	24718	3.4
7	加拿大	2689	2.6	巴西	22527	3.1
8	巴西	2350	2.2	俄罗斯联邦	20148	2.8
9	西班牙	2260	2.1	意大利	20147	2.8
10	墨西哥	1944	1.8	印度	18417	2.5
11	印度	1896	1.8	加拿大	18214	2.5
12	中国	1894	1.8	澳大利亚	15324	2.1

注：GDP数据按现价美元计。

从GDP增长率来看，1980～2012年，中国经济年均增长率达到9.9%，美国年均增长率为2.7%，日本为2.1%，德国为1.8%，英国为2.2%。中国保持长期的经济高速增长在世界现代经济发展史上创造了纪录，被经济学家们称为“中国奇迹”。表4－2为世界主要国家GDP增长率的对比情况分析①。

表4－2　世界主要国家GDP增长率的对比情况

国家	1980年	1990年	1996年	2000年	2006年	2008年	2010年	2012年	平均增长率（1980～2012年）
美国	-0.2	1.9	3.8	4.1	2.7	-0.3	2.5	2.8	2.7
中国	7.8	3.8	10.0	8.4	12.7	9.6	10.4	7.8	9.9
日本	2.8	5.6	2.6	2.3	1.7	-1.0	4.7	1.9	2.1
德国	1.4	5.3	0.8	3.1	3.7	1.1	4.0	0.7	1.8
法国	1.6	2.6	1.1	3.7	2.5	-0.1	1.7	0.0	1.8
英国	-2.2	0.8	3.5	4.4	2.8	-0.8	1.7	0.1	2.2
巴西	9.1	-4.3	2.1	4.3	4.0	5.2	7.5	0.9	2.8
俄罗斯联邦	—	-3.0	-3.6	10.0	8.2	5.2	4.5	3.4	0.8

① 目前，世界银行一般采用两种方法计算世界和各国的经济总量：一是市场汇率法；二是购买力平价（Purchasing Power Parity，PPP）法。这里是按照市场汇率法来计算，采用2005年不变价美元。

续表

国家	1980 年	1990 年	1996 年	2000 年	2006 年	2008 年	2010 年	2012 年	平均增长率（1980～2012 年）
意大利	3.4	2.0	1.1	3.7	2.2	-1.2	1.7	-2.5	1.4
印度	6.7	5.5	7.5	3.8	9.3	3.9	10.5	3.2	6.2
加拿大	2.2	0.2	1.6	5.2	2.8	0.7	3.2	1.7	2.5
澳大利亚	3.1	3.6	4	3.8	3	3.8	2.1	3.4	3.3

从人均国民总收入 GNI 来看，表 4－3 为中国与不同水平收入组人均国民总收入的对比情况分析，数据由 2012 年世界发展指标数据库以现价美元按图表集法衡量。从中可以看出，中国人均 GNI 绝对量在 1994 年为 460 美元，相当于世界平均水平的 9.5%；到 2005 年提高到 1740 美元，开始进入中低收入国家，相当于世界平均水平的 24.1%；到 2012 年增加为 5720 美元，比低收入国家高出 9.7 倍，超中低收入国家 1.5 倍，相当于世界平均水平的 56.4%，18 年间人均收入水平与世界平均水平的相对差距由 10.6 倍缩小至 1.8 倍。在中国庞大人口数量这一基本国情下人均 GNI 得以提升是几十年经济高速增长的直接结果。

从产业结构来看，1991～2012 年三大产业生产总值对 GDP 的贡献率不断变化（见图 4－2），总的来说是第一产业对 GDP 贡献率的变化平稳，一直在平均水平 6% 上下波动；第二产业对 GDP 的贡献率在逐步减少，由 1991 年的 62.8% 降低到 2012 年的 48.7%；第三产业对 GDP 的贡献率在逐步增加，由 1991 年的 30.1% 上升到现在的 45.6%，中国产业结构在不断优化。据美国商务部经济分析局的报告：2010 年美国第一、第二、第三产业增加值占 GDP 的比重分别是 1.1%、18.9% 和 80.0%。目前，中国第三产业比重与发达国家相比差距甚远，跟世界第一大经济体美国的差距达到 34.4%，可见，发达国家已经完成了工业化过程，进入“后工业化”过渡阶段，产业结构发展高度明显要高于中国。

表 4－3 中国与不同水平收入组人均国民总收入对比分析

组别	1994 年	2000 年	2005 年	2008 年	2010 年	2012 年
Ⅰ 人均国民总收入 GNI（现价美元）						
中国	460	930	1740	3050	4240	5720
低收入组	235	260	330	431	513	588
中低收入组	884	1112	1628	2553	3096	3825
中高等收入组	1421	1897	2789	4519	5564	6977

续表

组别	1994 年	2000 年	2005 年	2008 年	2010 年	2012 年
Ⅰ人均国民总收入 GNI（现价美元）						
高收入组	19956	22575	30700	35542	35745	38182
世界	4858	5371	7209	8779	9177	10138
东亚与太平洋	611	900	1614	2725	3662	4884
Ⅱ中国与各组的倍数（中国 =1）						
中国	1	1	1	1	1	1
低收入组	0.5	0.3	0.2	0.1	0.1	0.1
中低收入组	1.9	1.2	0.9	0.8	0.7	0.7
中高等收入组	3.1	2.0	1.6	1.5	1.3	1.2
高收入组	43.4	24.3	17.6	11.7	8.4	6.7
世界	10.6	5.8	4.1	2.9	2.2	1.8
东亚与太平洋	1.3	1.0	0.9	0.9	0.9	0.9

注：为了减少市场汇率波动的影响，世界银行以当年国际美元采用图表集转换系数法来衡量人均国民总收入 GNI。

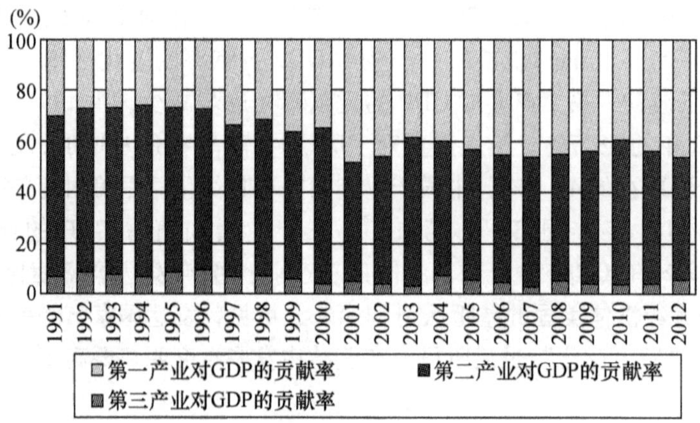

图 4－2 三大产业对 GDP 的贡献率

2. 中国各地区经济增长情况

由于中国地域辽阔，各省、市、自治区的经济发展情况也千差万别，本书分别从省际和区域层面出发对其进行比较和分析。

从省际层面进行分析时，由于数据的可获得性，研究对象为全国 30 个省、市、自治区，不包括西藏、台湾、香港、澳门。

从区域层面进行分析时，先要界定区域的划分。为简单起见，分别从两个视角考虑将中国划分为三大地带和八大经济区域。

对于三大地带，本书参考2013年国家统计局提出的划分方法，具体情况为：东部地区包括北京、天津、辽宁、江苏、上海、河北、浙江、山东、福建、广东、海南11个省、市，国土面积达105.7万平方公里，占比为11.0%；中部地区包括吉林、山西、黑龙江、安徽、河南、江西、湖北、湖南8个省，国土面积达163.5万平方公里，占比为17.0%；西部地区包括内蒙古、广西、四川、重庆、贵州、西藏、云南、陕西、青海、甘肃、宁夏、新疆12个省、市、自治区，国土面积达683.4万平方公里，占比为71.2%。

对于八大经济区域，本书参考2005年国务院发展研究中心公布的划分标准，具体情况如下：

东北综合经济区：包括辽宁、黑龙江、吉林3个省，国土面积为79万平方公里，这一地区属于重型装备和能源原材料制造业基地。

北部沿海综合经济区：包括北京、山东、天津、河北4个省、市，国土面积为37万平方公里，这一地区具有优越的地理位置，交通便利，高新技术研发的实力雄厚。

东部沿海综合经济区：包括上海、浙江、江苏3个省、市，国土面积为21万平方公里，这一地区是中国制造业的集中区域，综合竞争力在各综合经济区中名列前茅。

南部沿海综合经济区：包括广东、福建、海南3个省，国土面积为33万平方公里，这一地区是中国对外开放的最重要基地，具备较高的消化利用国外先进技术能力。

黄河中游综合经济区：包括山西、内蒙古、河南、陕西4个省、自治区，国土面积为160万平方公里，这一地区地理位置和战略地位优越，是中国最大的煤炭开采和深加工基地。

长江中游综合经济区：包括江西、安徽、湖南、湖北4个省，国土面积为68万平方公里，这一地区气候适宜，农业发达，农作物主要以棉花、水稻为主。

大西南综合经济区：包括四川、贵州、云南、重庆、广西5个省、市、自治区，国土面积为134万平方公里，这一地区地理位置偏远，以旅游开发为龙头带动相关产业发展，其中，成都以轻纺产业为发展重点，重庆以化工产业为发展重点。

大西北综合经济区：包括青海、甘肃、宁夏、西藏、新疆5个省、自治区，国土面积为398万平方公里，这一地区地域辽阔，自然条件恶劣，是中国重要的能源战略接替基地和向西开放的前沿阵地。

（1）各省、市、自治区的经济增长情况。从地区 GDP 来看（见图 4－3），1993～2012 年，中国各省、市、自治区的地区生产总值都得到了迅速增长，其中广东、江苏和山东的地区 GDP 在 1993 年、2000 年和 2012 年这三年均位于全国前三位。另外也可以看出伴随着经济的迅速发展，各省、市、自治区的 GDP 差距也越来越大，2012 年的差距大于 2000 年，2000 年的差距又大于 1993 年（见图 4－3）。

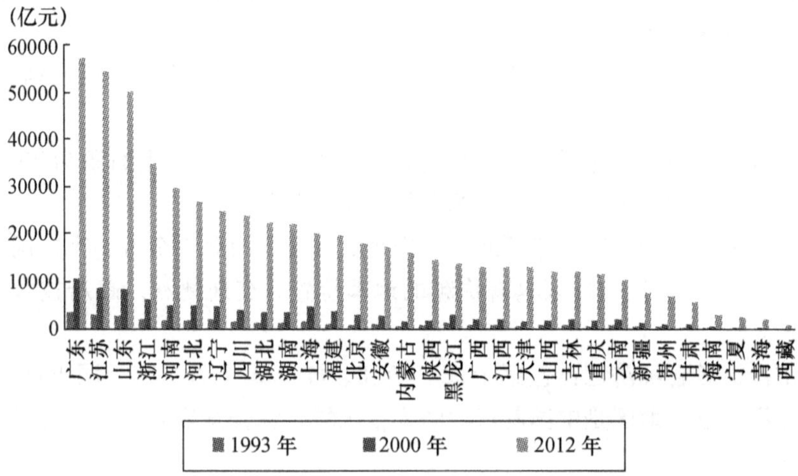

图 4－3　各省、市、自治区地区生产总值对比分析

从人均地区生产总值来看（见图 4－4），在 1993 年、2000 年和 2012 年这三年人均地区 GDP 排在全国前三位的是天津市、北京市和上海市，从大到小依次是上海市、北京市和天津市，2012 年的排名次序则为天津市、北京市和上海市。另外也可以发现在 1993～2012 年各省、市、自治区的人均 GDP 均得到了大幅度上升，人民生活水平不断提高（见图 4－4）。

对于各省、市、自治区的三大产业结构，从 1993～2012 年的三大产业平均增加值的绝对量（见图 4－5）可以发现，这 20 年间第一产业比较发达的省、市、自治区有山东、河南、江苏，平均增长值分别为 1958.8 亿元、1719.4 亿元和 1507.1 亿元；第二产业较发达的省、市、自治区有广东、江苏、山东，平均增长值各自为 10586.7 亿元、9881.9 亿元和 9631.1 亿元；第三产业发达的省、市、自治区和第二产业情况类似，其平均增加值分别为 9568.0 亿元、7223.5 亿元和 6351.7 亿元（见图 4－5）。

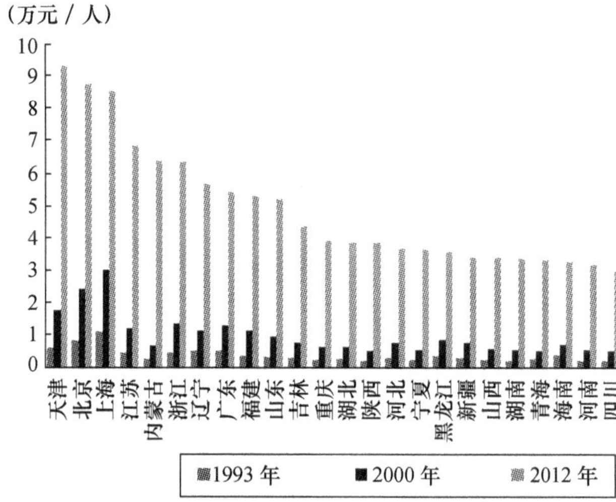

图4－4　各省、市、自治区人均地区生产总值对比分析

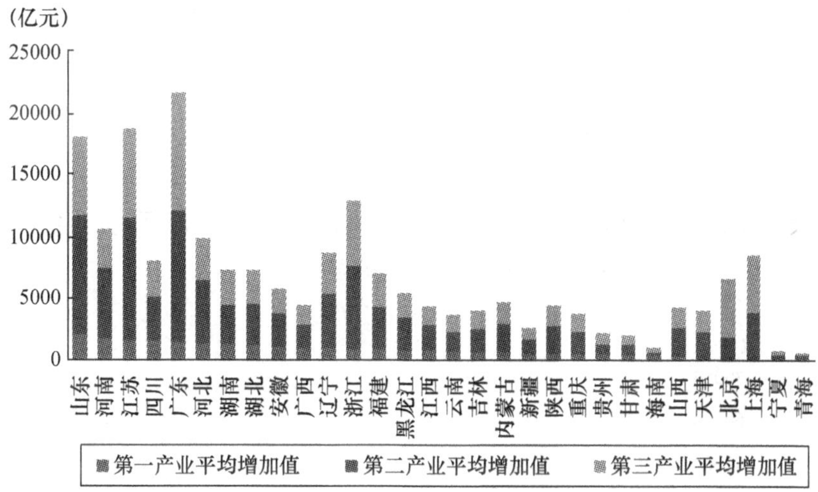

图4－5　各省、市、自治区三大产业平均增加值对比分析

（2）东部、中部、西部地区经济增长情况。从GDP总量的绝对量来看（见图4－6），1993～2012年中国三大地带的地区生产总值均保持不断增长的趋势，东部地区地区生产总值变化最快，从1993年的19184.4亿元增长到2012年的320738.5亿元，年均增长15871.3亿元；其次是中部地区，从1993年的8588.2亿元增长到2012年的141908.6亿元，年均增长7016.9亿元；西部地区增长相比较而言最慢，1993年为6502.4亿元，2012年为113904.8亿元，20年期间年均增长5652.8亿元。另外，还可以发现随着全国经济的快速发展，三大地带地区生产总值之间的差距也保持不断拉大的趋势。

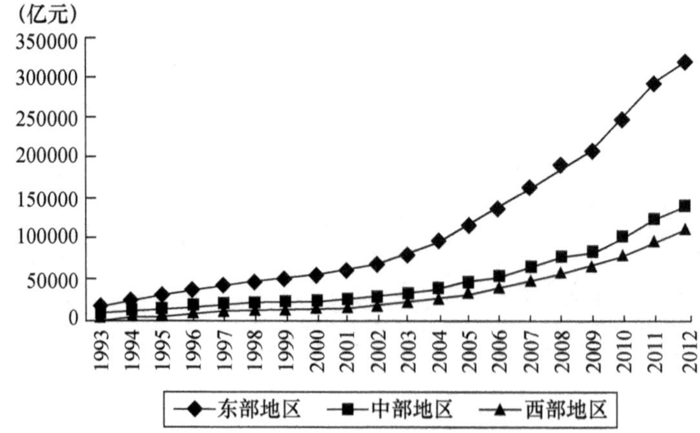

图 4-6　1993~2012 年东部、中部、西部地区生产总值情况

从人均地区生产总值来看（见图 4-7），1993~2012 年的 20 年里三大地带的人均 GDP 一直保持不断增长的趋势，从绝对量上来看，1993 年东部地区的人均 GDP 为 5178.4 元/人，2012 年增长到 61998.0 元/人，并且跟中、西部地区的人均 GDP 相比差距较大，由 1993 年跟西部地区 3148.4 元/人的差距增长到 2012 年的 29571.8 元/人，扩大了 9 倍多。另外在这 20 年里中部地区的人均 GDP 由 1993 年的 2280.8 元/人增长到 2012 年的 34237.1 元/人，年均增长 1681.9 元/人；西部地区则由 2030.0 元/人增长到 32426.2 元/人，年均增长 1599.8 元/人。

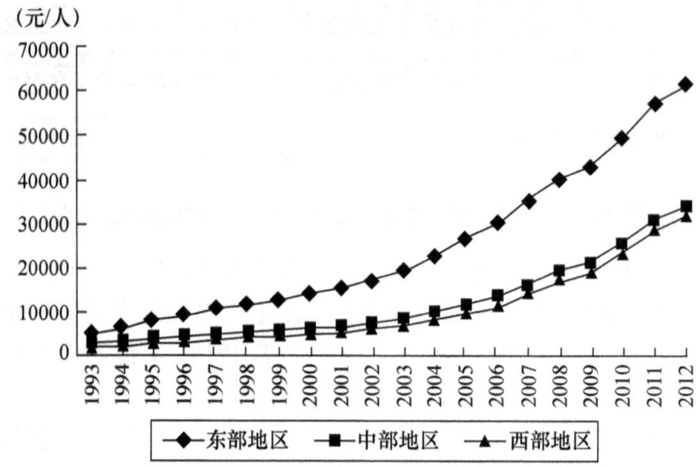

图 4-7　1993~2012 年东部、中部、西部人均地区生产总值情况

从三大产业结构来看（见图4－8），1993年中国东部、中部、西部地区三大产业发展比较均衡，三大地带的第一产业增加值悬殊较小，而第二、第三产业增加值相对来说差距比较大，尤其是第二产业比较明显；2012年中国东部、中部、西部地区的三大产业增加值较1993年均有大幅增长，特别是第二、第三产业增加值得到快速上升，如东部地区第二产业的增加值由1993年的9682.0亿元提高到2012年的154679.3亿元，增长了近15倍。另外，随着工业化和城市化进程的加快，与1993年相比，2012年东部、中部、西部地区第二、第三产业增加值与第一产业增加值之间的差距扩大。

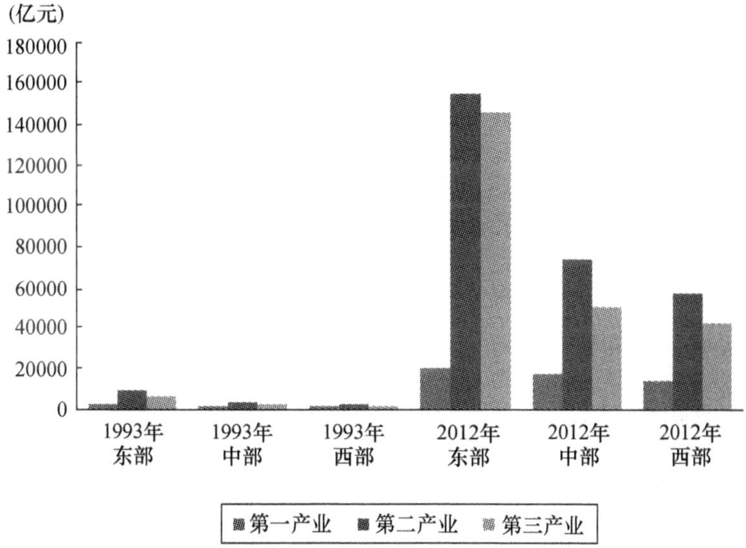

图4－8　东部、中部、西部三大产业增加值对比分析

（3）八大经济区域经济增长情况。从GDP总量来看（见图4－9），1993～2012年的20年间八大经济区域GDP均一直保持着不断增长的趋势，但随着中国城市化和工业化进程的加快，区域GDP之间的差异也越来越大，其中东部沿海地区经济增长最快，北部沿海地区的GDP增长变化趋势与它非常相近；另外，南部沿海、长江中游、黄河中游、西南地区和东北地区的GDP增长速度也较快，在这20年里GDP得到了大幅增长；虽然中国不断推进西部大开发区域协调发展战略，但是大西北地区的GDP增长幅度仍低于沿海发达地区，特别是大西北地区与东部、北部沿海地区的差距越发明显。

从人均地区生产总值来看（见图4－10），1993～2012年中国八大经济区域的人均GDP同样也保持着不断增长的趋势。根据其变化趋势，大致可以分为三类：其中东部沿海和北部沿海的人均GDP变化情况很相近；南部沿海、东北地

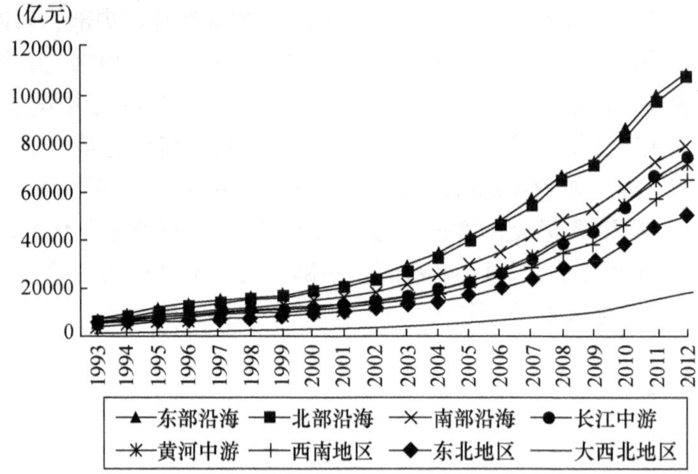

图 4-9　1993～2012 年中国八大经济区域地区生产总值情况

区和黄河中游的增长变化幅度比较相似；长江中游、大西北地区和西南地区的人均 GDP 变化趋势比较接近。另外，还可以看出黄河中游地区的人均 GDP 从 2003 年开始变化迅速，逐步向南部沿海和东北地区逼近（见图 4-10）。

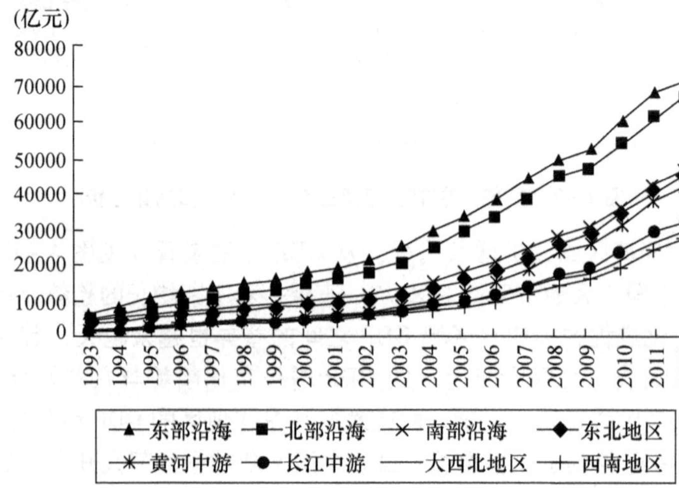

图 4-10　1993～2012 年中国八大经济区域人均 GDP 情况

从三大产业结构来看（见图 4-11），1993 年中国八大经济区域的三大产业增加值差异较小，尤其是各地区的第一产业增加值差异更为不明显。随着中国经济的快速发展和工业化、城市化进程的加快，到2012年八大经济区域的三大产业增加值都得到了大幅度提升，如2012年，第三产业增加值最大的地区是北部沿海，由1993年的2459.9亿元增加到2012年的61386.2亿元，增加了16.2倍；2012年第二产业增加值最大的地区是东部沿海，由1993年的3484.4亿元增加到2012年的52293.0亿元，增长了14.0倍；2012年第一产业增加值最大的地区是长江中游，由1993年的1241.7亿元增加到2012年的9551.9亿元，增长了20.9倍（见图4－11）。

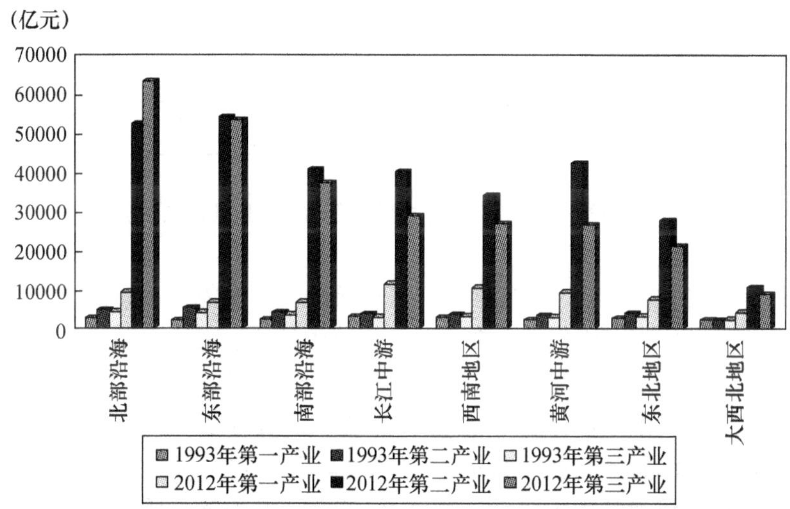

图4－11 中国八大经济区域三大产业增加值对比分析

（二）能源消费现状

1. 中国总体能源消费情况

（1）中国能源消费总量、构成情况及其变化。随着中国经济的快速发展，尤其是改革开放以来，中国能源消费总量也日益增加。图4－12为中国1978～2012年能源消费总量及其构成情况。可以看出，在能源消费总量方面，1978～2012年保持着持续上升的趋势，绝对量从57144万吨标准煤增加到361732万吨标准煤，35年间增加了6倍多，年均增加8958.47万吨标准煤。特别是2001年以来，由于中国加入WTO和进一步融入到世界经济格局中，使得中国经济取得了有目共睹的成果，中国能源消费总量增速也随之加快，2001～2012年能源消费总量从150406万吨标准煤上升到361732万吨标准煤，12年间增加了2.4倍多且年均增加了19211.45万吨标准煤。

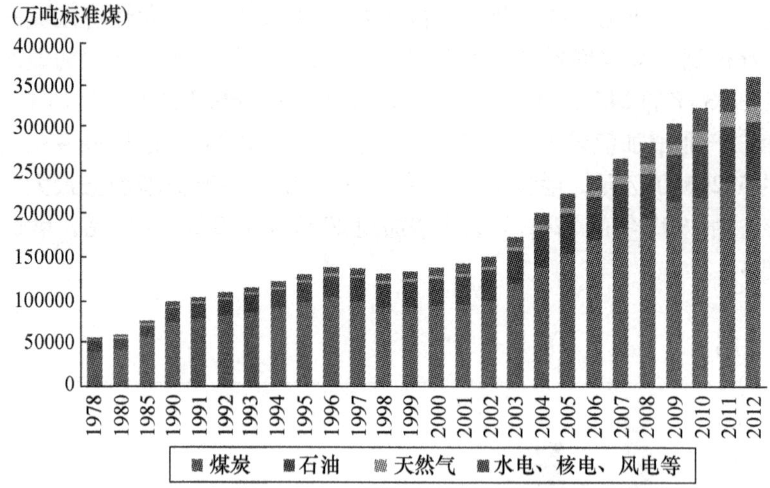

图 4－12　1978～2012 年中国能源消费总量及构成情况

在能源消费结构方面，从图 4－12 可以看出，中国能源消费结构存在的问题极其突出，长期以来煤炭消费量在中国一次能源消费总量中占有很大的比重，水电、核电、风电等非化石能源所占比重很小。1978～2012 年，煤炭消费在中国一次能源消费总量中所占比重平均达到71.50%，而石油，天然气，水电、核电、风电等非化石能源所占比重分别为19.44%、2.71%和6.35%。2012 年，在全年能源消费总量中煤炭消费量所占比重为66.60%，石油消费所占比重为18.80%，天然气消费所占比重为5.20%，水电、核电、风电等消费所占比重为9.40%。

从各能源消费比重变动趋势来看，在 30 多年间煤炭消费比重仅仅下降了 4.10 个百分点，且经历了一个“上升—下降—上升—下降”的变化过程；石油消费比重下降了 3.90 个百分点，遵循着“下降—上升—下降”的变化趋势；天然气以及水电、核电和风电等非化石能源的消费比重仅分别上升了 2.00 个百分点和 6.00 个百分点，这说明在未来相当长的时期内，煤炭在中国能源消费需求中将仍然占主要地位，能源消费结构需要进一步优化调整，特别是需要大力加强水电、核电等清洁能源的使用和推广力度。

（2）世界主要国家一次能源消费总量和构成情况对比分析。作为世界最权威的能源数据报告之一，BP 集团发布的《世界能源统计》显示，中国自 2010 年第一次超过美国，成为全球第一大能源消费国后已连续 3 年位居第一位。表 4－4 为《BP 世界能源统计 2013》报告公布的 2012 年世界各地区主要国家一次能源消费总量情况，可以看出，在全球经济环境低迷状况下，世界一次能源消费总量 2012 年为 12476.6 百万吨油当量，能源消费增速降至 1.8%，远小于过去 10 年的平均增速 2.6%。

分国家来看，中国和美国是世界上一次能源消费总量最大的两个国家，消费量分别为 2735.2 百万吨油当量和 2208.8 百万吨油当量，所占比例各自为 21.9% 和 17.7%，其中，美国消费降幅为 2.8%，中国消费增速为 7.4%，其余国家的一次能源消费总量都不到 1000 百万吨油当量。同时也可以看出 2012 年一次能源消费中所有的能源净增长均发生在新兴经济体国家中，全球能源消费量净增长中印度和中国就占到 88.6%。但中国人均一次能源消费量仅为 1.5 ~3.0 吨油当量，仍然是全球较低的人均能源消费水平。

表 4-4　2012 年世界各地区主要国家一次能源消费总量情况

国家/地区	消费量（百万吨油当量）	同比（%）	份额（%）
欧洲和欧亚大陆	2928.5	-0.5	23.5
英国	203.6	-5.2	1.6
德国	311.7	1.1	2.5
法国	245.4	0.0	2.0
北美地区	2725.4	-2.0	21.8
美国	2208.8	-2.8	17.7
中南美地区	665.3	2.2	5.3
俄罗斯联邦	694.2	-0.6	5.6
非洲地区	403.3	4.7	3.2
中东地区	761.9	4.5	6.1
亚太地区	4992.2	4.7	40.0
中国	2735.2	7.4	21.9
日本	478.2	-0.9	3.8
印度	563.5	5.1	4.5
韩国	271.1	1.0	2.2
世界总计	12476.6	1.8	100
其中：经合组织	5488.8	-1.2	44.0
非经合组织	6987.8	4.2	56.0
苏联	1029.3	-0.4	8.2
欧盟	1673.4	-1.1	13.4

从能源消费结构来看，在 2012 年的世界一次能源消费中，煤炭消费总量为 3730.1 百万吨油当量，所占比重为 29.9%；石油消费总量为 4130.5 百万吨油当

量，所占比重为33.1%；天然气消费总量为2987.1百万吨油当量，所占比重为23.9%；其他非化石能源消费总量为1628.9百万吨油当量，所占比重为13.1%。在世界主要国家一次能源消费结构中，中国的煤炭消费在一次能源消费中所占比重高达68.5%，远高于世界29.9%的平均水平；石油消费所占比重为17.7%，远低于世界33.1%的平均水平；天然气消费占比为4.7%，远低于世界23.9%的平均水平；非化石能源消费占比为9.1%，也低于世界13.1%的平均水平。

能源消费结构变化属于功能相等、开发技术不同、经济产出效率各异的能源种类替代过程。与发达国家相比，中国能源消费多年来一直以煤炭为主体，其所占比重虽然逐渐减少，但其绝对主导地位优势仍将长期保持，而发达国家从20世纪60年代就开始加快石油和天然气取代煤炭主体地位，煤炭消费在一次能源消费中所占比重至今均未超过40%；中国石油消费需求近年来随着经济的快速发展不断增加，2012年石油对外依存度达到58%左右，但在一次能源消费中所占比重长期以来一直低于发达国家水平，另外，由于科学技术水平因素，中国新型能源的开发利用程度低于发达国家，特别是与法国能源消费结构中新型能源所占比重相差达到5倍多（见图4－13）。总体来说，中国能源消费结构的问题在于煤炭消费比重过大，石油、天然气和非化石能源的开发和消费比重亟待进一步提高。

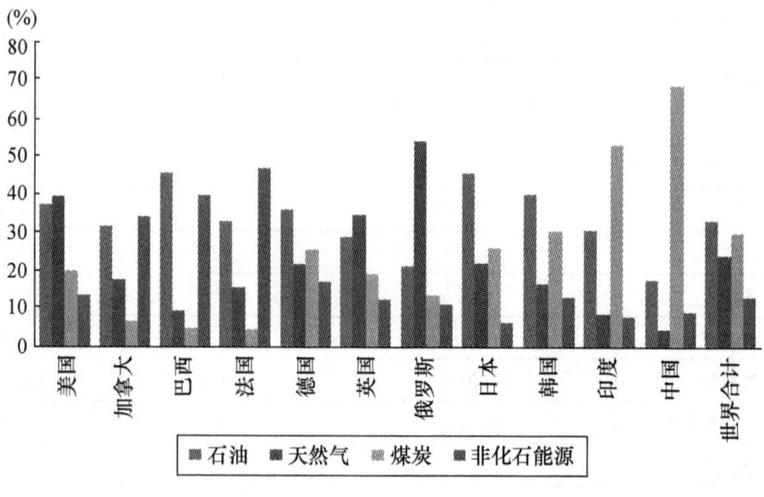

图4－13　2012年世界主要国家能源消费结构情况

2. 中国各地区能源消费情况

（1）各省、市、自治区能源消费总量和单位地区生产总值能耗对比分析。

从省际角度考虑，在总量方面，由于篇幅有限，本书仅选取2000年和2011年的年度面板数据为基础绘制出各省、市、自治区的能源消费总量横向比较图表（见图4－14）。从中可以看出，与2000年相比，2011年除北京外，其余省、市、自治区的能源消费量至少增长100%，内蒙古地区的能源消费增速甚至高达400%以上，这表明经济迅猛发展的同时，各省、市、自治区的能源消费总量也处于高位。另外，可以看出中国能源消费总量比重中比较大的省、市、自治区有河北、辽宁、江苏、山东、广东等；所占比重比较小的省、市、自治区有宁夏、青海、甘肃、北京、天津、海南等。

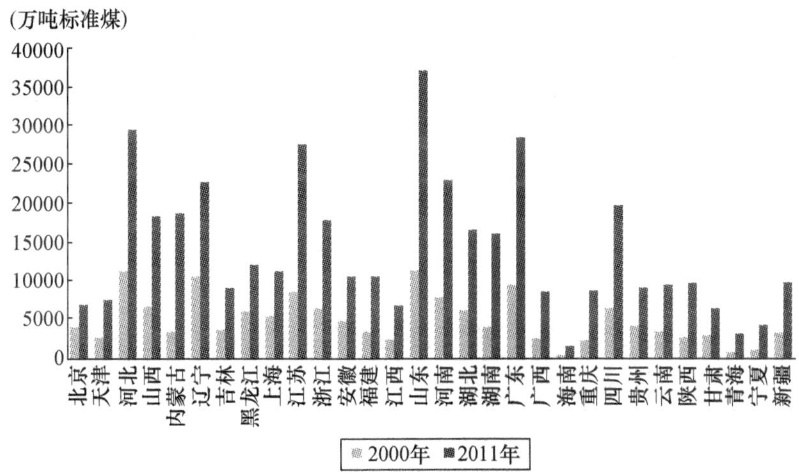

图4－14 2000年和2011年各、省、市自治区能源消费总量情况

从各省、市、自治区的单位地区生产总值能耗来看（见图4－15），2011年与2005年相比，各省、市、自治区的单位地区生产总值能耗均有不同程度的降低，其中贵州变化幅度最大，减少率为47.4%；其次是宁夏，减少率为44.9%；另外还有吉林、内蒙古、陕西、北京和山西3省1市1自治区的单位地区生产总值能耗减少率超过40%；降幅最小的是新疆，减少率为22.8%。

（2）东部、中部、西部能源消费情况分析。对于三大地带的能源消费总量，从绝对量来看（见图4－16），2000～2011年，东部地区能源消费总量最大，中部地区次之，西部地区最小，并且三大地带的能源消费总量在持续增加，这和各省份的能源消费总量情况类似。这12年里，东部地区能源消费总量上升幅度较中部、西部要大，从2000年的74214万吨标准煤增加到2011年的201355万吨标准煤，年均增长11558.23万吨标准煤；中部地区能源消费总量从2000年的42303万吨标准煤增加到2011年的112837万吨标准煤，年均增长6412.18万吨

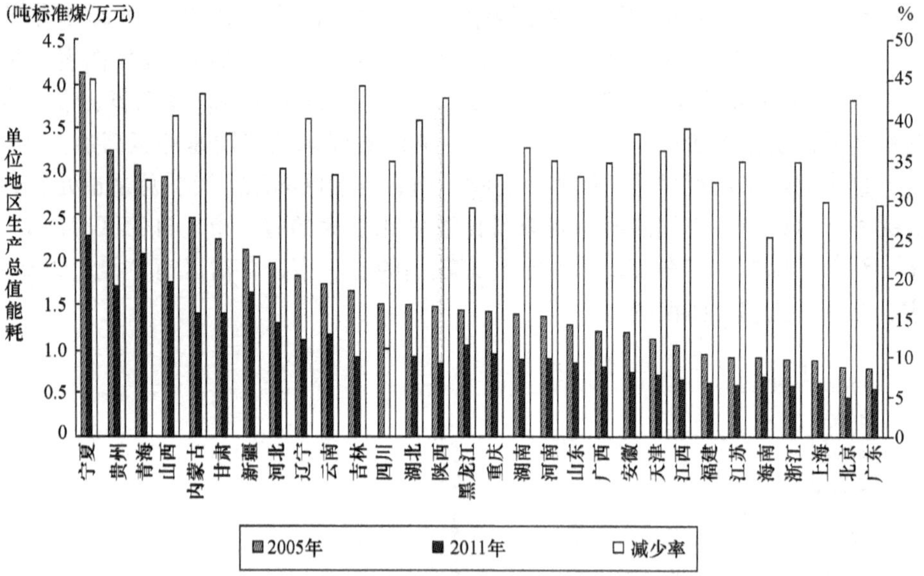

图 4 - 15　2005 年和 2011 年各省、市、自治区单位地区生产总值能耗情况对比分析

标准煤；西部地区从 2000 年的 34058 万吨标准煤增加到 2011 年的 108113 万吨标准煤，年均增长 6732.26 万吨标准煤。

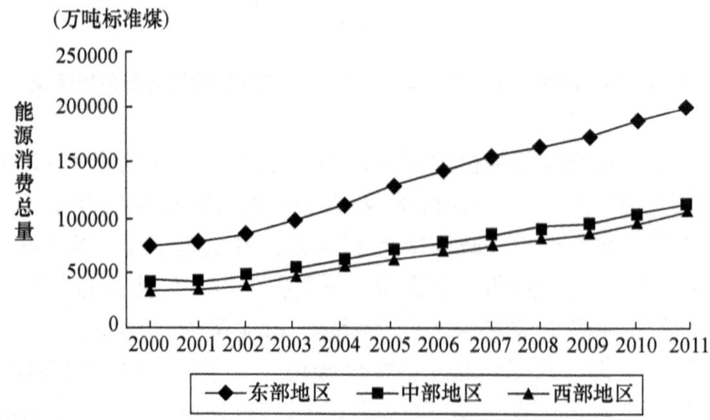

图 4 - 16　2000 ~ 2011 年中国东部、中部、西部能源消费总量情况

从相对值上看（见图 4 - 17），2000 ~ 2011 年三大地带能源消费总量占全国能源消费总量的比重并没发生明显变化。各个地区所占比重虽略有一些波动，但基本均保持了稳定。东部地区所占比重基本维持在 49%，中部地区所占比重基

本维持在 28%，西部地区所占比重波动比东部、中部地区幅度要大，从 2000 年的 23% 增加到 2011 年的 26%，但总体也基本维持在 24% 左右（见图 4－17）。

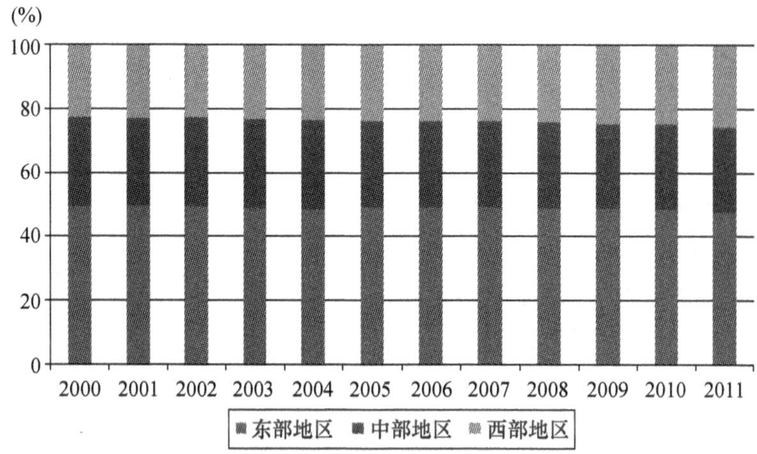

图 4－17　2000～2011 年东部、中部、西部能源消费总量所占全国比重

对于三大地带各类能源消费量，本书对煤炭、石油和天然气三种化石能源消费进行了对比分析。从煤炭消费量来看（见图 4－18），东部、中部、西部地区煤炭消费量与能源消费总量情况类似，都一直保持着不断增长趋势，但增长最快的是东部地区，其次是中部地区，增长幅度最小的是西部地区，这与其经济发展情况密不可分。

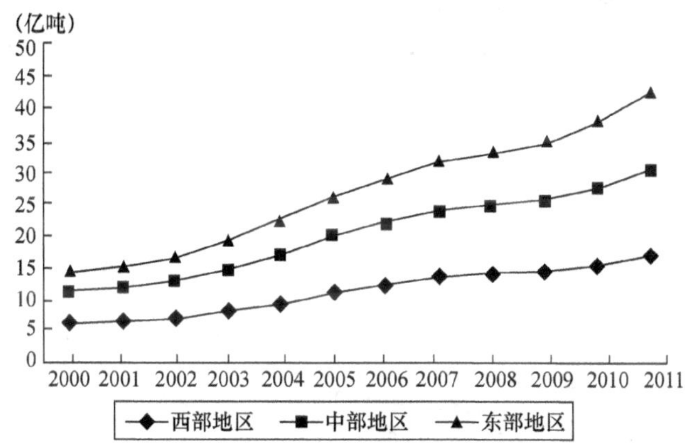

图 4－18　2000～2011 年东部、中部、西部煤炭消费量情况

从石油消费情况来看（见图 4－19），可以发现中国三大地带的石油消费同样都保持着不断上升趋势，其中东部地区石油消费量增长最快，2000～2011 年的 12 年间增长了 2 倍多；其次是西部地区增长幅度相对来说也较快，2011 年石油消费量在绝对量上首次超过中部地区；中部地区的石油消费量增速最慢，保持着较平稳的增长速度。

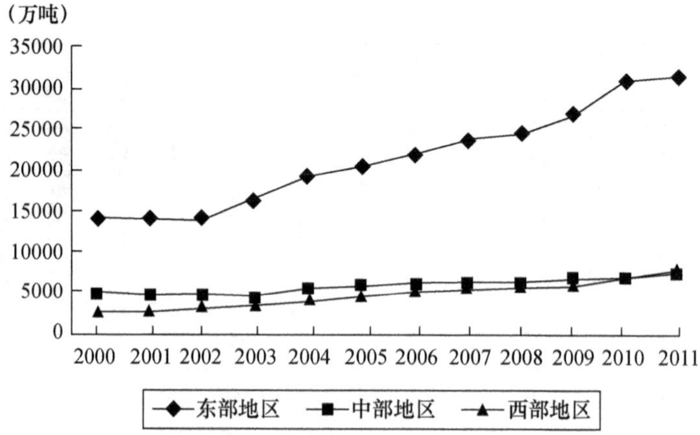

图4-19　2000~2011年东部、中部、西部石油消费量情况

从天然气消费情况来看（见图4-20），在2000~2011年中国三大地带的天然气消费变化较大。由于西部地区天然气资源丰富，2000~2011年的12年里该地区的天然气消费持续上升，且在2008年及其之前的天然气消费量均大于东部、中部地区；伴随着中国经济发展方式的转变以及西气东输和川气东送工程的实施，东部地区的天然气消费在这12年间一直保持较快的增长速度，并在2009年的消费量首次超过西部地区；中部地区的天然气消费增长速度在这12年里则较为平稳，主要是由于该地区煤炭资源较为丰富，其天然气消费量一直处于末位。

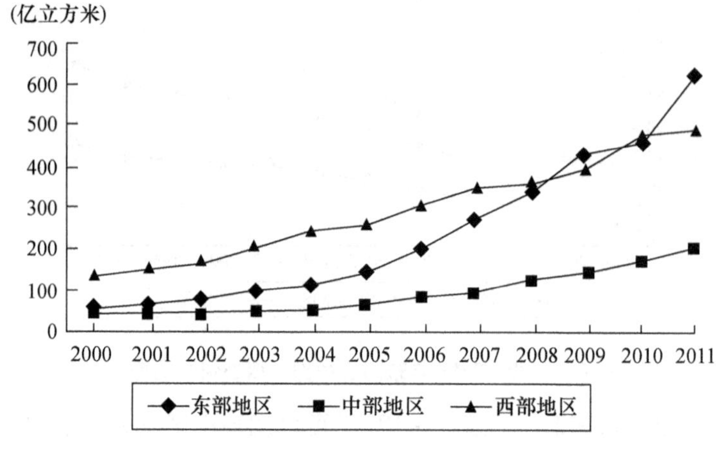

图4-20　2000~2011年东部、中部、西部天然气消费量情况

（3）八大经济区域能源消费情况分析。从图4－21中可以看出，在绝对量上中国八大经济区域的能源消费总量在2000～2011年总体均维持着不断上升趋势，且八大经济区域之间的能源消费总量差距在2011年要更大于2000年。能源消费总量增长较快的是北部沿海和黄河中游地区，其次是东部沿海、西南地区、长江中游、东北地区和南部沿海这5个区域的增速相比较而言较慢，增速最慢较平稳的是大西北地区。这些区域的总量变化趋势与其经济发展状况、自然禀赋等特征同样紧密相关。

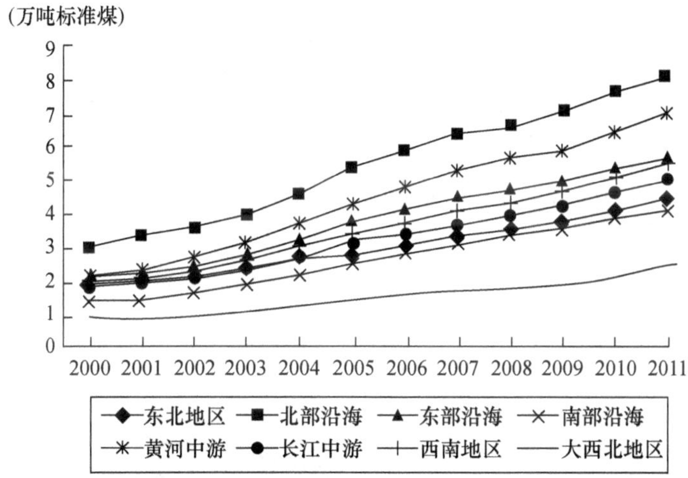

图4－21　2000～2011年八大经济领域能源消费总量情况

从相对值来看，图4－22体现了2000～2011年中国八大经济区域能源消费总量占全国总消费量的比重变化情况，同样这12年间能源消费总量所占比重没有发生明显变化，虽然这些区域所占比重发生了一些波动，但它们基本上都保持了稳定，比如大西北地区的比重维持在5.39%左右，西南地区所占比重在12.79%左右波动。

关于各类能源消费情况，在煤炭消费方面，图4－23为2000～2011年八大经济区域煤炭消费量对比分析。可以看出，煤炭消费量最多的区域是黄河中游，其次是北部沿海，这主要是由于黄河中游区域是中国的煤炭生产基地，北部沿海区域属于煤炭消费基地；由于大西北地区经济欠发达，其第二产业发展滞后，能源消费需求较少，因此在八大经济区域中为煤炭消费量最少的区域；其他5个区域煤炭消费增长速度较为缓和，但同样也保持着不断增长的趋势。另外也可以发现，煤炭消费量在八大经济区域之间的差距也在逐年扩大。

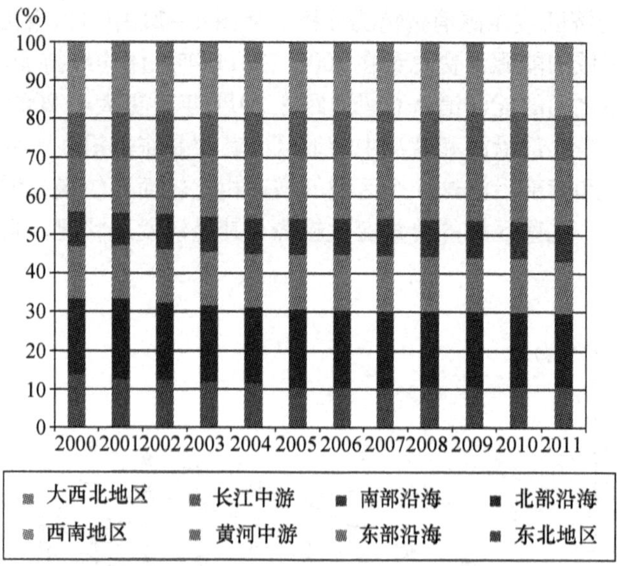

图 4－22　2000～2011 年八大经济区域煤炭消费总量所占全国比重

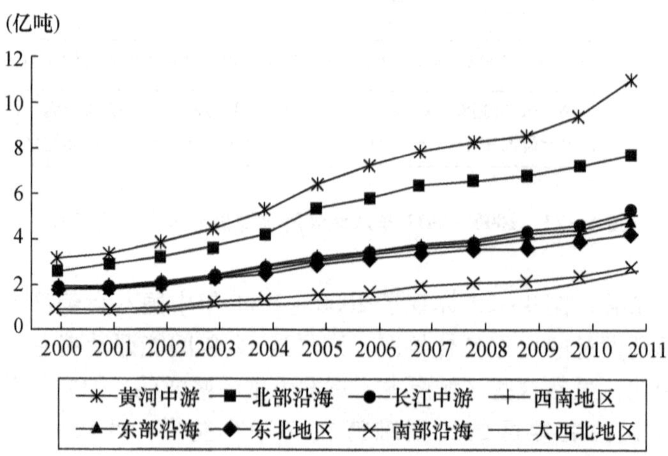

图 4－23　2000～2011 年八大经济区域煤炭消费量情况对比

在石油消费方面（见图 4－24），在八大经济区域中北部沿海区域石油消费增速最快，在 2010 年首次超过东北地区后连续两年消费量排在首位，这主要是由于该地区是经济发达地区，GDP 增长速度较快，对能源消费包括石油的需求比较大所造成的；西南地区的石油消费量最少，该地区的旅游业为龙头产业，以此去带动其他相关产业的发展；东部沿海和南部沿海地区的石油消费量增速虽然有些波动，但总体也呈现比较高的增长速度，与东北地区的差距也越来越小；其他地区如黄河中游、长江中游和大西北地区的石油消费增长速度则较为平缓，总体上也基本保持不断增长趋势。

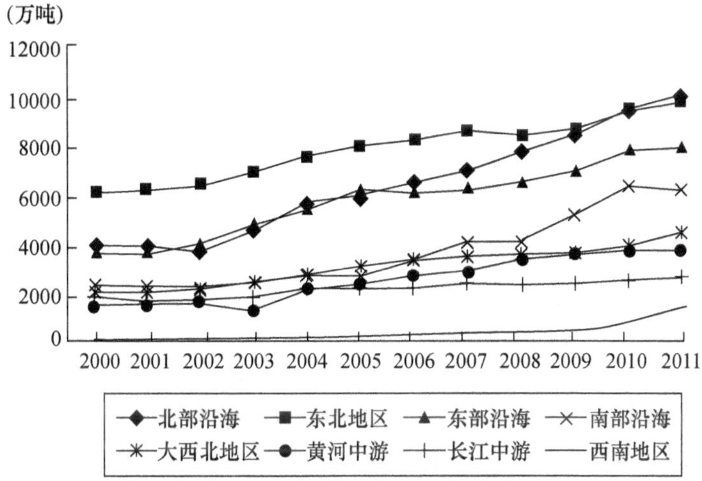

图 4-24 2000~2011 年八大经济区域石油消费量情况

在天然气消费方面，图 4-25 为 2000~2011 年八大经济区域天然气消费量情况对比分析，可以发现，西南地区天然气储量丰富，因而 2000~2011 年其消费量在八大经济区域中处于领先地位；同时随着中国经济的快速增长和西气东输、川气东送工程的实施，八大经济区域的天然气消费量在这 12 年里总体上都

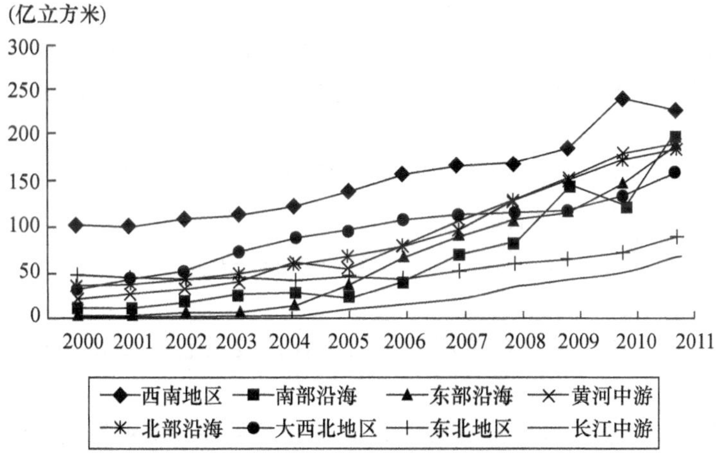

图 4-25 2000~2011 年八大经济区域天然气消费量情况对比

保持了不断增长的趋势，特别是北部沿海、东部沿海、黄河中游和南部沿海区域的增速比较明显；东北地区属于中国老工业基地，矿产资源十分丰富，在面临经济结构转型升级的压力下，该地区天然气消费量增长较为缓和；长江中游地区的经济发展比较平稳，第一产业较发达，其天然气增量相对来说也呈现出平稳增长特征。

（三）二氧化碳排放现状

1. 二氧化碳排放的测算方法

关于二氧化碳排放量的计算，目前还没有形成一个统一的计算标准。因此，国内外许多学者和研究机构对二氧化碳排放量的测算方法做了许多研究工作，研究机构主要有 IPCC、美国能源部二氧化碳信息分析中心（Carbon Dioxide Information Analysis Center，CDIAC）、IEA 等。二氧化碳排放量的测算方法归结起来主要有四种，即实测法、物料衡算法、经验计算法和模型计算法。

（1）实测法，是指通过现场实测煤油、石油、柴油、天然气等燃料使用设备的有关参数，从而对碳平衡进行计算。虽然该方法实测结果比较准确，但具有工作量大、实测成本高等缺点，比较适用于计算各类工作量大、覆盖面广的典型燃烧设备的碳排放系数和碳氧化率。

（2）物料衡算法，是利用定量分析方法来研究生产过程中所使用物料的一种科学计算方法。它以质量守恒定律为原理，要求生产过程中投入某个设备或系统的物料质量恒等于该系统生产的产品的物质质量。可用式（4－1）来表示碳平衡的计算：

$$\sum S_{投入E} = \sum S_{产品E} + \sum S_{损失E} \tag{4-1}$$

该公式既适用于整个生产过程的计算，也适用于局部即某一燃烧设备或某一道工序的碳平衡计算。无论进入某生产过程的碳是否发生了化学反应，或者是否完全发生反应，该公式总成立。

（3）经验计算法，是对生产同一种产品的各道工艺及规模下生产过程所产生的二氧化碳排放系数做加权计算，可以得到一个满足实际的单位产品的二氧化碳排放系数，从而计算得到某产品的二氧化碳排放量 S_{iCO_2}：

$$S_{iCO_2} = D_{iCO_2} \times Q_i \tag{4-2}$$

式中，D_{iCO_2}是生产某一单位产品二氧化碳排放系数经验值；Q_i 是该产品的产量。

（4）模型计算法，包括微观模型和宏观模型两种。微观模型通常有生命周期模型和投入产出模型等；宏观模型一般包括 RRM－AIM 模型、系统动力学模型和 MARKAL 模型等。目前，利用模型计算法测算二氧化碳排放量的有

COPERT、MOBILE 和 IVE 等。模型计算法得到的测算结果相对准确，但计算过程十分复杂且对数据有较高的要求。

借鉴“物料衡算法”和“经验计算法”的相关原理，同时综合考虑中国能源消费和能源燃料燃烧的基本国情，本书利用 IPCC/OECD 推荐的计算方法，即由所消耗的能源数量和能源碳排放系数来测算二氧化碳排放量，用该方法计算的结果也较准确，而且具有对数据要求不高、易于操作等特点，因此许多学者采用它做了大量广泛的应用。

二氧化碳排放量主要由一次能源中的化石能源（包括煤炭、石油、天然气）产生，一次能源中的水电、核电、风电等非化石能源在生产过程中并不会产生二氧化碳排放量。为了简单起见，本书在计算二氧化碳排放量时仅考虑煤炭、石油、天然气三种一次能源产生的二氧化碳排放量，因此有：

$$C = \sum_{i=1}^{3} E_i \times \delta_i \times \frac{44}{12} \times O_i \tag{4-3}$$

式中，C 为能源消费产生的二氧化碳排放总量；E_i 为第 i 种能源消耗标准量（$i=1,2,3$）；δ_i 为第 i 种能源的碳排放系数，一次能源消费的碳排放系数具体取值如表 4－5 所示；O_i 为第 i 种能源的碳氧化率。

表 4－5　各类能源消费的碳排放系数和碳氧化率

单位：万吨碳/万吨标准煤

能源消费类别	煤炭	石油	天然气
碳排放系数	0.7476	0.5825	0.4435
碳氧化率	0.9000	0.9800	0.9900

注：煤炭、石油及天然气的碳排放系数来源于 2003 年国家发改委能源研究所发布的《中国可持续发展能源暨碳排放情景分析》；碳氧化率来源于《IPCC 国家温室气体清单指南》和中国气候变化国别研究组。

2. 中国总体二氧化碳排放概况

（1）二氧化碳排放总量和人均二氧化碳排放量特征。根据以上的测算方法，得到 1978～2012 年中国一次能源消费所导致的二氧化碳排放总量和人均二氧化碳排放量（见图 4－26）。从中可以看出，中国二氧化碳排放总量整体呈现上升趋势，二氧化碳排放总量由 1978 年的 141570 万吨碳增长到 2012 年的 837085 万吨碳，年均增长 20456 万吨碳；同期人均二氧化碳排放量由 1.47 吨碳/人增长到 6.18 吨碳/人，增长了 4 倍多。另外随着中国经济的快速发展，其二氧化碳排放总量和人均二氧化碳排放量均呈现明显的阶段性特征：1978～1995 年二氧化碳排放总量和人均二氧化碳排放量呈现迅速增长阶段；1996～2000 年由于受到东南亚经济危机的影响，二氧化碳排放开始出现波动，人均二氧化碳排放量由 1996

年的 2. 80 吨碳/人下降到 1998 年的 2. 55 吨碳/人，之后又回升到 2000 年的 2. 62 吨碳/人；2001 ~2012 年二氧化碳排放比之前增长更快，呈现急速增长阶段，12 年间人均二氧化碳排放量增加了 2 倍多。

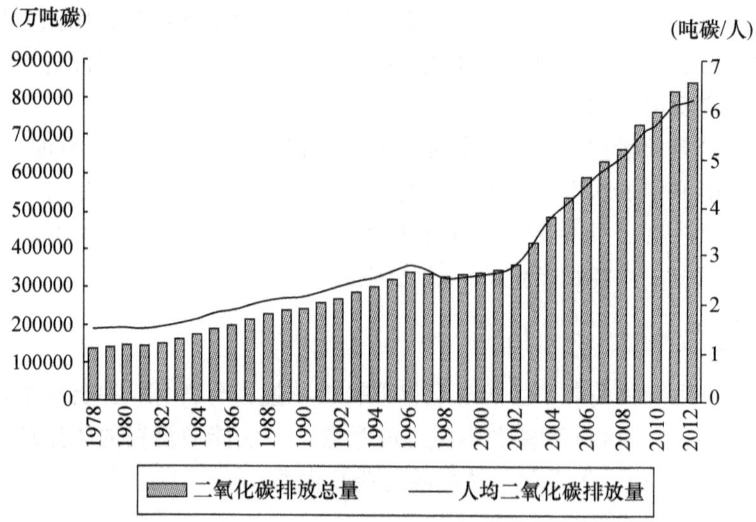

图 4 -26　1978 ~2012 年二氧化碳排放总量和人均二氧化碳排放量情况

（2）各类能源导致的二氧化碳排放特征。自 1978 年以来，中国煤炭消费产生的二氧化碳排放量大致经历了“上升—下降—上升”的变化过程，总体一直

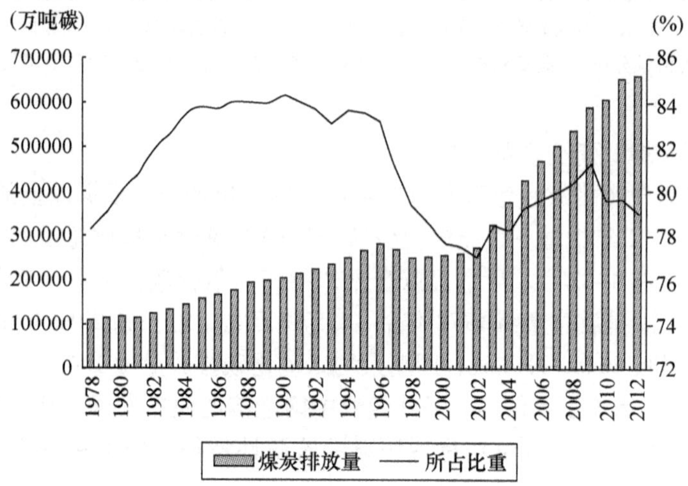

图 4 -27　1978 ~2012 年煤炭消费导致的二氧化碳排放量及其比重

保持上升趋势（见图 4－27），由 1978 年的 110860 万吨碳增加到 2012 年的 661067 万吨碳，增加了将近 6 倍。煤炭消费是中国二氧化碳排放的主要来源，其产生的二氧化碳排放量占总排放的比重范围为 77%～85%，从 2009 年所占比重开始逐年递减，这与中国的宏观调控政策有很大的关系。

1978～2012 年，中国石油消费所产生的二氧化碳排放量总体上保持上升的变化趋势（见图 4－28），2012 年的石油二氧化碳排放量为 145396 万吨碳，比 1978 年的 27733 万吨碳增加了 5 倍多。可以看出 35 年间中国石油排放比重一直在 14%～21%波动，从 2001 年开始石油排放所占比重开始呈现下降趋势，由 2001 年的 21%下降到 2012 年的 17%。

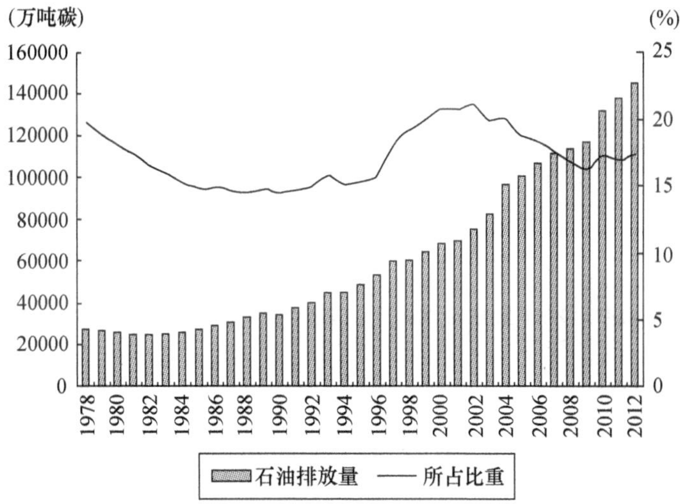

图 4－28　1978～2012 年石油消费导致的二氧化碳排放量及其比重

由于中国经济的快速发展，中国天然气消费所导致的二氧化碳排放量在 1978～2012 年总体也呈现出上升趋势（见图 4－29），根据其变化特征可以看到天然气排放量呈现明显的阶段性特征：1978～1996 年天然气排放增速比较缓和，呈现平稳增长阶段，由 1978 年的 2977 万吨碳增加到 1996 年的 4072 万吨碳；1997～2012 年天然气排放呈现快速增长阶段，1997 年排放量为 3814 万吨碳，到 2012 排放量上升为 30623 万吨碳，增加了 10 倍多。天然气消费产生的二氧化碳排放量所占总排放的比重相对比较稳定，波动范围为 1. 14%～3. 66%，其比重整体上也呈现上升趋势，由 1978 年的 2. 10%上升到 2012 年的 3. 66%。

3. 各地区二氧化碳排放情况

（1）各省、市、自治区二氧化碳排放特征分析。从各省、市、自治区二氧化碳排放总量来看（见图 4－30），随着经济的高速增长和能源的大量消耗，2011 年各省、市、自治区的二氧化碳排放总量比 2000 年大幅增长，其中从 2011 年和 2000 年两年二氧化碳排放总量的绝对量来看，山东增长变化幅度最大；从增长率来看，最高的是宁夏，增长率高达 750% 以上。

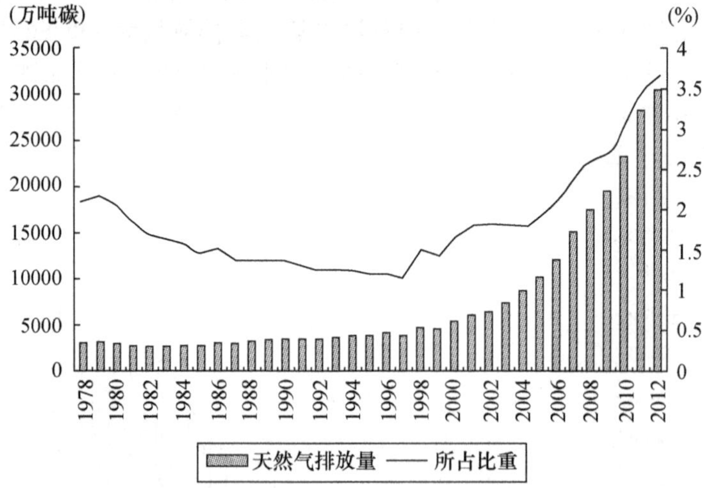

图 4－29　1978～2012 年天然气消费导致的二氧化碳排放量及其比重

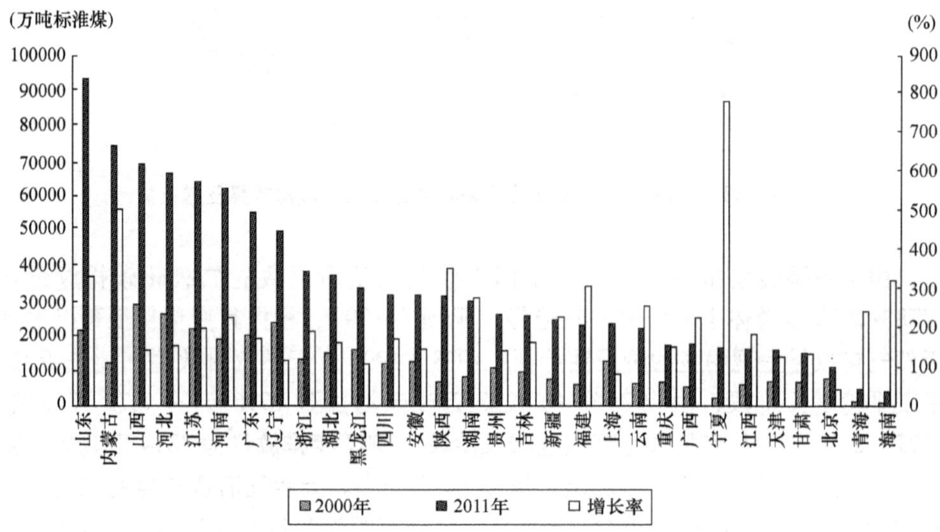

图 4－30　2000 年和 2011 年各省、市、自治区二氧化碳排放总量情况

对于人均二氧化碳排放量（见图4－31），从绝对量上来看，2000～2011年大部分省、市、自治区人均二氧化碳排放量呈现上升趋势，全国除了北京、天津、上海外，增长率均达到100%以上。在2000年，人均二氧化碳排放量排在第一位的是山西，其次是上海和天津；到2011年排位发生了较大变化，排在前三位的分别是内蒙古、宁夏和山西。从人均二氧化碳排放增长率来看，可以看出在过去10多年里，北京对于减少二氧化碳排放量的工作取得了突出的成绩，成为全国唯一一个人均二氧化碳排放量和增长率出现负增长的城市，主要原因是过去10年里北京对经济结构进行转型升级，二氧化碳排放量的减少主要源于第二产业比重的降低。另外，宁夏的增长率最高，达到660%左右。

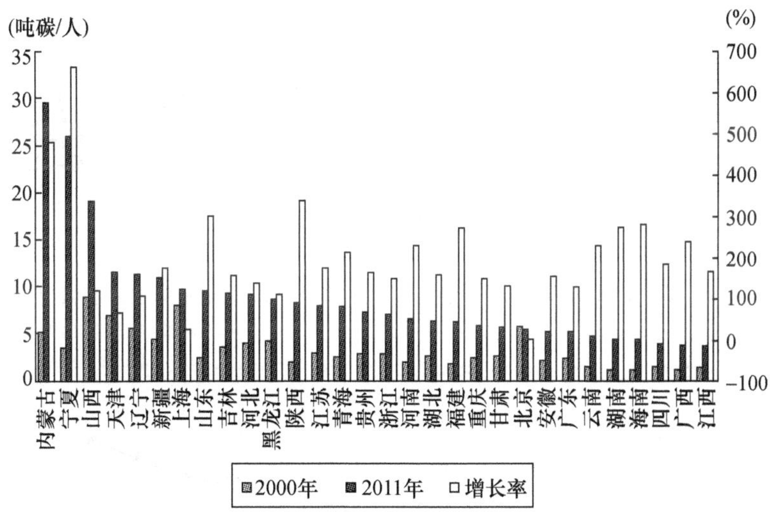

图4－31 2000年和2011年各省、市、自治区人均二氧化碳排放量及增长率情况

关于二氧化碳排放强度，本书用单位地区生产总值二氧化碳排放量来表示，并计算了2000年和2011年各省、市、自治区的二氧化碳排放强度（见图4－32），结合图4－30和图4－31可以发现，二氧化碳排放总量和人均二氧化碳排放量（除北京外）都呈现增长趋势，但是除宁夏外，其余省份的二氧化碳排放强度呈现不同程度的下降。各省、市、自治区之间的二氧化碳排放强度差距仍然较大，在1993年二氧化碳排放强度最高的是山西，最低的是福建，倍数为10.24，2010年最高的是宁夏，最低的是北京，其差距仍然比较明显，高达11.75倍。

（2）东部、中部、西部地区二氧化碳排放特征分析。从二氧化碳排放总量来看（见图4－33），和各省、市、自治区二氧化碳排放总量情况类似，2000～

2011 年中国三大地带的排放量也在一直不断增加，东部地区排放量最大，中部地区次之，西部地区最小。另外在这 12 年里东部、中部、西部地区的二氧化碳排放总量分别增加了 2.76 倍、2.66 倍、3.63 倍。

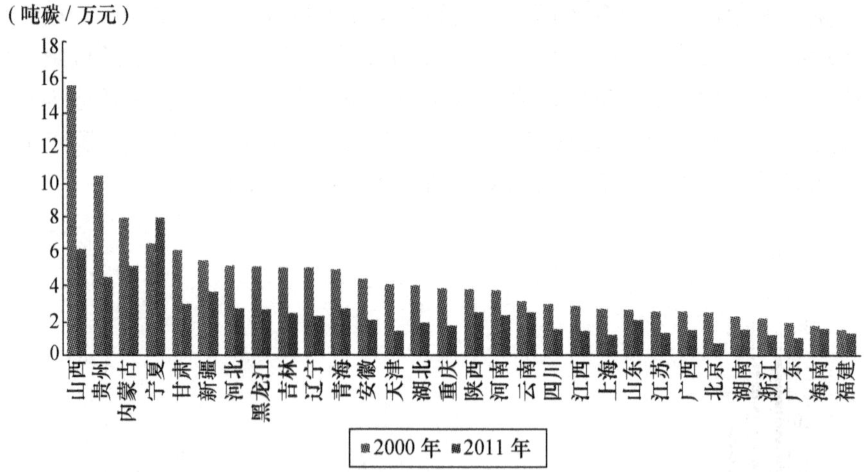

图 4-32　2000 年和 2011 年各省、市、自治区二氧化碳排放强度情况

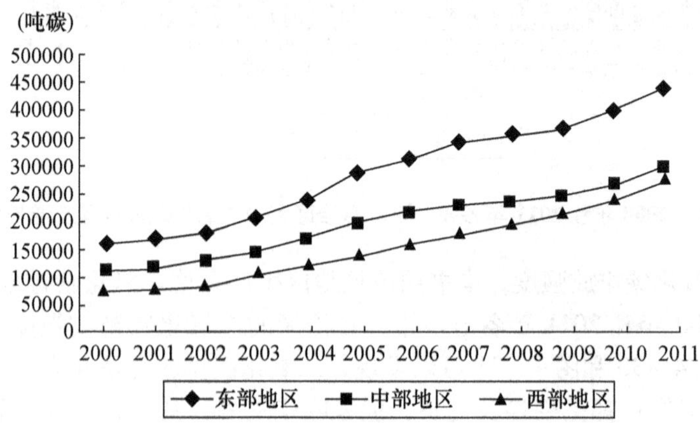

图 4-33　2000 ~ 2011 年东部、中部、西部地区二氧化碳排放总量情况

从人均二氧化碳排放量来看（见图 4-34），2000 ~ 2011 年中国三大地带人均二氧化碳排放量总体呈现出上升趋势，这跟中国同时期的经济社会发展状况一致。另外也可以看出随着中国工业化城市化的快速发展，其二氧化碳排放也同步增加，值得注意的是在这 12 年间西部地区的人均二氧化碳排放增速明显快于东

部地区。西部地区人均二氧化碳排放的快速增长与该地区承接产业转移，以及区域经济以资源和重工业为主导的高投入、高能耗发展模式密切相关。

从二氧化碳排放强度来看（见图4－35），2000～2011年中国东、中部地区的二氧化碳排放强度呈现下降趋势，西部地区的变化趋势出现波动，但也基本保持下降趋势，2000～2002年中部地区的二氧化碳排放强度大于西部地区，2003年以后西部超过中部，其二氧化碳强度一直居于首位，这与西部地区粗放型经济增长方式有很大的关系。另外，随着中国大力转变经济发展方式战略的实施，三大地带的二氧化碳排放强度在逐步下降并且各区域之间的差距也在逐渐缩小。

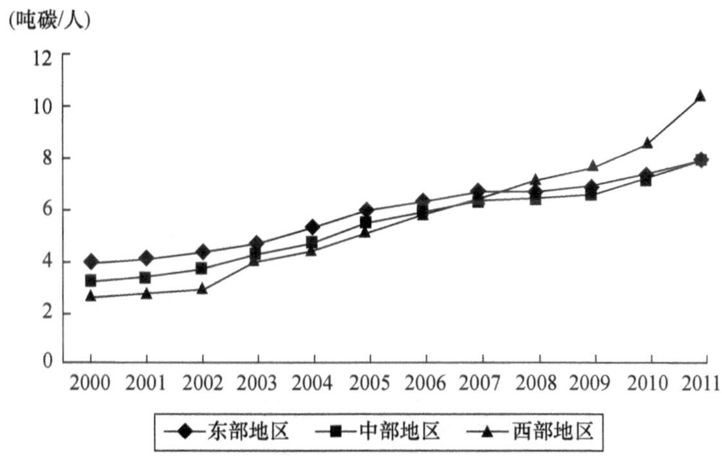

图4－34 2000～2011年东部、中部、西部地区人均二氧化碳排放量情况

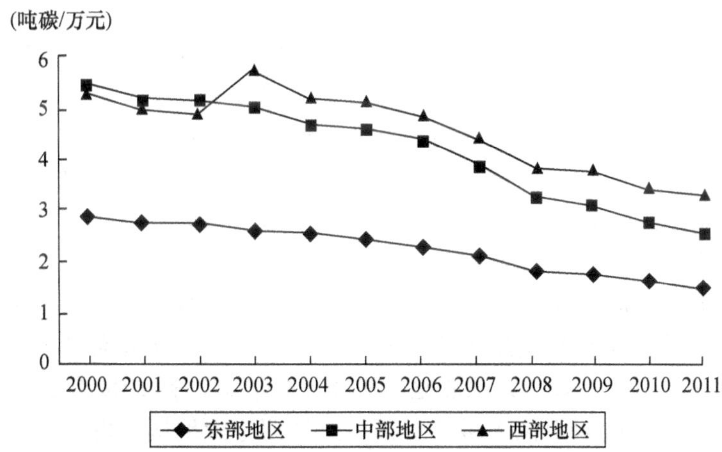

图4－35 2000～2011年东部、中部、西部地区二氧化碳排放强度情况

（3）八大经济区域二氧化碳排放特征分析。从二氧化碳排放总量来看（见图 4－36），2000～2011 年中国八大经济区域的排放量总体上均呈现不断增长的趋势，但不同区域的增长速度存在差异，且随着经济社会发展进程的加快，区域之间的差距也在进一步拉大。在 12 年里排放量最大且增速最快的是黄河中游地区，北部沿海次之，排放最小增速最慢的是大西北地区，东部沿海、长江中游、西南地区和东北地区的增长变化趋势比较相近，其增速较为缓和，南部沿海的排放总量只高于大西北地区，增速相对而言也较为平稳，这与各个区域的资源禀赋、经济社会发展和能源消费状况密切相关。

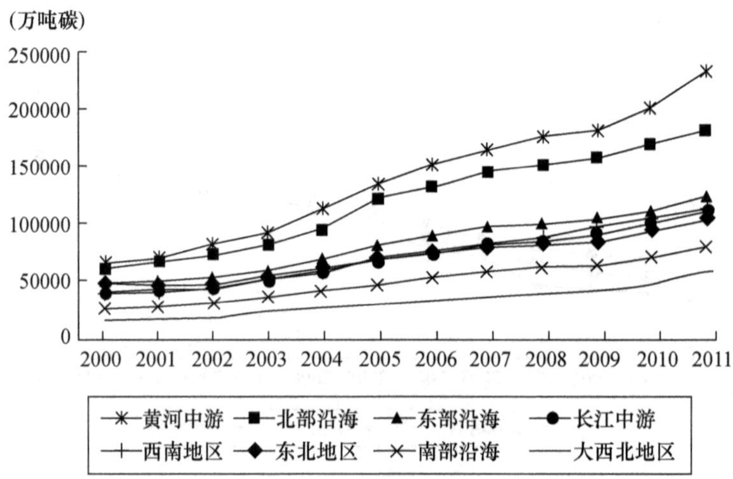

图 4－36　2000～2011 年八大经济区域二氧化碳排放总量情况

从人均二氧化碳排放量来看（见图 4－37），由于八大经济区域之间人口、经济发展水平和经济发展模式存在差异，因此 2000～2011 年各个地区的人均二氧化碳排放量变化趋势也有所不同，总体上都保持上升趋势。2011 年，人均二氧化碳排放量最大的是黄河中游地区，该地区属于煤炭资源生产基地，且增速也最快；在 2007 年之前大西北地区的人均二氧化碳排放量一直小于北部沿海、东北地区和东部沿海，2007 以后超过这些地区，位于第二位；人均二氧化碳排放量最小的是长江中游地区，它与南部沿海、西南地区的增长速度非常接近。

从二氧化碳排放强度来看（见图 4－38），2000～2011 年总体上中国八大经济区域都呈现下降的趋势，大西北地区波动比较明显，且 2011 年二氧化碳排放强度在这八大经济区域中位于最高，其次是黄河中游地区，也可以看到长江中游、北部沿海、南部沿海和东部沿海地区的二氧化碳排放强度明显要低于全国平均水平，二氧化碳排放强度区域的差异主要是源于经济结构、技术水平和能源结构的不同。另外，随着中国区域经济社会协调发展战略的实施，各个地区排放强度之间的差距也在逐步减小。

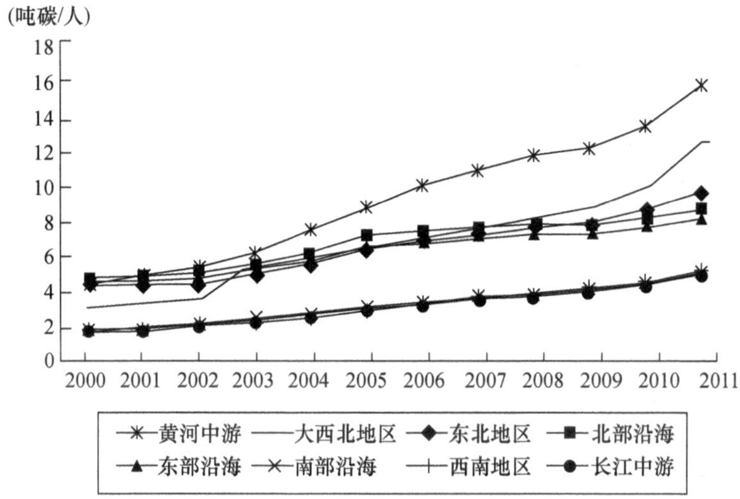

图 4-37 2000~2011 年八大经济区域人均二氧化碳排放量情况

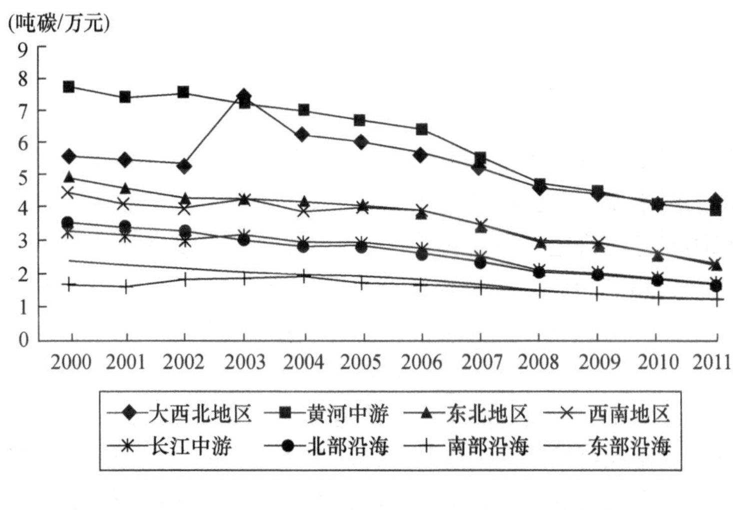

图 4-38 2000~2011 年八大经济区域二氧化碳排放强度情况

二、低碳经济约束下一次能源消费结构优化的原则

（一）节能减排原则

从本章第一节的分析中可以看出，中国目前正处于经济高速发展和工业化、城市化进程加快的阶段，密集开采和消耗了大量的能源资源，造成能源资源匮乏和生态环境污染日益恶化的压力进一步加剧。由于资源禀赋条件特征，长期以来中国能源消费结构中煤炭的比重一直较大，能源消费结构不尽合理。同时，以煤炭为主的能源消费结构带来了较高的碳排放，使中国成为世界上最大的温室气体排放国之一。节能减排的重要意义在于其能应对全球气候变化、维护国家长远利益的必然要求；是建设资源节约型、环境友好型社会的必然选择；是贯彻落实科学发展观，保障社会可持续发展的重要措施；是推进经济结构调整，转变经济发展方式的必由之路。在全球应对气候变化的大背景下，面对日趋强化的资源环境约束，中国作为能源资源消费大国和污染排放大国，发展节能减排尤为重要。在未来的经济发展和能源结构战略中，中国需要遵循节能减排原则，切实转变经济发展模式，破解原有粗放的经济发展模式，构建资源节约型和环境友好型的经济社会发展模式，从而实现经济社会的可持续发展。

（二）保障能源资源安全的原则

国家经济安全是指经济全球化时代一个国家在遭遇内外威胁，以及不可预见和难以预测的因素作用下，国家经济发展方向不被打乱，保证重大经济利益免受损失，保障国家经济稳定、发展和繁荣，在复杂的国际竞争中占据有利地位并能长期保持的状态和能力。能源资源安全是国家经济安全体系中不可或缺的一部分，对国家的经济发展具有决定性意义。能源资源安全包括两个方面的含义：一是能源供应安全性，指通过维持能源供需之间相互均衡的状态，保障能源稳定供给，满足国民经济正常运行的需要；二是能源使用安全性，即能源的消耗及使用应以合理开发利用和可持续发展为目标，规避过度开发使用能源和能源使用污染对人类自身的生存与发展构成威胁。其中，能源供应安全是国家能源资源安全首要的基本目标，是量的概念；而能源使用安全是国家能源资源安全的更高目标，是质的概念。中国要实现能源—经济—环境系统的全面协调和可持续发展，就有必要坚持保障能源资源安全的原则。只有保障了能源资源安全，才能有效缓解能

源供给和资源短缺压力，才会实现能源消费结构的优化调整，才能实现中国经济持续健康发展的社会和谐稳定。

（三）能源资源低碳多元化原则

从中国一次能源消费现状来看，能源的更新换代势在必行，究其原因，主要是由于现阶段中国的经济发展过度依赖煤炭、石油和天然气，非化石能源消费比重相当低，大量消耗化石能源会带来高额的碳排放，导致极端天气频发，给地球带来严重灾害。然而中国可再生能源和核能却有着丰富的资源禀赋条件，能源研发投入水平也远远低于发达国家，开发使用核能和可再生能源潜力巨大。因此，在各地环境污染严重而亟须改善和面对日益紧迫的全球减排温室气体形势下，中国以煤炭为主的能源消费结构必然面临改革，跨越式地更新传统高碳能源消费模式是确保国家可持续发展的必由之路，通过实施有序发展煤炭，积极发展电力，加快发展石油天然气，鼓励开发煤层气，大力发展水电等可再生能源，积极推进核电建设，科学发展替代能源的发展战略，增加天然气和非化石能源消费比重并逐步削减煤炭石油比重来优化调整能源消费结构，实现多能互补，逐渐由“低碳多元化能源时代”取代“煤炭石油时代”。

（四）宏观调控与市场调节相结合原则

能源企业的主观能动性是中国能源消费结构调整与优化的动力源泉，通过政府在能源政策上的引导，鼓励科研机构与能源企业的科技合作。与此同时，国家还应充分发挥市场配置资源的基础性作用，确立能源企业在市场竞争中的主体地位，加强国家能源产业政策的合理引导，从而实现能源资源的优化配置。当前的能源消费结构问题，是中国发展过程中迫切需要解决的一个关键性问题，其调整和优化必须坚持宏观调控与市场调节相结合的原则。一方面，能源消费结构的优化调整要靠市场经济来调节，而市场化在能源紧缺时代，极有可能会带来能源产品的一系列涨价，所以在市场化的同时，政府不仅需要进行宏观调控和干预，防止能源价格过高影响经济发展和民生，而且应当注重通过行政、法律和经济手段，引导能源产业的健康有序发展，用行政、财税、规划等手段来弥补市场机制的不足，为能源体系的变革创造良好的外部环境与制度保障。另一方面，由于能源行业对其他行业有一定的推动和制约作用，政府应在充分利用市场调节作用的同时，通过政策引导，加快再生能源的发展，提高传统能源的利用效率，运用市场与政策两种手段保障能源安全供应，推进能源结构优化调整和能源行业的健康有序发展。

（五）因地制宜与因需制宜原则

中国能源资源储量中煤炭探明储量居世界第二位，石油资源居第十一位，天然气资源居第十四位，水能资源居第一位，太阳能资源居第二位，核燃料资源、生物能、海洋能、风能、地热能等也都较丰富。中国能源资源的特点是总量大，但人均占有量、可消耗量少，人均能源可采储量远低于世界平均水平。并且由于中国地域辽阔，各地的资源禀赋、产业管制、竞争格局、经济发展水平和发展形势不一致，导致了中国各地区的能源消费结构存在着巨大的差异，能源消费结构模式也千差万别。而调整和优化能源结构，是中国能源、经济和环境协调发展的客观需要和战略要求，是一项长期而艰巨的历史使命。因此，国家在能源发展战略规划和相关能源政策的制定及执行时必须正视以上这些差异，既要从全国角度搞好宏观能源平衡，也要因地制宜并遵循市场经济规律处理好不同空间尺度之间的能源供应与利用问题，实现中国区域经济的协调发展。另外，长期以来，中国的能源生产和消费结构以煤炭为主，并且这一现实在短时期内仍无法得到根本性的改变。因此，应立足这一基本国情，对当前的减排任务和长期目标进行正确划分，坚持因需制宜原则，分阶段、有侧重地开发清洁能源，促进能源消费结构的优化调整。

三、低碳经济约束下一次能源消费结构优化的目标

在应对气候变化的低碳经济约束条件下，中国一次能源消费结构的优化应以可持续发展理念为指导思想，坚持节能减排、保障能源资源安全、能源资源低碳多元化、宏观调控与市场调节相结合、因地制宜与因需制宜的五大基本原则，在当前节约能源消费和二氧化碳减排约束下，中国要在保证经济平稳增长的同时，逐步优化能源消费结构，降低以煤为主高碳能源的使用比例，提高高碳能源的利用效率，加大清洁能源的开发力度，保障油气的安全、稳定供应，促进能源工业的合理可持续发展；且在实现经济增长目标的同时，推进能源、经济与生态环境的全面协调发展，实现一个负责任大国的减排承诺。

（一）基于低碳经济的经济发展目标

随着中国城市化与工业化的不断发展，经济增长保持了强劲的上升趋势，中国经济总量得到迅速扩张，与发达国家之间的差距进一步缩小。根据世界银行的

测算，中国已成为世界第二大经济体。但从人均国民总收入来看，到2012年增加为5720美元，比低收入国家高出9.7倍，超中低收入国家1.5倍，相当于世界平均水平的56.4%，在中国人口数量庞大这一基本国情下人均GNI仍位于世界中等水平。从产业结构来看，目前中国第三产业比重与发达国家相比差距甚远，跟世界第一大经济体美国的差距达到34.4%，可见，发达国家已经完成了工业化过程，进入"后工业化"过渡阶段，产业结构发展高度明显要高于中国。另外由于中国幅员辽阔，各地区之间的经济发展水平存在显著差异。

作为世界上最大的发展中国家，其经济增长质量不高，需要进一步加快传统经济发展方式的转变，另外，中国长期处于社会主义初级阶段的这一特点也决定了经济建设是中国需要长期关注的重要任务。因此，保持经济的稳定、持续增长是中国政府的重要目标，在经济发展的同时实现社会的全面进步，生态环境的全面保护才是经济建设的终极目标。低碳经济作为一种新型的可持续经济发展模式，是实现中国经济持续稳定增长、质量不断提高、经济社会和谐发展的重要手段。低碳经济约束下的一次能源消费结构优化必须以经济平稳、可持续发展为前提，全面推进能源—经济—环境之间的协调。

（二）基于低碳经济的能源消费目标

随着中国经济的快速发展，尤其是改革开放以来，中国能源消费总量日益增加。1978～2012年能源消费总量保持着持续上升的趋势，绝对量从57144万吨标准煤增加到361732万吨标准煤，35年间增加了6倍多，年均增加8958万吨标准煤。根据BP集团发布的《世界能源统计》显示，中国自2010年第一次超过美国，成为全球第一大能源消费国后已连续3年位居第一。但是，中国人口数量庞大这一现实决定了其人均能源可采储量、人均能源占有量和人均可消耗量与世界平均水平之间仍然存在着一定的差距，同时由于中国地域辽阔，各地资源禀赋水平不一，各地区之间的能源消费特点也存在着不一致。

中国的能源消费中过度依赖煤炭、石油和天然气，以煤为主的能源消费结构导致了二氧化碳的高额排放。另外，目前中国能源消费的主要缺点表现为能源供需缺口进一步扩大、能源消费结构和能源消费方式不合理以及能源利用效率低下。为了解决这一问题，中国政府在"十一五"经济社会发展规划中首次将能源强度作为约束指标，到目前以能源强度和二氧化碳排放强度作为重要的约束指标。

因此，低碳经济约束下的一次能源消费结构优化既是实现节能减排承诺的有效途径，也是推进中国能源、经济和环境协调发展的客观需要和战略要求，在其优化调整过程中，需要以大力提高能源利用效率和降低能源消费总量为重要目标，逐步实现能源消费模式的合理化。

（三）基于低碳经济的二氧化碳排放目标

中国一次能源消费所导致的二氧化碳排放总量呈现持续上升趋势，二氧化碳排放总量由 1978 年的 141570 万吨碳增长到 2012 年的 837085 万吨碳，年均增长 20456 万吨碳；同期人均二氧化碳排放量也保持上升趋势。另外，各地区的二氧化碳排放总量和人均二氧化碳排放量也在快速增加，但近年来，除宁夏外，其他省、市、自治区的二氧化碳排放强度在逐渐下降，并且各地区之间的二氧化碳排放水平千差万别，其二氧化碳排放强度差异也比较显著。

全球气候变暖的重要原因是以二氧化碳排放为主的温室气体排放增强了温室效应，而大气中的二氧化碳绝大多数又是由高碳能源消费所导致的。低碳经济是在应对气候变化的大背景下提出的，为了应对气候变化，作为负责任的大国，中国自愿提出减排目标，努力实现低碳转型。

要实现 2020 年二氧化碳排放强度目标，中国必须走低碳经济发展道路，低碳经济是一种新型的可持续经济发展模式，是相对于原有的高碳经济发展模式而言的。低碳经济约束下一次能源消费结构优化的目的是在保障经济平稳增长的同时，通过改善能源利用效率减少能源消费总量，加快油气替代进程、研发高新能源技术来降低煤炭消费比重和提高非化石能源消费比重，实现二氧化碳排放总量降低和 2020 年二氧化碳排放强度目标，从而推进经济发展模式的低碳化进程。

四、本章小结

本章首先从经济增长、能源消费与二氧化碳排放三个视角对中国经济发展、能源消费和二氧化碳排放的现状及其特征进行了分析。

（一）经济增长现状的特征分析

从 GDP 总量、人均 GDP 和产业结构角度对全国和各地区经济发展状况进行了分析。可以发现：改革开放 30 多年来，中国的综合经济实力得到迅速提升，与发达国家之间的差距进一步缩小，成为了世界第二大经济体，同时人均收入也得以提高，据世界银行报告中国已成为中高收入国家。从产业结构来看，中国产业结构一直在不断优化，第一产业对 GDP 贡献率的变化较平稳，第二产业贡献率在逐步减少，第三产业贡献率在逐步增加，但第三产业比重与发达国家相比差距甚远，跟世界第一大经济体美国的差距达到34.4%。另外，随着中国城市化和工业化进程的加快，各地区的GDP和人均GDP都得到了快速增长，不同地区呈现的变化特征不同，并且地区之间的差异也在日益扩大。

（二）能源消费现状的特征分析

首先从能源消费总量和构成角度分析了全国总体能源消费变化以及与世界主要发达国家的对比情况，研究发现：随着中国经济的快速发展，尤其是改革开放以来，中国能源消费总量也日益增加，对外依存度和能源供需缺口进一步扩大，但人均一次能源消费量仍然是全球较低的人均能源消费水平。在能源消费结构方面，发达国家煤炭消费在一次能源消费中所占比重至今均未超过40%，而长期以来煤炭消费量在中国一次能源消费总量中占有很大的比重，水电、核电、风电等非化石能源所占比重过小，因而中国一次能源消费结构需要进一步优化调整，特别是需要大力加强水电、核电等清洁能源的使用和推广力度。其次从省际、三大地带、八大经济区域三个角度剖析了中国地区能源消费特点，研究结果表明：由于中国地域辽阔，各个地区之间的能源消费情况也千差万别，这与其经济发展状况、科学技术水平以及自然资源禀赋等特征紧密相关，另外在经济迅猛发展的同时，各个地区的能源消费总量也处于高位，但单位地区生产总值能耗则在逐步下降。

（三）二氧化碳排放现状的特征分析

从二氧化碳排放总量、人均二氧化碳排放量和二氧化碳排放强度三个角度进行了研究。可以看出，随着经济的高速增长和能源的大量消耗，全国各省、市、自治区和各个地区的二氧化碳排放总量大幅增长，对于人均二氧化碳排放量，全国大部分省、市、自治区和各个地区的人均二氧化碳排放量呈现上升趋势，北京成为全国唯一一个人均二氧化碳排放量和增长率出现负增长的城市，主要原因是过去10年中北京市对经济结构进行转型升级，二氧化碳排放量的减少主要源于第二产业比重的降低。二氧化碳排放强度方面，虽然各省、市、自治区的二氧化碳排放总量和人均二氧化碳排放量基本都呈现一直增长趋势，但是全国绝大部分省、市、自治区以及各大地区的二氧化碳排放强度在逐步下降。地区间二氧化碳排放强度的差异主要源于经济结构、技术水平和能源结构的不同。另外，随着中国区域经济社会协调发展战略的实施，各个地区二氧化碳排放强度之间的差距也在逐步减小。

基于此，根据第二章低碳经济约束下一次能源消费结构优化的理论基础，使用归纳和演绎相结合的方法，论述了低碳经济约束下中国一次能源消费结构优化调整的五大原则，提出了低碳经济约束下一次能源消费结构优化的三大实现目标。

第五章　一次能源消费结构优化的约束条件分析

在当前能源资源不足和日益紧迫的全球减排温室气体形势下，以“低能耗、低污染、低排放”为基础的低碳经济发展模式应运而生。低碳经济的实质是通过降低高碳能源消耗和减少二氧化碳排放，建立合理的能源消费结构，从而达到社会经济发展与生态环境保护双赢的一种经济发展形态。因此，如何在确保经济平稳发展的前提下减少二氧化碳排放量，已成为世界各国共同研究和探讨的焦点。另外，在2020年二氧化碳排放强度目标作为应对气候变化的约束指标被提出以后，该指标具有了重要的政策含义，本章根据该约束指标，创新性地将 CO_2 减排控制率引入 Cobb – Douglas 生产函数，通过构建二氧化碳减排约束下的经济增长模型，得到基准情景（无减排控制）和低碳经济发展情景（减排控制）下2020年的最优经济增长率。在此基础上，参考两种不同的经济发展情景，预测估计2020年的经济产出、能源消费需求和二氧化碳排放总量。

一、资源环境约束下的经济增长理论模型

经济增长问题具有复杂且多层面特征，一直是学者们关注的焦点。从古典经济增长理论到现代新经济增长理论，不同的经济学家采用不同的方法和概念试图用来解释经济增长的过程，因而呈现出一种百家争鸣的局面。但这些经济增长理论大都集中在两个关键性问题上：一是经济持续增长的生产要素和动力来源；二是不同国家或地区的经济增长和差异情况。早期以 Smith、Ricardo 和 Malthus 等为代表的古典经济增长理论（Classical Growth Theory）认为资本、劳动和自然要素是经济增长的主要生产要素，劳动分工在经济增长中也有着重要作用，同时由于资本、劳动和土地等生产要素受边际收益递减规律的作用影响，使得经济增长

最终会趋于停滞。新古典经济增长理论（Neoclassical Growth Theory）始于20世纪40年代，Harrod和Domar以Keynes理论为基础建立了哈罗德－多马(Harrod－Domar）经济增长模型，为经济增长理论的研究奠定了重要基础；60年代，Solow和Swan等对哈罗德－多马经济增长模型进行了改进，假设技术进步要素是一种外生变量，将其引入生产函数中，从而得出经济稳定增长的条件及经济增长收敛等结论（江激宇，2005)。到80年代，以Arrow、Romer、Lucas、Barro等为代表的内生经济增长理论（Endogenous Growth Theory）将物质资本、知识资本和包括人力资本在内的广义资本引入经济增长模式，同时放弃了技术进步外生化的假定，将其内生化，强调资本、知识和技术进步在经济增长中的关键性作用。学者们将上述这些理论作为区域经济增长和差异的理论基础，分别从劳动、资本、制度等角度对不同国家或地区的经济增长进行了理论解释（Lima和Venbles，2001)。

另外，工业革命以来，随着科学技术的不断进步、社会生产力的极大提高和经济规模的不断扩大，人类在发展经济方面建立了光辉的业绩，创造出前所未有的财富，但与此同时也面临着巨大的挑战，生态环境破坏和资源短缺等问题日益严重。早在20世纪70年代初期，以Meadows为代表的经济学家提出：地球上的资源储量是有限的，而自然资源的消耗、生态的破坏和环境的污染的增长方式是指数增长，按照这样的增长趋势继续下去，人类生活将无以为继，这一结论促使经济学家们更加关注资源、环境等诸多因素对经济增长的影响，形成了各种不同的理论，大致可以归纳为以下三类：

（一）将自然资源、能源、环境和外生技术进步因素包含在内的新古典经济增长模型

如Solow、Dasgupta和Heal（1974)、Stiglitz（1978）等把自然资源作为一种生产要素引入Ramsey模型，考察自然资源消耗与经济增长之间的关系。Rasche和Tatom（1977）首次在柯布－道格拉斯生产函数（Cobb－Douglas Production Function）中引入能源要素，同时假定能源与资本之间有着不变的替代弹性，去寻找能源要素和经济增长之间的规律，其结论表明，在长期均衡增长路径上，由于能源的不断消耗和其不可再生性特征，最终代表家庭性的消费将会减少，导致不能维持经济的持续增长。Rasche和Tatom的开创性研究给能源与经济增长关系的分析提供了一个基本框架。Pezzey和Withagen（1998）在外生技术进步的经济增长模型中引入资源生产要素，结论表明经济增长处于不平衡、不稳定的状态，因而不能维持经济的可持续发展，主要是由于随着不可再生资源的持续消耗，其消费的增长率基本呈现单峰分布，即表现为先上升，到达峰值后开始下降。Stokey（1998）将环境污染因素纳入外生技术进步的经济增长模型中，试图寻找经济可持续增长与技术进步之间的关系，发现人均收入和生态环境质量之间呈现倒U形曲线关系。Sachs 和 Warner（2001）与 Glyfason（2001）等利用外生技术进步的经济增长模型也对自然资源与经济发展之间的关系展开了研究，并得到两者之间存在负相关的关系。

（二）将技术进步内生化的内生经济增长模型

运用包含自然资源、能源、环境和外生技术进步因素在内的新古典经济增长模型进行研究的结论表明：不存在经济的稳定、平衡增长路径，随着自然资源和能源的持续消耗，消费的增长率先上升，到达单一峰值后将持续下降，最终导致经济走向崩溃。根据这一具有悲观色彩的结论，许多学者开始将环保政策、能源和节能技术等因素引入内生经济增长模型，考虑通过技术进步、政府管制等手段来修复环境污染问题和自然资源消费过度所导致的经济扭曲问题。如 Romer（1986）和 Lucas（1988）等以技术进步内生化的内生经济增长理论为基础，在 Cobb – Douglas 生产函数中引入自然资源和环境要素，基于内生经济增长模型框架探讨了自然资源消耗、环境污染和经济可持续发展之间的关系。Grimaud 和 Rouge（2003）的研究表明包含环境因素的技术进步内生化经济增长模型，与新古典经济增长理论关于环境污染与经济增长之间关系的结论保持一致，通常相对于不包含环境因素的内生经济增长模型，环境污染的最优控制需要保持较低的稳态增长速率，而且严格的环境标准对经济维持最优的持续增长很有利。Maltsoglou（2009）通过构建包含环境污染、不可再生能源、可再生能源和技术进步的经济增长模型，重点研究经济社会可持续发展的前提下可再生能源的作用机理；该模型假定高增长和低增长两种经济增长情景，根据环境污染、生产成本和技术等因素合理选择使用可再生能源或不可再生能源。在技术进步外生情况下，发现单纯地提高技术水平并不能实现经济的持续增长，而增加可再生能源占比和加快技术进步虽然可以实现低增长情景下的经济持续发展，但在平衡增长路径下环境污染则不断增加；在技术进步内生情况下，两种增长情景下经济均能维持可持续增长，并在平衡增长路径上环境污染将减少。

（三）其他关于环境污染因素与经济增长关系的宏观经济增长理论模型

John 和 Pecchenino（1994）利用世代交替模型（Overlapping Generation Model）得出，在经济平衡增长路径的稳态情形下可能存在多种稳态均衡情况，如低增长低环境污染、高增长高环境污染和高增长低环境污染等情况，由此可以发现不同收入的国家或地区对应的环境污染水平也各不相同。Taylor 和 Copeland

（1994，1995）利用一般均衡模型（General Equilibrium Model）在开放经济条件下对环境污染的经济效应进行分析，发现国际贸易自由化加剧了发展中国家的环境污染，减轻了对发达国家的污染。这两个模型从不同方法、不同角度分析了环境污染与经济增长的关系，也进一步验证了最优经济增长模型关于环境污染与经济增长之间关系的基本理论。总的来说，已有的文献研究经济可持续发展问题大多是基于包含自然资源和环境约束的经济增长模型，也基本支持新古典经济增长理论关于环境污染因素与经济增长之间关系的研究结论。

国内许多学者立足中国国情，在内生经济增长基本框架下，将环境污染问题、经济可持续发展问题和中国转变经济发展方式相结合，对其展开了一些有益的研究和探索。如易纲、樊纲、李岩（2003），吴敬链（2005）等根据中国实际国情，从不同角度对经济增长理论进行了解释和应用。王海建（1999，2000）和彭水军、包群（2006）等在柯布－道格拉斯生产函数中引入不可再生资源，建立了包含不可再生资源的内生经济增长模型，发现在经济活动中如果有足够多的人力资本积累和较高的R&D经济产出效率，则研发创新活动会比较有效，可克服自然资源耗竭和短缺等问题，从而保证持续的最优经济增长。鉴于人为造成的环境污染治理在经济可持续发展中的重要作用，于渤、黎永亮、迟春洁（2006）和许士春、何正霞、魏晓平（2008，2010）等在内生经济增长模型框架下考虑R&D思想，构建一个包含能源耗竭、环境污染治理的经济可持续增长模型，运用最优控制方法分析了污染治理的投入比例、能源资源耗竭速率与经济增长之间的动态关系，探讨了平衡增长路径下的稳态解。张彬、左晖（2007）和黄菁、陈霜华（2011）为研究经济的可持续发展和能源的可持续利用问题，构建了一个基于能源与环境两个约束条件下的内生经济增长模型，研究发现促进人力资本的积累可保持经济可持续发展，同时发展能源节约和循环再利用的循环经济，依赖技术进步加快转变经济发展方式，达到能源发展和生态环境保护的双赢，才能实现中国经济的可持续增长。王锋（2012）将技术研发、产品生产、新能源生产和温室气体减排引入生产函数，构建一个四部门内生经济增长模型，并运用最优控制方法研究了在气候变化和化石能源耗竭约束下，经济转变发展方式过程中的平衡增长路径与劳动力在各部门之间的转移和配置。闫庆友、汤新发（2013）首次在生产函数和福利函数中引入社会资本要素，建立了一个四部门内生经济增长模型并利用动态最优控制理论方法求解，分析了社会资本、自然资本、人力资本和人造资本之间的关系，解释了实现经济最优增长的内在机理。其他的类似的研究很多，如：李金铠（2009），刘钻石、张娟（2011），刘岩、于渤、洪富艳（2011），马颖（2012）等。

二、二氧化碳减排约束下的经济增长模型构建

新古典经济增长理论认为物质资本 K 和劳动力 L 是经济增长的基本投入要素，而技术进步 A 则是经济增长的源泉和动力。随着科学的进步和社会的发展，能源已经成为关乎国民经济命脉和国家经济安全的重要战略资源。从第一章中关于能源消费与经济增长关系的经验性研究可以看出，基于对能源问题的大量研究，学者们普遍认为能源要素对经济增长的影响至关重要，是生产过程中不可缺少的要素。因此本书基于 Solow 经济增长模型，借鉴 Moon 和 Sonn（1996）与朱永彬等（2009）的研究成果，认为能源要素与其他要素具有有限替代弹性，与资本和劳动力要素一起引入传统的 Cobb – Douglas 生产函数，反映能源与经济产出之间的关系，同时假设资本和能源具有不变规模报酬性质，并在生产函数中考虑技术进步因素，根据新古典经济增长理论，假设技术进步是外生的，为 Hicks 中性技术进步，其变化率服从指数增长，将模型设定为：

$$Y(t)=A(t)K(t)^{\alpha}E(t)^{1-\alpha}L(t)^{\beta} \quad 0<\alpha,\ \beta<1 \tag{5-1}$$

式中，$Y(t)$ 为 t 时刻的经济产出；$A(t)$ 为 t 时刻的技术水平；$K(t)$ 为 t 时刻的资本投入；$E(t)$ 为 t 时刻的能源消费量；$L(t)$ 为 t 时刻的劳动力投入；α 为资本的产出弹性；$1-\alpha$ 为能源的产出弹性；β 为劳动的产出弹性。

关于环境污染排放量与经济增长关系的研究比较复杂，文献中主要有两种处理环境污染排放量的方法：一是将环境污染排放量与资本、劳动等其他要素一起作为生产的投入要素引入生产函数模型，代表文献有 Chichilnisky 和 Graciela（1994）、Ramanathan（2005）、Lu 等（2006）；二是将环境污染排放量作为非期望产出，国民生产总值 GDP 作为期望产出，资本、劳动力和能源消费作为投入指标，一起引入生产过程，其中 Chung 等（1997），涂正革（2008），吴琦、武春友（2009）和沈能（2010）等对其进行了分析研究。

此外，很多学者在二氧化碳减排方面也展开了详细的研究。高鹏飞等（2004）应用 Markal – Macro 混合模型对中国 2010 ~ 2050 年的二氧化碳减排边际成本进行了测算。韩一杰等（2010）在不同的减排目标和 GDP 增长率的假设下，计算了中国实现二氧化碳减排目标所需要的增量成本。李陶等（2010）根据二氧化碳强度目标构建了省级减排成本估计模型，提出了基于非线性规划的二氧化碳减排配额分配方法。公维凤等（2012）在节能减排约束条件下，构建了各省经济增长优化模型，分析了各种情景下各省、市、自治区经济发展的优化问题。

以上学者主要是利用历史数据对所关注区域的能源、经济与环境等问题进行了研究。而如何在确保经济平稳发展的前提下减少二氧化碳排放量，已成为世界各国共同研究和探讨的焦点。另外，在 2020 年二氧化碳排放强度目标作为应对气候变化的约束指标被提出以后，该指标具有了重要的政策含义，本书在此基础上将 CO_2 减排控制率考虑到式（5－1）中，假设 CO_2 减排控制率为 $\mu(t)$，张清等（2010）和 Nordhuas（1992）构建的 DICE 模型中均设定二氧化碳排放以 $\mu(t)$ 的速率减少排放，将 CO_2 减排控制率 $\mu(t)$ 设定为二氧化碳排放强度年下降速率，则式（5－1）可扩展为如下形式：

$$Y(t)=(1-\mu(t))A(t)K(t)^{\alpha}E(t)^{1-\alpha}L(t)^{\beta} \tag{5-2}$$

式（5－2）的人均消费和资本积累方程形式如下：

$$c(t)=\frac{C(t)}{N(t)} \tag{5-3}$$

$$\dot{K}(t)=(1-\delta)Y(t)-C(t) \tag{5-4}$$

式中，$N(t)$ 表示 t 时刻的总人口数，$c(t)$ 表示人均消费。

为了简化分析，式（5－4）假设经济产出除了消费支出和折旧外，都用于资本的积累，δ 为资本折旧系数。

该模型对劳动力人口即就业人口和总人口作了区别，其中，$N(t)$ 表示 t 时刻的总人口数，$\omega(t)$ 表示就业人口占总人口的比重，即劳动参与率，因此劳动力 $L(t)$ 可表示为：

$$L(t)=\omega(t)\cdot N(t) \tag{5-5}$$

模型剩下的假设是关于技术进步、总人口和能源消费如何随时间变化而变化。给定技术进步与总人口的初始水平，技术进步与总人口均分别以不变的增长率增长：

$$A(t)=A_0e^{vt} \tag{5-6}$$

$$N(t)=N_0e^{nt} \tag{5-7}$$

根据定义，能源强度是指单位 GDP 所消耗的能源，由能源消费量和经济产出决定，同时模型假定能源强度是外生的，用公式可表示为：

$$\tau(t)=E(t)/Y(t) \tag{5-8}$$

将式（5－5）、式（5－6）、式（5－7）和式（5－8）代入式（5－2），则有：

$$Y(t)=[(1-\mu(t))A_0e^{vt}]^{\frac{1}{\alpha}}K(t)\tau(t)^{\frac{1-\alpha}{\alpha}}[\omega(t)N_0e^{nt}]^{\frac{\beta}{\alpha}} \tag{5-9}$$

关于目标函数，我们采用具有不变跨时替代弹性的效用函数 CES（也被称为不变的相对风险厌恶或 CRRA），其含义是：效用是人均消费 $c(t)$ 的函数，同时还需考虑总人口数，该效用函数主要由式（5－10）来确定：

$$U[c(t),\ N(t)] = N_0e^{nt}[\frac{(c(t)^{1-\sigma}-1)}{(1-\sigma)}] = \frac{1}{1-\sigma}(N_0^\sigma e^{n\sigma t}C(t)^{1-\sigma} - N_0e^{nt}) \tag{5-10}$$

这里 σ 为风险厌恶系数，而社会计划者的目标就是在预算约束下使得跨期效用最大化，如式（5－11）所示：

$$\max\int_0^\infty U[c(t),N(t)]e^{-\rho t}dt = \max\int_0^\infty \frac{1}{1-\sigma}(e^{(n\sigma-\rho)t}N_0^\sigma C(t)^{1-\sigma} - e^{(n-\rho)t}N_0)dt \tag{5-11}$$

其中 ρ 为时间偏好系数。

式（5－11）即为如下最优控制问题：

$$\max\int_0^\infty \frac{1}{1-\sigma}(e^{(n\sigma-\rho)t}N_0^\sigma C(t)^{1-\sigma} - e^{(n-\rho)t}N_0)dt$$

$$\text{s.t. } \dot{K}(t) = (1-\delta)Y(t) - C(t)$$

$$CEI(T) \leqslant (1-a)CEI(0) \tag{5-12}$$

式中，CEI（T）表示期末二氧化碳排放强度；CEI（0）表示基期二氧化碳排放强度；a 为减排目标设定的期末二氧化碳排放强度相对基年的下降比例。

三、二氧化碳减排约束下的经济增长模型求解

本节主要分析经济系统长期稳定增长的情形，该问题就是在连续时间内，求泛函积分最大化问题，其中包括控制变量和状态变量，是一个非线性系统动态最优化问题。根据最优控制理论中庞特里亚金极大值原理，式（5－13）的 *Hamilton* 函数 H 如下：

$$H = U[c(t),\ N(t)] + \lambda\{(1-\delta)[(1-\mu(t))A_0e^{vt}]^{\frac{1}{\alpha}}K(t)\tau(t)^{\frac{1-\alpha}{\alpha}}[\omega(t)N_0e^{nt}]^{\frac{\beta}{\alpha}} - C(t)\} \tag{5-13}$$

式中，C 为控制变量；K 为状态变量；λ 为拉格朗日乘子，经济含义是 t 时刻资本的影子价格，其最大化的一阶条件为：

$$\frac{\partial H}{\partial C} = U'(C) - \lambda = 0 \tag{5-14}$$

由式（5－14）可得：

$$\lambda = N_0^\sigma e^{(n\sigma-\rho)t}C(t)^{-\sigma} \tag{5-15}$$

拉格朗日乘子 λ 的运动方程为：

$$\dot{\lambda} = -\frac{\partial H}{\partial K} = -\lambda(1-\delta)\cdot\frac{\partial Y}{\partial K} \tag{5-16}$$

由式（5-9）可得：

$$\frac{\partial Y}{\partial K} = [(1-\mu(t))A_0e^{vt}]^{\frac{1}{\alpha}}\tau(t)^{\frac{1-\alpha}{\alpha}}[\omega(t)N_0e^{nt}]^{\frac{\beta}{\alpha}} \tag{5-17}$$

将式（5-17）代入式（5-16），得：

$$\frac{\dot{\lambda}}{\lambda} = -(1-\delta)[(1-\mu(t))A_0e^{vt}]^{\frac{1}{\alpha}}\tau(t)^{\frac{1-\alpha}{\alpha}}[\omega(t)N_0e^{nt}]^{\frac{\beta}{\alpha}} \tag{5-18}$$

对式（5-15）两边取对数，得：

$$\ln(\lambda(t)) = \sigma\ln(N_0) + (n\sigma-\rho)t - \sigma\ln(C(t)) \tag{5-19}$$

对式（5-19）求时间 t 的导数，得：

$$\frac{\dot{\lambda}}{\lambda} = n\sigma-\rho-\sigma\frac{\dot{C}}{C} \tag{5-20}$$

令 g 代表各变量的增长率，则有 $g_\lambda = \frac{\dot{\lambda}}{\lambda}$，$g_C = \frac{\dot{C}}{C}$，$g_K = \frac{\dot{K}}{K}$，合并式（5-18）和式（5-20），得到：

$$g_C = (n-\frac{\rho}{\sigma}) + \frac{1-\delta}{\sigma}\cdot[(1-\mu(t))A_0e^{vt}]^{\frac{1}{\alpha}}\tau(t)^{\frac{1-\alpha}{\alpha}}[\omega(t)N_0e^{nt}]^{\frac{\beta}{\alpha}} \tag{5-21}$$

由于在稳态增长条件下，消费与经济产出以相同的速度增长，因此经济平稳增长路径下加入 CO_2 减排控制率的最优经济增长率为：

$$g_Y = (n-\frac{\rho}{\sigma}) + \frac{1-\delta}{\sigma}\cdot[(1-\mu(t))A_0e^{vt}]^{\frac{1}{\alpha}}\tau(t)^{\frac{1-\alpha}{\alpha}}[\omega(t)N_0e^{nt}]^{\frac{\beta}{\alpha}} \tag{5-22}$$

同理，经济平稳增长路径下无 CO_2 减排控制率的最优经济增长率为：

$$g_y' = (n-\frac{\rho}{\sigma}) + \frac{1-\delta}{\sigma}\cdot(A_0e^{vt})^{\frac{1}{\alpha}}\tau(t)^{\frac{1-\alpha}{\alpha}}[\omega(t)N_0e^{nt}]^{\frac{\beta}{\alpha}} \tag{5-23}$$

四、中国未来经济发展情景模拟分析

（一）数据来源与研究方法

1. 数据来源

通过式（5-2）和式（5-6）可以得到：

$$\frac{Y(t)}{[E(t)(1-\mu(t))]} = A_0e^{vt}[\frac{K(t)}{E(t)}]^{\alpha}L(t)^{\beta} \tag{5-24}$$

令 $Y'=Y(t)/[E(t)(1-\mu(t))]$，$K'=K(t)/E(t)$，为了消除时间因素对方程的影响，对式（5－24）两边进行取对数操作，并添加误差项 ε，得到如下方程：

$$\ln Y'=\ln A_0+vt+\alpha\ln K'+\beta\ln L+\varepsilon \tag{5-25}$$

本书以1978～2011年的时间序列数据为研究对象，所有数据源自历年《中国统计年鉴》、《中国能源统计年鉴》和《新中国60年统计资料汇编》。经济产出以可比价格的GDP序列作为经济产出的衡量指标（1978年＝100）；CO_2 减排控制率以二氧化碳排放强度的年下降速率表示，其中二氧化碳排放量的测算采用间接法，即利用化石能源消费量来计算（陈诗，2009）；劳动投入以样本期末全国就业人数表示；能源投入以样本期末全国能源消费总量表示；资本投入数据，选取固定资本存量作为资本投入量的衡量指标，遵循Goldsmith（1951）开创的目前广泛应用的永续盘存法（Perpetual Inventory Method），采用相对效率几何递减模型，其基本公式为：

$$K_t=K_{t-1}(1-\delta)+\frac{I_t}{P_t} \tag{5-26}$$

式中，K_t 表示当年的固定资本存量；K_{t-1} 表示上一年的固定资本存量，I_t 表示当年新增资本存量；P_t 表示当年的固定资本平减指数，本书采取以当年的全社会固定资产投资总额替代当年新增资本存量，δ 表示折旧率。用式（5－26）测算固定资本存量，有如下几个关键：

（1）基年固定资本存量和折旧率的确定。本书采用1978年的固定资本存量作为基年固定资本存量 K_0，K_0 按国际常用方法计算（Hall和Jones，1999）：用基年的全社会固定资本形成总额 I_0（可比价格）与样本期内全社会固定资本形成总额（可比价格）的几何平均增长率 g 加上折旧率 δ 之和的比值，其公式为：

$$K_0=\frac{I_0}{g+\delta} \tag{5-27}$$

对于折旧率 δ，本书根据王小鲁（2000）的估算，取 $\delta=5\%$。

（2）固定资本平减指数的确定。在采用永续盘存法时，必须将当年价格表示的固定资本用一定的价格指数进行平减，换算成以基年不变价格表示的实际值，本书采用固定资产投资价格指数作为固定资本平减指数。然而根据《新中国60年统计资料汇编》所公布的各年全社会固定资产投资总额（当年价格）及固定资产投资价格指数，发现在1991年才开始每年公布这一指数，这样便无法把1978～2011年用当年价格给出的全社会固定资产投资总额折算成以1978年价格表示的数据。但是，可以通过构造指数来间接实现这个目的。经过分析，选择了在1978～1990年的工业品出厂价格指数（1978年＝100）和1991～2011年的固定资产投资价格指数去拟合固定资本平减指数，以此推算中国1978～2011年以

1978 年价格表示的历年全社会固定资产投资总额，从而为逐年累计出中国的资本存量奠定基础。

2. 研究方法

偏最小二乘回归（Partial Least - Squares Regression，PLS）由 Wold 和 Albano 等于 1983 年首次提出，是应实际需要产生和发展的一种新型的多元统计数据分析方法，主要思想可以理解成是典型相关分析、主成分分析和多元回归分析三种方法的有效组合。偏最小二乘回归可以有效地克服目前回归建模的许多实际问题，如样本容量小于变量个数的情况下进行回归建模，以及多因变量对多自变量的同时回归分析等用普通多元线性回归无法解决的问题。特别在普通多元线性回归中，变量之间的多重共线性常会严重危害参数估计，扩大模型误差，并破坏模型的稳健性，用偏最小二乘回归进行建模，其分析结论更加可靠，结论性更强。

本书利用单因变量偏最小二乘回归方法进行分析，其建模方法如下：设有因变量 Y 和 k 个自变量 $\{x_1,\ \cdots,\ x_k\}$。为了研究因变量与自变量的统计关系，观测了 n 个样本点，由此构成了自变量与因变量的数据矩阵 $X_{n\times k}$ 和 $Y_{n\times 1}$，分别记为：

$$X_{n\times k}=\begin{bmatrix}x_{11} & x_{12} & \cdots & x_{1k}\\ x_{21} & x_{22} & \cdots & x_{2k}\\ \vdots & \vdots & \vdots & \vdots\\ x_{n1} & x_{n1} & \cdots & x_{nk}\end{bmatrix} Y_{n\times 1}=\begin{bmatrix}y_{11}\\ y_{21}\\ \vdots\\ y_{n1}\end{bmatrix} \tag{5-28}$$

偏最小二乘回归分析的目的是在数据集 X 中提取出 t_1（t_1 是 x_1，…，x_k 的线性组合），表示为 $t_1=w_1x_1+w_2x_2+\cdots+w_kx_k$。要求 t_1 满足：①应尽可能大地携带数据矩阵 X 中的变异信息；②与 Y 的相关程度能够达到最大。

在第一个成分 t_1 被提取后，偏最小二乘回归分别实施 X 对 t_1 的回归以及 Y 对 t_1 的回归。如果回归方程已经达到满意的精度，则算法终止；否则，将分别利用 X 和 Y 被 t_1 解释后的残余信息进行第二轮的成分提取。如此反复迭代，直到能达到一个较满意的精度为止。若最终对 X 共提取了 q 个成分 t_1，…，t_q，偏最小二乘回归将通过施行 Y 对 t_1，…，t_q 的回归，然后再表达成 Y 关于原自变量 x_1，…，x_k 的回归方程。

（二）最优经济增长率实证结果与分析

1. 生产函数参数估计

常用的诊断多重共线性方法主要有容忍度、方差膨胀因子、条件指数、方差比例等，本书采用方差膨胀因子（VIF）方法进行诊断，结果如表 5 - 1 所示。

表 5－1　多重共线性检验结果

变量	平均值	标准差	方差膨胀因子
$\ln K'$	8.2924	0.3059	19.2942
$\ln L$	1.8211	0.2144	24.1686
t	17.5000	9.9582	68.8737
$\ln Y'$	6.9116	0.3386	

从表中可以发现各自变量的 VIF 都超过 10，说明自变量之间存在严重的多重共线性关系，将严重影响普通最小二乘回归的估计值，极有可能会出现模型结论与现实相差较大的情况，从而导致模型的解释无效。这里利用多元统计数据分析方法中能够有效解决多重共线性问题的偏最小二乘回归方法对式（5－25）进行估计分析，运行 DPS 数据处理系统软件中的偏最小二乘回归分析程序。

在模型具体处理过程中，有一个因变量 $y1$，自变量数据集 X 有三个变量 $x1$、$x2$ 和 $x3$，因此在确定潜变量的个数时，一般情况下是根据预测残差平方和 PRESS（Predicted Residual Sum of Squares），公式可表示为：

$$PRESS_{(j)} = \sum_{i=1}^{n} (y_{(j)(i)} - \hat{y}_{(j)(i)})^2 \tag{5-29}$$

式中，$\text{PRESS}_{(j)}$ 为第 j 步预测残差平方和；$y_{(j)(i)}$ 为第 j 步第 i 个观测点上的因变量实际观测值；$\hat{y}_{(j)(i)}$ 为第 j 步第 i 个观测点上的因变量实际预测值。

当 $\text{PRESS}_{(j)} - \text{PRESS}_{(j-1)}$ 小于预测精度时，停止迭代过程，否则继续进行迭代计算来提取潜变量。在实际实验过程中一般是根据 PRESS 的变化和参考各个效应的标准回归系数来确定，同时认为潜变量个数最多不超过实验处理的自变量个数。因此该实验最多可以提取潜变量的个数为 2。

当潜变量个数 k 为 1 时，模型效应和因变量权数如表 5－2 所示。

表 5－2　模型效应和因变量权数（$k=1$）

潜变量个数	$x1$	$x2$	$x3$	$y1$
1	0.4990	0.6344	0.5903	1

模型效应负荷量如表 5－3 所示。

表 5－3　模型效应负荷量（$k=1$）

潜变量个数	$x1$	$x2$	$x3$	
1	0.5588	0.5746	0.6042	

模型运算结果的标准回归系数如表 5 –4 所示。

表 5 –4　标准回归系数（$k=1$）

潜变量个数	x1	x2	x3	
1	0.2577	0.3277	0.3049	

从表中可以看出，该标准回归系数的符号与其现实情况相一致。

当潜变量个数为 2 时，模型效应和因变量权数如表 5 –5 所示。

表 5 –5　模型效应和因变量权数（$k=2$）

潜变量个数	x1	x2	x3	y1
2	–0.6971	0.6986	–0.1616	1

模型效应负荷量如表 5 –6 所示。

表 5 –6　模型效应负荷量（$k=2$）

潜变量个数	x1	x2	x3	
2	–0.7815	0.6443	–0.0318	

模型运算结果的标准回归系数如表 5 –7 所示。

表 5 –7　标准回归系数（$k=2$）

yi	x1	x2	x3	
y1	–0.0691	0.7038	0.2495	

从表中可以看出，该标准回归系数的符号与其实际的现实情况不一致。并且，经交叉有效性检验，只能提取一个成分，因此数据标准化后的模型误差平方和以及 PRESS 统计量如表 5 –8 所示。

表 5 –8　数据标准化后判定系数 R^2 与 PRESS 统计量

组分	R^2	PRESS 统计量
c1	0.7263	9.3310

从表中可以看出判定系数 R^2 为 0.7263，效果较好，原变量的偏最小二乘回归方程为：

$$\ln Y' = 3.4216 + 0.0104t + 0.2853\ln K' + 0.5176\ln L \tag{5-30}$$

从而根据式（5-30），式（5-24）变为如下形式：

$$\frac{Y(t)}{[E(t)(1-\mu(t))]} = 30.6182e^{0.0104t}\left[\frac{K(t)}{E(t)}\right]^{0.2853} L(t)^{0.5176} \tag{5-31}$$

由于偏最小二乘回归方法属于多元统计数据分析方法范畴，学者们在使用该方法建模时，不加以考虑变量的平稳性和回归方程的"伪回归"现象，另外当变量之间存在多重共线性问题时，与传统多元线性回归模型相比，该方法减少了模型误差，并提高了模型的稳健性，其分析结论更加可靠，结论性更强，从而在许多领域中得到了广泛应用。

2. 其他参数估计

本书模型中假定能源强度是外生的，根据王铮等（2010）的研究，技术进步推动了能源强度的变化，又根据经济增长理论中技术进步服从指数增长，设定能源强度随时间也呈指数变化趋势，未来能源强度的预测值可通过拟合历年能源强度数据获得。根据前面选取的 1978～2011 年的经济产出和能源消费量数据，计算得到历年能源强度时间序列数据，从而能源强度的变化趋势可表示为：

$$\tau = 0.0017e^{-0.0284t}(R^2 = 0.7368) \tag{5-32}$$

式中，0.0017 代表初始能源强度，能源强度随时间变化的下降速度为 2.84%，从中看出变化比较缓慢，可能与中国处于工业化、城市化进程加快阶段且能源消费需求增长快这一现实密切相关，其判定系数为 0.7368，模型拟合程度较好，并通过了统计检验。

同样地，根据《中国统计年鉴》和《新中国 60 年统计资料汇编》中的样本期末全国总人口数可拟合得到总人口变化趋势，初始人口为 9.7973 亿人，其增长率为 0.0105。从而由总人口模型可预测得到未来人口的总量，根据王金营等（2006）预测的劳动力数据可计算出未来劳动参与率 ω 的取值，其中 $\omega_{2020} = 0.5168$。

在 Ramsey 模型中，时间偏好系数 ρ 和风险厌恶系数 σ 都是重要的外生参数。时间偏好系数表示人们对现在的满意程度与对将来的满意程度的比值，人们越不喜欢现在，其时间偏好系数也就越低。Barro 和 Sala-i-Martin 在其著作《Economic Growth》中认为时间偏好因子有一个基准值 0.02，顾六宝、肖红叶（2004）研究中以 0.02 为基准给 ρ 值设定了一个取值范围（0.01，0.02，0.03），检验结果表明，ρ 值在 0.01～0.03 的变化对显著性检验的影响很小，并采用 $\rho = 0.02$，因而本书也设定 $\rho = 0.02$。另外根据顾六宝、肖红叶（2006）研究中模拟最优消费增长率时 σ 值取 2 的研究结果，设定参数 σ 的取值为 2。

经过测算，2011 年二氧化碳强度比 2005 年二氧化碳排放强度下降了 19.70%，假设在未来几年内中国二氧化碳排放强度以平均速度下降，计算可得 2020 年二氧化碳排放强度下降 40% ~45% 目标下 μ 的取值分别为 0.0226 和 0.0281。

由此将所需参数值代入式（5－22），获得 2020 年二氧化碳排放强度降低 40% 和 45% 减排控制下最优经济增长率分别为 7.67% 和 7.52%。

另外根据式（5－1）和式（5－23），计算可以获得 2020 年无 CO_2 减排控制率下最优经济增长率为 8.30%。

国家环保总局环境规划院与国家信息中心联合推出《2008 ~2020 年中国环境经济形势预测》报告中指出中国国民经济将继续保持较快的增长，“十二五”期间年均经济增长率为 9% 左右，“十三五”为 8% 左右。2012 年 2 月，国务院发展研究中心研究员李善同在中国宏观经济高层研讨会上表示中国经济高速增长至少可以维持到 2020 年，并有研究结论表示如果保持目前的经济增长态势，2011 ~2020 年经济增长速度为 7.7% 左右。基于中国经济增长的连续性和稳定性，并比照有关机构和专家的经验，本书认为该模型的预测结果在一定程度上可信。

（三）2020 年经济产出、能源消费量和二氧化碳排放量

根据上述计算得到的 2020 年最优经济增长率，并参考大多数学者们的研究成果，本书将未来最优经济增长设定两种情形：基准情景（无 CO_2 减排控制）和低碳情景（CO_2 减排控制），年均最优经济增长率分别为 9% 和 8%，以 2011 年的经济产出总量（按 2005 年不变价格计算）为基年，估测可得到中国 2020 年低碳情景下的经济产出总量；由能源强度模型可获得 2020 年能源强度的预测值，从而计算出能源消费需求量，在两种经济增长情景中，一次能源消费需求量分别为 52.3624 亿吨标准煤和 48.1194 亿吨标准煤；另外，可计算出 2020 年不同二氧化碳排放强度目标下的二氧化碳排放量。结果如表 5－9 所示。

表 5－9　2020 年经济产出总量和能源消费需求量

经济增长情景	最优经济增长率（%）	经济产出总量（亿元）	能源消费需求量（亿吨标准煤）	二氧化碳排放量（亿吨碳）	
				减排 45%	减排 40%
基准情景	9	721575.92	52.3624	121.9708	133.0591
低碳情景	8	664136.50	48.1194	112.2616	122.4672

五、本章小结

本章根据2020年单位GDP二氧化碳排放强度下降40%～45%这一约束指标，基于Solow经济增长模型，参考Nordhaus的研究成果，创新性地把CO_2减排控制率引入传统的Cobb－Douglas生产函数，构建得到二氧化碳减排约束下的经济增长模型，并利用偏最小二乘回归方法分别计算不同经济增长路径下2020年的最优经济增长率，得到以下结论：无CO_2减排控制下2020年最优经济增长率为8.30%；2020年二氧化碳排放强度降低40%～45%减排控制下最优经济增长率分别为7.67%和7.52%。在此基础上，参考大多数学者的研究成果，设定了两种不同的未来最优经济发展情景，其年均最优经济增长率分别为9%和8%，由此预测得到两种不同经济发展情景下2020年经济产出、能源消费需求量和二氧化碳排放量，研究结果表明在实现经济平稳增长的同时，落实中国政府公布的2020年单位GDP二氧化碳排放目标，不仅可以加快粗放经济增长方式的转变，促进低碳经济发展模式的形成，同时还能推动能源、经济与环境的协调可持续发展。

第六章　低碳经济约束下中国一次能源消费结构优化分析

从第二章中关于能源消费结构问题的经验性研究可以看出，学者们利用历史数据对所关注区域的能源消费结构问题进行了研究。

在保障经济平稳增长的同时实现2020年二氧化碳排放强度目标，是当前中国亟待解决的问题。优化能源消费结构是实现2020年二氧化碳排放强度目标的有效措施之一。能源消费结构系统本身在结构及功能上具有极强的复杂性，涉及社会经济生活的方方面面，其演进受到内在驱动因素的影响，变动也有着一定的规律。从第四章中对能源消费结构现状的分析可以发现中国能源消费结构问题比较突出，煤炭消费比重过大，占到70%左右，非化石能源消费比重提升的潜力和空间很大。本章首先采用Markov链模型研究一次能源消费结构的变动规律和预测2020年中国的一次能源消费结构。然后根据第四章得到的低碳情景下2020年经济产出、能源消费量和二氧化碳排放量，运用多目标决策方法，综合考虑社会经济、能源、环境系统的协调发展，对能源消费结构多目标优化模型进行研究，得到基于低碳情景的2020年中国一次能源消费结构，以求能为中国能源资源的合理配置与社会经济的稳定发展提供有益的政策建议。

一、一次能源消费结构的预测

（一）Markov链模型

1. Markov链的相关概念

Markov链是数学中具有Markov性质的离散时间随机过程，该过程是指在给定当前知识或信息的情况下，过去状态对于预测未来状态是无关的。时间和状态都是离散的 Markov 过程，称为 Markov 链，简记为 $X_t=X(t)$，$t=0, 1, 2\cdots$，并且有：

$$P\{X(t+1)=j\mid X(t)=i,\ X(t-1)=i_{t-1},\ \cdots,\ X(1)=i_1,\ X(0)=i_0\}$$
$$=P\{X(t+1)=j\mid X(t)=i\}$$

有限维 Markov 链的概率可以表示为：

$$\begin{aligned}&P\{X(t)=i_t,\ X(t-1)=i_{t-1},\ \cdots,\ X(1)=i_1,\ X(0)=i_0\}\\&=P\{X(t)=i_t\mid X(t-1)=i_{t-1},\ \cdots,\ X(0)=i_0\}P\{X(t-1)\\&=i_{t-1},\ \cdots,\ X(0)=i_0\}=P\{X(t)=i_t\mid X(t-1)=i_{t-1}\}P\{X(t-1)\\&=i_{t-1},\ \cdots,\ X(0)=i_0\}=\cdots=P\{X(t)=i_t\mid X(t-1)=i_{t-1}\}\cdots\\&P\{X(1)=i_1\mid X(0)=i_0\}P\{X(0)=i_0\}\end{aligned}$$

对于不同状态之间的变换关系，可以用“状态转移概率”和“状态转移矩阵”来描述。

状态转移概率，设研究对象具有 r 种状态，并且每一时刻只能处于一种状态。另外，当研究对象处于某一状态时，可能会向其他任意一种状态转移，这样状态的变化方式将会有 r 种（包括状态向自身的转变，即状态不变），同时向不同状态转移均是随机的。

对于 Markov 链 $\{X(t),\ t=0, 1, 2\cdots\}$，假设在 k 时刻，$X(k)$ 处于状态 j 下，则 $X(k)=j$ 的概率称为 Markov 链的状态概率，记为 $P_j(k)$，也可写成 $P\{X(k)=j\}$。用 $P_{ij}(k)$ 表示 Markov 链 $\{X(t),\ t=0, 1, 2\cdots\}$ 在时刻 k 处于状态 i 下，在时刻 $k+1$，其状态转移到 j 的概率，称为一步转移概率。其中：

$$P_{ij}(k)=P\{X(k+1)=j\mid X(k)=i\}$$

对于 Markov 链 $\{X(t),\ t=0, 1, 2\cdots\}$ 在时刻 k 处于状态 i 下，经过 s 步转移到状态 j 的概率，称为 s 步转移概率，记为 $P_{ij}(k, s)$，即：

$$P_{ij}(k,\ s)=P\{X(k+s)=j\mid X(k)=i\}$$

如果 Markov 链 $\{X(t),\ t=0, 1, 2\cdots\}$ 中一步转移概率与状态所处的时刻无关，则该 Markov 链 $\{X(t),\ t=0, 1, 2\cdots\}$ 称为齐次 Markov 链，可记为：

$$P\{X(k+1)=j\mid X(k)=i\}=P_{ij}$$

状态转移矩阵，是由状态转移概率所组成的矩阵，可以描述研究对象状态转移过程，其中一步转移概率对应的是一步状态转移矩阵，多步转移概率对应的是多步状态转移矩阵。如果在时刻 k 的状态 i 经过 s 步转移到状态 j，则该过程的 s 步状态转移矩阵可表示为：

$$P^{(s)}=\begin{bmatrix} p_{11}^{(s)} & p_{12}^{(s)} & p_{13}^{(s)} & \cdots \\ p_{21}^{(s)} & p_{22}^{(s)} & p_{23}^{(s)} & \cdots \\ \cdots & \cdots & \cdots & \cdots \\ p_{i1}^{(s)} & p_{i2}^{(s)} & p_{i3}^{(s)} & \cdots \\ \cdots & \cdots & \cdots & \cdots \end{bmatrix}$$

初始状态概率分布，由于研究对象的状态在状态转移矩阵的作用下不断变化，其最终状态与其初始状态存在一定的联系，但有时最终状态几乎不受初始状态的影响。Markov 链$\{X(t), t=0, 1, 2\cdots\}$的状态空间为 I，若 $P_i(0)=P\{X(0)=i\}$，$i\in I$ 有以下两个性质：

$$\begin{cases} P_i(0)\geqslant 0 \\ \sum\limits_{i\in I}P_i(0)=1 \end{cases}$$

则$\{P_i(0), i\in I\}$为该 Markov 链$\{X(t), t=0, 1, 2\cdots\}$的初始状态概率分布。

Markov 链的稳定状态。Markov 链在经过一段时间状态变化后，最终会稳定在这样一种状态，该状态既与其初始状态无关，且前后两期的状态转移概率相等，这个状态成为 Markov 链的稳定状态，此时的分布为 Markov 链的平稳分布。与 Markov 链稳定状态紧密联系的概念即 Markov 链的遍历性。Markov 链$\{X(t), t=0, 1, 2\cdots\}$在其状态空间 I 上，如果对于一切的 i 和 j，均存在不依赖于 i 的极限值 $\pi(j)$，使得 $\lim\limits_{n\to\infty}P_{ij}^{(s)}=\pi(j)$，称此 Markov 链具有遍历性。

2. Markov 链预测原理

对于齐次 Markov 链，其绝对概率是 $P_j(k)$，s 步转移概率是 $P_{ij}^{(s)}$，有 $P_j(s+1)=\sum\limits_{i\in I}P_i(s)P_{ij}$,以及 $P_j(s)=\sum\limits_{i\in I}P_i(0)P_{ij}^{(s)}$，说明 Markov 链绝对概率是由其初始分布和 n 步转移概率共同决定。更一般地，由著名的 Chapman - Kolmogorov 方程可知，$P_{ij}^{(m+n)}=\sum\limits_{k\in I}P_{ik}^{(m)}P_{kj}^{(n)}$，简单推导证明如下：

$$\begin{aligned} P_{ij}^{(n)} &= P\{X(n+m)=j \mid X(m)=i\} \\ &= \frac{\sum\limits_{k\in I}P\{X(n+m)=j, X(m+1)=k, X(m)=i\}}{P\{X(m)=i\}} \\ &= \frac{\sum\limits_{k\in I}P\{X(n+m)=j \mid X(m+1)=k, X(m)=i\}P\{X(m+1)=k, X(m)=i\}}{P\{X(m)=i\}} \\ &= \frac{\sum\limits_{k\in I}P\{X(n+m)=j \mid X(m+1)=k\}P\{X(m+1)=k, X(m)=i\}}{P\{X(m)=i\}} \end{aligned}$$

$$= \sum_{k \in I} P_{kj}^{(n-1)} P_{ik}$$

这就是 Markov 预测的理论基础，即确定研究时间序列的初始状态以及初始分布，可依据状态转移矩阵进行未来时刻的预测分析，其中状态转移矩阵的选择以最大可能性为原则。

（二）一次能源消费结构变动的 Markov 链模型

根据 Markov 链的分析过程，可构建如下一次能源消费结构变动的 Markov 链模型：将煤炭、石油、天然气、非化石能源（水电、核电、风电）四类能源在一次能源消费总量中的比例分为：煤炭比重、石油比重、天然气比重、非化石能源比重四类，结构变化为：流入和流出（一次能源消费结构之间的各类能源消费比重变动），用 $A_t = (a_1(t), a_2(t), a_3(t), a_4(t))$ 表示在 t 年的一次能源消费结构，其中 $(a_1(t), a_2(t), a_3(t), a_4(t))$ 表示在 t 年各类能源的消费比重，以 p_{ij} 记每年从 i 类能源流入 j 类能源的消费比重概率，则 $P = (p_{ij})_{4\times4}$ 是一个准转移概率矩阵（每行的所有元素之和为 1）。

$$P = \begin{bmatrix} p_{11} & p_{12} & p_{13} & p_{14} \\ p_{21} & p_{22} & p_{23} & p_{24} \\ p_{31} & p_{32} & p_{33} & p_{34} \\ p_{41} & p_{42} & p_{43} & p_{44} \end{bmatrix} \tag{6-1}$$

用 Markov 链对一次能源消费结构进行预测分析，最关键的一步就是状态转移概率矩阵 P 的确定。为了动态研究一次能源消费结构随时间 t 的变化情况，用状态转移概率矩阵 P 来表示每隔一年各类能源消费比重状态的转移情况，得如下矩阵：其中的 $p_{ij}(i=1, 2, 3, 4; j=1, 2, 3, 4)$ 表示当前处于第 i 类能源比重，1 年后将处于第 j 类能源比重的概率，并且 $p_{ij} \geq 0$，$\sum_{j=1}^{4} p_{ij} = 1\ (i=1, 2, 3, 4; j=1, 2, 3, 4)$。

本章将介绍两种方法来计算状态转移概率矩阵。方法一是根据一次能源消费结构的变动特点，在构造一次能源消费结构转移矩阵时遵从如下原则：所有消费比重减少的能源均向比重增加的能源分配转移；所有消费比重增加的能源均不向任何能源分配转移，而以概率 1 向其自身分配转移；消费比重减少的能源向增加的能源转移的概率，计算公式为：

$$p_{ij} = \frac{\text{第 } i \text{ 类能源消费比重终值}}{\text{第 } i \text{ 类能源消费比重初值}} \quad (i=j)$$

$$p_{ij} = \left(1 - \frac{\text{第 } i \text{ 类能源消费比重}}{\text{第 } i \text{ 类能源消费比重初值}}\right) \times \frac{\text{第 } j \text{ 类能源消费比重增加量}}{\text{第 } i \text{ 类能源消费比重减少量}} \quad (i \neq j) \tag{6-2}$$

方法二是先构建状态转移概率的普通最小二乘回归估计模型，根据历年四类能源在一次能源消费总量中所占比重来估计出状态转移概率。

假设 $w_j(k)$ 表示变量 w 在时刻 k 位于状态 j 的概率，$j=1$，2，3，4，于是有：

$$\sum_{j=1}^{4} w_j(k) = 1, \qquad k = 0, 1, \cdots, T \tag{6-3}$$

由上面关于 p_{ij} 的定义，有：

$$\sum_{j=1}^{4} P_{ij} = 1, \qquad i = 1, 2, 3, 4 \tag{6-4}$$

同时根据齐次马尔科夫链的基本性质，变量 w 位于煤炭、石油、天然气和非化石能源四种状态的概率与变量 w 在四种状态之间的转移概率满足：

$$w_j(k) = \sum_{i=1}^{4} w_i(k-1)P_{ij}, \qquad j = 1, 2, 3, 4 \tag{6-5}$$

这里各状态概率的样本数据使用样本期内各类能源的消费比重数据。

考虑各期误差变量 u_j（k），可以得到关于状态转移概率 p_{ij} 的线性回归模型：

$$w_j(k) = \sum_{i=1}^{4} w_i(k-1)P_{ij} + u_j(k), \qquad j = 1, 2, 3, 4 \tag{6-6}$$

式（6-6）中包含 4 个回归方程，状态转移概率 p_{ij} 为每个方程的估计参数。

若记：

$$W_j = \begin{bmatrix} w_j(1) \\ w_j(2) \\ \vdots \\ w_j(T) \end{bmatrix}_{T\times 1}$$

$$X_{T\times 4} = \begin{bmatrix} x_1(0) & x_2(0) & x_3(0) & x_4(0) \\ x_1(1) & x_2(1) & x_3(1) & x_4(1) \\ \vdots & \vdots & \vdots & \vdots \\ x_1(T-1) & x_2(T-1) & x_3(T-1) & x_4(T-1) \end{bmatrix}_{T\times 4}$$

$$P_j = \begin{bmatrix} p_{1j} \\ p_{2j} \\ p_{3j} \\ p_{4j} \end{bmatrix}_{4\times 1}$$

$$U_j = \begin{bmatrix} u_j\ (1) \\ u_j\ (2) \\ \vdots \\ u_j\ (T) \end{bmatrix}_{T\times 1}$$

于是式（6－6）可写成：

$$W_j = X_{T\times 4}P_j + U_j, \qquad j = 1,\ 2,\ 3,\ 4 \tag{6-7}$$

因为式（6－7）实质上是4个独立的普通最小二乘回归模型，估计出来的各个状态转移概率不一定满足状态转移概率的非负性与行和特征条件，因此在式（6－7）中增加这两个特征条件，得到约束普通最小二乘回归估计模型：

$$\begin{cases} W_j = X_{T\times 4}P_j + U_j,\ j = 1,2,3,4 \\ \text{s.t.}\ \sum_{j=1}^{4} P_{ij} = 1,\ i = 1,\ 2,\ 3,\ 4 \\ P_{ij} \geqslant 0 \end{cases} \tag{6-8}$$

进一步，式（6－8）可变为标准的二次规划问题：

$$\begin{cases} \min(W - XP)'(W - XP) \\ \text{s.t.}\ \sum_{j=1}^{4} P_{ij} = 1,\ i = 1,2,3,4 \\ P_{ij} \geqslant 0 \end{cases} \tag{6-9}$$

（三）一次能源消费结构 Markov 链预测结果与分析

1. 状态转移概率矩阵的计算结果

利用 1995～2012 年的能源消费结构数据和式（6－2），计算 1995～2012 年每年的能源消费结构转移概率矩阵，便可得到 17 个不同年份的能源消费结构转移概率矩阵，于是有：

$$P^{(1)} = \begin{bmatrix} 0.9853 & 0.0147 & 0 & 0 \\ 0 & 1 & 0 & 0 \\ 0 & 0 & 1 & 0 \\ 0 & 0.0164 & 0 & 0.9836 \end{bmatrix} \quad P^{(2)} = \begin{bmatrix} 0.9714 & 0.0213 & 0 & 0.0054 \\ 0 & 1 & 0 & 0 \\ 0 & 0 & 1 & 0 \\ 0 & 0 & 0 & 1 \end{bmatrix}$$

$$P^{(3)} = \begin{bmatrix} 0.9930 & 0.0056 & 0 & 0.0014 \\ 0 & 1 & 0 & 0 \\ 0 & 0 & 1 & 0 \\ 0 & 0 & 0 & 1 \end{bmatrix} \quad P^{(4)} = \begin{bmatrix} 0.9958 & 0.0033 & 0.0009 & 0 \\ 0 & 1 & 0 & 0 \\ 0 & 0 & 1 & 0 \\ 0 & 0.0718 & 0.0205 & 0.9077 \end{bmatrix}$$

$$P^{(5)}=\begin{bmatrix}0.9802 & 0.0099 & 0.0028 & 0.0071\\ 0 & 1 & 0 & 0\\ 0 & 0 & 1 & 0\\ 0 & 0 & 0 & 1\end{bmatrix}\quad P^{(6)}=\begin{bmatrix}0.9870 & 0 & 0.0020 & 0.0110\\ 0 & 0.9820 & 0.0028 & 0.0152\\ 0 & 0 & 1 & 0\\ 0 & 0 & 0 & 1\end{bmatrix}$$

$$P^{(7)}=\begin{bmatrix}0.9956 & 0.0044 & 0 & 0\\ 0 & 1 & 0 & 0\\ 0 & 0 & 1 & 0\\ 0 & 0.0267 & 0 & 0.9733\end{bmatrix}\quad P^{(8)}=\begin{bmatrix}1 & 0 & 0 & 0\\ 0.0467 & 0.9507 & 0.0026 & 0\\ 0 & 0 & 1 & 0\\ 0.1038 & 0 & 0.0058 & 0.8904\end{bmatrix}$$

$$P^{(9)}=\begin{bmatrix}0.9957 & 0.0014 & 0 & 0.0029\\ 0 & 1 & 0 & 0\\ 0 & 0 & 1 & 0\\ 0 & 0 & 0 & 1\end{bmatrix}\quad P^{(10)}=\begin{bmatrix}1 & 0 & 0 & 0\\ 0.0610 & 0.9296 & 0.0047 & 0.0047\\ 0 & 0 & 1 & 0\\ 0 & 0 & 0 & 1\end{bmatrix}$$

$$P^{(11)}=\begin{bmatrix}1 & 0 & 0 & 0\\ 0.0126 & 0.9748 & 0.0126 & 0\\ 0 & 0 & 1 & 0\\ 0.0074 & 0 & 0.0074 & 0.9852\end{bmatrix}\quad P^{(12)}=\begin{bmatrix}1 & 0 & 0 & 0\\ 0 & 0.9741 & 0.0207 & 0.0052\\ 0 & 0 & 1 & 0\\ 0 & 0 & 0 & 1\end{bmatrix}$$

$$P^{(13)}=\begin{bmatrix}0.9887 & 0 & 0.0035 & 0.0078\\ 0 & 0.9734 & 0.0082 & 0.0184\\ 0 & 0 & 1 & 0\\ 0 & 0 & 0 & 1\end{bmatrix}\quad P^{(14)}=\begin{bmatrix}1 & 0 & 0 & 0\\ 0.0055 & 0.9781 & 0.0109 & 0.0055\\ 0 & 0 & 1 & 0\\ 0 & 0 & 0 & 1\end{bmatrix}$$

$$P^{(15)}=\begin{bmatrix}0.9659 & 0.0156 & 0.0071 & 0.0114\\ 0 & 1 & 0 & 0\\ 0 & 0 & 1 & 0\\ 0 & 0 & 0 & 1\end{bmatrix}\quad P^{(16)}=\begin{bmatrix}1 & 0 & 0 & 0\\ 0.0084 & 0.9789 & 0.0126 & 0\\ 0 & 0 & 1 & 0\\ 0.0279 & 0 & 0.0419 & 0.9302\end{bmatrix}$$

$$P^{(17)}=\begin{bmatrix}0.9737 & 0.0029 & 0.0029 & 0.0205\\ 0 & 1 & 0 & 0\\ 0 & 0 & 1 & 0\\ 0 & 0 & 0 & 1\end{bmatrix}$$

从而可计算出平均转移概率矩阵为：

$$P=\begin{bmatrix}0.9901 & 0.0048 & 0.0011 & 0.0040\\ 0.0079 & 0.9848 & 0.0044 & 0.0029\\ 0.0000 & 0.0000 & 1.0000 & 0.0000\\ 0.0082 & 0.0068 & 0.0044 & 0.9806\end{bmatrix}\tag{6-10}$$

另外，由 1995 ~ 2012 年的一次能源消费结构数据，W 和 X 矩阵可写为：

$$W=\begin{bmatrix} 0.7350 & 0.1870 & 0.0180 & 0.0600 \\ 0.7140 & 0.2040 & 0.0180 & 0.0640 \\ 0.7090 & 0.2080 & 0.0180 & 0.0650 \\ 0.7060 & 0.2150 & 0.0200 & 0.0590 \\ 0.6920 & 0.2220 & 0.0220 & 0.0640 \\ 0.6830 & 0.2180 & 0.0240 & 0.0750 \\ 0.6800 & 0.2230 & 0.0240 & 0.0730 \\ 0.6980 & 0.2120 & 0.0250 & 0.0650 \\ 0.6950 & 0.2130 & 0.0250 & 0.0670 \\ 0.7080 & 0.1980 & 0.0260 & 0.0680 \\ 0.7110 & 0.1930 & 0.0290 & 0.0670 \\ 0.7110 & 0.1880 & 0.0330 & 0.0680 \\ 0.7030 & 0.1830 & 0.0370 & 0.0770 \\ 0.7040 & 0.1790 & 0.0390 & 0.0780 \\ 0.6800 & 0.1900 & 0.0440 & 0.0860 \\ 0.6840 & 0.1860 & 0.0500 & 0.0800 \\ 0.6660 & 0.1880 & 0.0520 & 0.0940 \end{bmatrix} \quad X=\begin{bmatrix} 0.7460 & 0.1750 & 0.0180 & 0.0610 \\ 0.7350 & 0.1870 & 0.0180 & 0.0600 \\ 0.7140 & 0.2040 & 0.0180 & 0.0640 \\ 0.7090 & 0.2080 & 0.0180 & 0.0650 \\ 0.7060 & 0.2150 & 0.0200 & 0.0590 \\ 0.6920 & 0.2220 & 0.0220 & 0.0640 \\ 0.6830 & 0.2180 & 0.0240 & 0.0750 \\ 0.6800 & 0.2230 & 0.0240 & 0.0730 \\ 0.6980 & 0.2120 & 0.0250 & 0.0650 \\ 0.6950 & 0.2130 & 0.0250 & 0.0670 \\ 0.7080 & 0.1980 & 0.0260 & 0.0680 \\ 0.7110 & 0.1930 & 0.0290 & 0.0670 \\ 0.7110 & 0.1880 & 0.0330 & 0.0680 \\ 0.7030 & 0.1830 & 0.0370 & 0.0770 \\ 0.7040 & 0.1790 & 0.0390 & 0.0780 \\ 0.6800 & 0.1900 & 0.0440 & 0.0860 \\ 0.6840 & 0.1860 & 0.0500 & 0.0800 \end{bmatrix}$$

进而根据式（6－9），计算得到一次能源消费结构转移概率矩阵为：

$$P=\begin{bmatrix} 0.8918 & 0.0730 & 0.0000 & 0.0352 \\ 0.2534 & 0.7459 & 0.0000 & 0.0008 \\ 0.0000 & 0.0000 & 0.5172 & 0.4828 \\ 0.2994 & 0.0000 & 0.2266 & 0.4739 \end{bmatrix} \tag{6-11}$$

2. 一次能源消费结构预测

在确定了状态转移概率矩阵 P 后，可根据矩阵 P 对 2020 年一次能源消费结构进行预测，设 A_{2020} 表示 2020 年一次能源消费结构状态向量，$A_0=(a_1(0), a_2(0), a_3(0), a_4(0))$ 表示基期煤炭、石油、天然气、非化石能源四类能源在一次能源消费总量中的比例，于是有 $A_{2020}=A_0\times P^8$，选择从 1995～2012 年四类一次能源消费结构数据的平均值作为初始一次能源消费结构向量［0.7014，0.1990，0.0290，0.0706］，因此可得到无能源规划约束情景下 2020 年一次能源消费结构（见表 6－1）。为了应对气候变化，2009 年中国政府提出“到 2020 年非化石能源占一次能源消费比重达 15%左右”的具体发展目标，无能源规划约束情景下非化石能源消费比重与此相比，还有一定差距。假设在 2013～2020 年，石油和天然气的消费比重变动依然保持无约束情景下的基本趋势，而非化石能源消费比重的增加将由煤炭消费比重的减少来补充。基于该假设，在有能源规划约束情景下，到2020年非化石能源消费量预计达到一次能源消费量的15%。

表6－1 2020年一次能源消费结构预测结果

单位:%

能源结构情景		能源种类			
		煤炭	石油	天然气	非化石能源
方法一	无约束情景	66.50	20.50	4.48	8.52
	有约束情景	60.02	20.50	4.48	15.00
方法二	无约束情景	68.60	19.79	3.68	7.93
	有约束情景	61.53	19.79	3.68	15.00

2020年中国二氧化碳减排目标中二氧化碳排放强度降低45%是上限，降低40%是下限。从表6－1中方法一的计算结果可以看出，无能源规划约束情景下2020年一次能源消费结构，即煤炭、石油、天然气和非化石能源的消费比重分别为66.50%、20.50%、4.48%和8.52%，由第四章计算得到的2020年能源消费总量可估测出两种不同经济发展情景下2020年二氧化碳排放量分别为122.32亿吨碳和112.58亿吨碳，与第四章预测得到的2020年二氧化碳排放量相比，2020年二氧化碳减排的下限目标基本可以实现，但其上限目标的实现则存在较大的难度。在能源规划约束情景下，由于煤炭占一次能源消费比重的显著下降和非化石能源消费比重的大幅提升，2020年一次能源消费结构，即煤炭、石油、天然气和非化石能源的消费比重分别为60.02%、20.50%、4.48%和15.00%，一次能源消费结构得到一定优化，两种不同经济发展情景下2020年二氧化碳排放量分别为113.01亿吨碳和104.01亿吨碳，可以实现单位GDP较2005年降低40%～45%的二氧化碳减排目标。

同理，从表6－1中方法二的计算结果，可以看出无能源规划约束情景下2020年一次能源消费结构，即煤炭、石油、天然气和非化石能源的消费比重分别为68.60%、19.79%、3.68%和7.93%，由第五章计算得到的2020年能源消费总量可估测出两种不同经济发展情景下2020年二氧化碳排放量分别为123.86亿吨碳和114.00亿吨碳，与第五章预测得到的2020年二氧化碳排放量相比，2020年二氧化碳减排的下限目标基本可以实现，但其上限目标的实现则存在较大的难度。在能源规划约束情景下，由于煤炭占一次能源消费比重的显著下降和非化石能源消费比重的大幅提升，2020年一次能源消费结构，即煤炭、石油、天然气和非化石能源的消费比重分别为61.53%、19.79%、3.68%和15.00%，一次能源消费结构得到一定优化，两种经济发展情景下2020

年二氧化碳排放量分别为113.70亿吨碳和104.65亿吨碳，可以实现单位GDP较2005年降低40%～45%的二氧化碳减排目标。

3. 一次能源消费结构转移概率分析

采用配对样本T检验和Spearman等级相关检验分别对两种方法计算得到的一次能源消费结构转移概率进行分析。其中配对样本T的检验结果显示：t统计量为-1.3693，自由度为15，95%的置信区间为［-2.5566，0.5566］，双侧检验概率$Pr(|T|>|t|)=0.1911$，表明这两组概率存在高度相关性，没有显著差异。*Spearman*等级相关的检验结果显示：等级相关系数为0.6892，相应的p为0.0031，也表明这两组概率存在很强的一致性。另外，方法二计算得到的无规划约束情景下的一次能源消费结构与初始一次能源消费结构相比，煤炭消费比重相比下降1.54个百分点，石油消费比重下降0.11个百分点，天然气消费比重上升0.78个百分点，非化石能源消费比重上升0.87个百分点，因此可以认为，中国一次能源消费结构内部变动过程中，其优化调整步伐变化不明显，而现阶段中国需要转变粗放的传统经济发展模式，努力实现低碳经济发展模式，进一步加快一次能源消费结构的优化调整过程非常有必要。

二、一次能源消费结构的影响因素及路径分析

能源消费结构系统本身在结构及功能上具有极强的复杂性，其变动规律同时受到内因与外因的影响，外因之间还可能相互作用，形成多种复杂的影响路径，只有厘清内、外因素之间的相互关系，才能深入挖掘能源、经济与环境三者之间的内部关系及变动规律。基于以上考虑，本书构建能源消费结构的路径分析模型，研究对节能和碳排放约束下一次能源消费结构的影响因素及其内在机理，分析各因素的影响结果，为中国政府在能源、经济与环境等方面的政策制定提供一定的理论依据。

（一）路径分析方法

路径分析（Path Analysis）由遗传学家Sewall Wright于1921年提出，是一种用以探讨多个变量之间因果结构模式的统计技术，它由一系列的回归分析所组成，借用回归方程式的原理，根据变量间的理论架构，将不同的方程式加以组合，形成结构化的模式。其主要目的是考察一个假设的因果模型的准确和可靠程度，揭示变量之间的因果结构关系，主要步骤如下：①验证模型中任意两变量a_i

与 a_j 间是否存在相关关系；②若存在相关关系，则研究两者之间是否还存在因果关系；③若 a_i 影响 a_j，则研究 a_i 是直接影响 a_j 还是间接影响 a_j 或者两种情况都有；④直接影响与间接影响系数的确定。

设有原因变量为 a_1，…，a_i，…，a_j，…，a_k（$i \leqslant j \leqslant k$），结果变量为 b，r_{ij} 定义为原因变量 a_i 和 a_j 之间的简单相关系数，r_{ib} 定义为原因变量 a_i 和结果变量 b 之间的简单相关系数，则 r_{ib} 对原因变量的简单相关系数的分解方程可表示为：

$$\begin{cases} r_{11}p_{1b} + r_{12}p_{2b} + \cdots + r_{1k}p_{kb} = r_{1b} \\ r_{21}p_{1b} + r_{22}p_{2b} + \cdots + r_{2k}p_{kb} = r_{2b} \\ \vdots \quad \vdots \quad \vdots \\ r_{k1}p_{1b} + r_{k2}p_{2b} + \cdots + r_{kk}p_{kb} = r_{kb} \end{cases} \tag{6-12}$$

令 $R = \begin{bmatrix} r_{11} & r_{12} & \cdots & r_{1k} \\ r_{21} & r_{22} & \cdots & r_{2k} \\ \vdots & \vdots & \vdots & \vdots \\ r_{k1} & r_{k2} & \cdots & r_{kk} \end{bmatrix}$，$p = \begin{bmatrix} p_{1b} \\ p_{2b} \\ \vdots \\ p_{kb} \end{bmatrix}$，$R_b = \begin{bmatrix} r_{1b} \\ r_{2b} \\ \vdots \\ r_{kb} \end{bmatrix}$

则式（6－12）可以表示为：

$$RP = R_b \tag{6-13}$$

求解式（6－13）可得到：

$$P = R^{-1}R_b \tag{6-14}$$

影响系数指原因变量对结果变量影响的作用方向和作用强度，用原因变量到结果变量的路径系数来衡量其大小，包括直接影响系数和间接影响系数。由式（6－13）可解得 P_{ib}，此为原因变量 a_i 对结果变量 b 的直接影响系数；由式（6－12）可计算得到 $r_{ij}P_{ib}$，$i \neq j$，此为 a_i 通过 a_j 对 b 的间接影响系数；进一步地，$\sum_{i \neq j} r_{ij}P_{ij}$ 则表示 a_i 通过其他变量对结果变量 b 的间接影响系数总和；从而，$r_{ib} = P_{ib} + \sum_{i \neq j} r_{ij}p_{jb}$ 可表示为原因变量 a_i 对结果变量 b 的直接影响系数和间接影响系数的总和。

（二）变量选择与数据说明

从文献综述中可以看出，能源消费结构的影响因素主要有经济发展水平、产业结构、能源禀赋、能源价格、科技发展水平等变量。为了应对全球气候变化，2009 年中国政府在哥本哈根会议上庄重承诺到 2020 年碳排放强度比 2005 年降低 40%～45%。从“十一五”时期的能源强度到当前碳排放强度的目标约束变化，体现了中国能源政策将以提高能源利用效率为主转变为将气候变化因素作为约束目标，引入能源结构战略规划。而节能减排的关键是在保障经济平稳增长的基础上，通过提高能源利用效率、减少能源使用总量及优化能源消费结构等促进经济结构的转型升级。因此，本章进一步考虑节能和碳排放约束的影响，针对7个因素对能源消费结构的作用机理展开研究。

本章以1978～2012年的时间序列数据为研究对象，所有数据源自历年《中国统计年鉴》和《新中国60年统计资料汇编》。经济发展水平（Gdp）以可比价格的人均GDP序列作为其衡量指标。产业结构（Cy2）将以样本期末第二产业比重进行刻画。能源禀赋（Ep）以样本期末人均能源生产量表征。能源价格（Price）是决定能源市场供求关系的基本变量，但我国尚无综合统计的能源价格指数，可以选择其他价格指数去替代。鉴于燃料、动力类购进价格指数能全面反映能源价格情况，其统计数据最早只发布到1989年，限制了样本容量。考虑到中国正处于工业化的中后期，高耗能和高排放的重化工业仍在经济发展中发挥着不可替代的作用。工业部门又是一个能源密集型部门，有统计数据表明中国工业部门的终端能源消费占全国终端能源消费的比例长期维持在70%以上。因此选择了在1979～1988年的工业品出厂价格指数（1978年=100）和1989～2012年的燃料、动力类购进价格指数价格指数去拟合能源价格指数。本书选择人均专利申请受理量来替代科技发展水平（Kj），由于专利申请受理数据只公布到1985年，考虑到数据的可得性，对于1978～1984年选择研究生毕业人数作为科技发展水平的替代变量。节能（Ec）和碳排放（Carbon）约束指标，分别选取人均能源消费量（能源消费量取负数）和人均碳排放量（碳排放量取负数）作为替代变量。能源消费结构（Exfjg）用一次能源消费中煤炭所占比重来表征。

（三）实证结果与分析

1. 实证分析

表6－2描述了各变量间的Pearson（双侧）相关性分析结果。由表可知，在1%显著性水平下，自变量Price与Ec、Gdp、Carbon、Ep、Kj、Cy2显著正相关，与Exfjg显著负相关；自变量Ec与Price、Gdp、Carbon、Ep、Kj显著正相关，与Exfjg显著负相关；自变量Gdp与Price、Ec、Carbon、Ep、Kj、Cy2显著正相关，与Exfjg显著负相关；自变量Carbon与Price、Ec、Gdp、Ep、Kj显著正相关，与Exfjg显著负相关；自变量Ep与Price、Ec、Gdp、Carbon、Kj显著正相关，与Exfjg显著负相关；自变量Kj与Price、Ec、Gdp、Carbon、Ep显著正相关，与Exfjg显著负相关；自变量Cy2与Price、Gdp显著正相关，与Exfjg显著负相关，而与Ec、Carbon、Ep在5%显著性水平下显著相关，与Kj相关关系不显著。

表 6-2　各变量间的 Pearson（双侧）相关性分析

	Price	Ec	Gdp	Carbon	Ep	Kj	Cy2	Exfjg
Price	1	0.921（**）	0.998（**）	0.921（**）	0.911（**）	0.824（**）	0.543（**）	-0.699（**）
Ec	0.921（**）	1	0.919（**）	1.000（**）	0.999（**）	0.963（**）	0.389（*）	-0.634（**）
Gdp	0.998（**）	0.919（**）	1	0.919（**）	0.911（**）	0.827（**）	0.514（**）	-0.699（**）
Carbon	0.921（**）	1.000（**）	0.919（**）	1	0.998（**）	0.959（**）	0.386（*）	-0.620（**）
Ep	0.911（**）	0.999（**）	0.911（**）	0.998（**）	1	0.967（**）	0.365（*）	-0.614（**）
Kj	0.824（**）	0.963（**）	0.827（**）	0.959（**）	0.967（**）	1	0.338	-0.616（**）
Cy2	0.543（**）	0.389（*）	0.514（**）	0.386（*）	0.365（*）	0.338	1	-0.580（**）
Exfjg	-0.699（**）	-0.634（**）	-0.699（**）	-0.620（**）	-0.614（**）	-0.616（**）	-0.580（**）	1

注：** Correlation is significant at the 0.01 level（2-tailed）；* Correlation is significant at the 0.05 level（2-tailed）.

根据上述各变量之间的相关性分析结果，删除产业结构（Cy2）自变量，在 Amos Graphics 中对其他 6 个自变量和能源消费结构（Exfjg）因变量建立路径图（见图 6-1）。其中碳排放约束（Carbon）为外生变量，不被其他变量决定，能源消费量约束（Ec）变量等为内生变量，被模型中的其他变量影响，“→”表示对具有因果关系的两个变量连接；e1～e6 为残差变量，表示模型之外的影响因素。

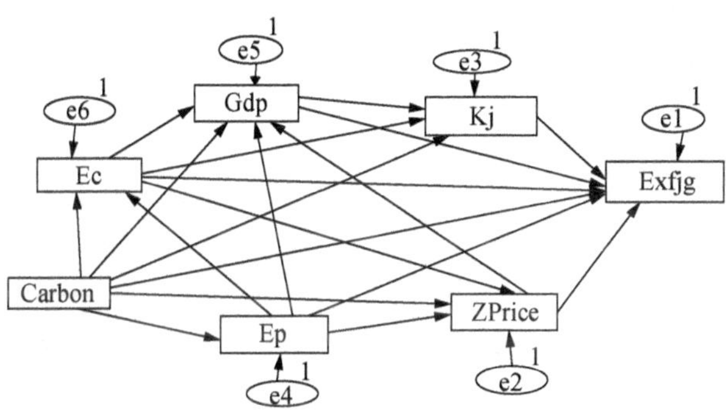

图 6-1　能源消费结构的影响路径模型

Amos 使用 C. R. 统计量和 C. R. 的统计检验相伴概率 P 对直接影响系数及间接影响系数进行统计显著性检验，该方法类似于回归分析中的参数显著性检验，原假设为系数等于 0。根据图 6-1 所设模型，利用极大似然法估计得到各路径系数值，如表 6-3 所示，当 $\alpha = 5\%$，$t_{0.025}$（26）$= 2.0555$，可以看到能源消费量约束对能源价格、碳排放约束对能源价格、碳排放约束对经济发展水平、能源消

表 6-3 回归加权表

	Estimate	S. E	C. R.	P	Label		Estimate	S. E.	C. R.	P	Label
Ep < - - - Carbon	-0. 356	0. 004	-96. 766	***	par_ 3	Gdp < - - - Carbon	0. 021	0. 012	1. 674	0. 094	par_ 2
Ep < - - - e4	0. 025	0. 003	8. 000	***	par_ 20	Gdp < - - - Price	0. 036	0. 001	33. 063	***	par_ 13
Ec < - - - Carbon	0. 365	0. 031	11. 920	***	par_ 1	Gdp < - - - Ec	-0. 013	0. 031	-0. 405	0. 685	par_ 15
Ec < - - - e6	0. 012	0. 002	8. 000	***	par_ 16	Gdp < - - - e5	0. 002	0. 000	8. 000	***	par_ 17
Ec < - - - Ep	-0. 194	0. 086	-2. 254	0. 024	par_ 23	Gdp < - - - Ep	0. 041	0. 018	2. 334	0. 020	par_ 25
Price < - - - Ec	-5. 257	4. 994	-1. 053	0. 292	par_ 8	Exfjg < - - - Price	-0. 024	0. 036	-0. 669	0. 503	par_ 4
Price < - - - Carbon	-0. 875	2. 017	-0. 434	0. 665	par_ 12	Exfjg < - - - Kj	0. 013	0. 006	2. 216	0. 027	par_ 5
Price < - - - e2	0. 349	0. 044	8. 000	***	par_ 21	Exfjg < - - - Ep	0. 234	0. 111	2. 116	0. 034	par_ 6
Price < - - - Ep	-6. 782	2. 612	-2. 597	0. 009	par_ 22	Exfjg < - - - Gdp	0. 427	0. 975	0. 437	0. 662	par_ 7
Kj < - - - Carbon	11. 504	2. 167	5. 309	***	par_ 11	Exfjg < - - - Ec	2. 009	0. 240	8. 376	***	par_ 9
Kj < - - - Ec	-32. 156	5. 002	-6. 429	***	par_ 14	Exfjg < - - - Carbon	-0. 754	0. 100	-7. 578	***	par_ 10
Kj < - - - e3	0. 376	0. 047	8. 000	***	par_ 18	Exfjg < - - - e1	0. 012	0. 001	8. 000	***	par_ 19
Kj < - - - Gdp	-24. 963	4. 867	5. 128	***	par_ 24						

表6-4 回归加权表

	Estimate	S. E.	C. R.	P	Label		Estimate	S. E.	C. R.	P	Label
Ep < - - - Carbon	-0.356	0.004	-96.766	***	par_ 2	Kj < - - - Carbon	11.504	2.167	5.309	***	par_ 7
Ep < - - - e4	0.025	0.003	8.000	***	par_ 14	Kj < - - - Ec	-32.156	5.002	-6.429	***	par_ 9
Price < - - - e2	0.407	0.051	8.000	***	par_ 15	Kj < - - - e3	0.376	0.047	8.000	***	par_ 12
Price < - - - Ep	2.058	0.165	12.459	***	par_ 16	Kj < - - - Gdp	-24.963	4.867	-5.128	***	par_ 18
Ec < - - - Carbon	0.365	0.031	11.920	***	par_ 1	Exfjg < - - - Kj	0.018	0.005	3.634	***	par_ 3
Gdp < - - - Price	0.035	0.000	81.680	***	par_ 8	Exfjg < - - - Ep	0.266	0.104	2.545	0.011	par_ 4
Ec < - - - e6	0.012	0.002	8.000	***	par_ 10	Exfjg < - - - Ec	2.148	0.207	10.360	***	par_ 5
Gdp < - - - e5	0.002	0.000	8.000	***	par_ 11	Exfjg < - - - Carbon	-0.789	0.091	-8.627	***	par_ 6
Ec < - - - Ep	-0.194	0.086	-2.254	0.024	par_ 17	Exfjg < - - - e1	0.012	0.002	8.000	***	par_ 13

费量约束对经济发展水平、能源价格对能源消费结构、经济发展水平对能源消费结构的 C. R. 值分别为 -1.053、-0.434、1.674、-0.405、-0.669、0.437，绝对值均小于 2.0555，表示以上估计值未达到 5% 显著水平，p 值较大。

考虑删除能源消费量约束对能源价格、碳排放约束对能源价格、碳排放约束对经济发展水平、能源消费量约束对经济发展水平、能源价格对能源消费结构、经济发展水平对能源消费结构 6 条路径，并重新对模型进行估计，即待检模型，结果如图 6-2 所示。

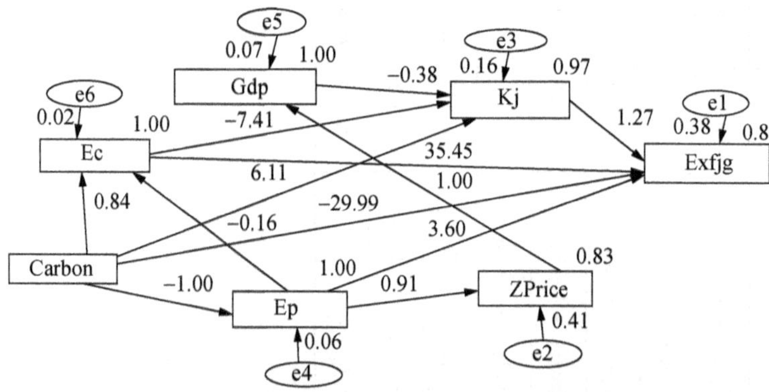

图 6-2 待检模型

如表 6-4 所示，该模型的各个路径系数在 0.05 的水平下都是显著的，并且从实际考虑，各变量之间的各个路径也是合理存在的。

Amos 常用拟合指数的计算结果如表 6-5，可以看到图 6-2 所示模型的拟合效果很好，表明模型的内在质量理想。

表 6-5 拟合指数计算结果

拟合指数	卡方值（自由度）	CFI	NFI	TLI	RMP	AIC	BCC	ECVI
结果	2.593（9）	0.983	0.973	0.960	0.014	61.338	74.004	1.917

表 6-6 描述了各自变量对因变量的直接影响、间接影响和总影响。

（1）自变量 Carbon 对因变量 Exfjg 的总影响系数为 0.634，其中直接影响系数为 -29.993，间接影响系数为 30.627。一方面，碳排放量约束将直接导致能源消费结构中煤炭比重下降；另一方面，碳排放量约束将间接导致能源消费结构中煤炭比重上升。就间接影响效应而言，碳排放量约束是通过降低其他能源生产量、降低煤炭资源价格及减少其他能源消费等来实现能源消费结构中煤炭比重的上升。从总影响效应来看，碳排放量约束的间接影响效应大于直接效应，因此，碳排放量约束将导致能源消费结构中煤炭比重上升。

(2) 自变量 Ec 对因变量 Exfjg 的总影响系数为 26.067，其中，直接影响系数为 35.445，间接影响系数为 -9.378。一方面，能源消费量约束将直接导致能源消费结构中煤炭比重上升；另一方面，能源消费量约束将间接导致能源消费结构中煤炭比重下降。就间接影响效应而言，能源消费量约束是通过促进科技发展水平来实现能源消费结构的优化。从总影响效应来看，能源消费量约束的直接影响效应大于间接效应。因此，能源消费量约束最终导致能源消费结构中煤炭比重上升。

(3) 自变量 Ep 对因变量 Exfjg 的总影响系数为 -0.976，其中，直接影响系数为 3.601，间接影响系数为 -4.577。一方面，能源生产量提高将直接导致能源消费结构中煤炭比重上升；另一方面，能源生产量提高将间接导致能源消费结构中煤炭比重下降。就间接影响效应而言，能源生产量提高是通过促进科技发展水平、提高能源价格、经济增长及增加其他能源消费来实现能源消费结构的优化。从总影响效应来看，能源生产量的间接影响效应大于直接效应。因此，能源生产量提高最终导致能源消费结构中煤炭比重下降，从而有利于优化能源消费结构。

(4) 自变量 Price 对因变量 Exfjg 的总影响系数为 -0.475，其中，直接影响系数为 0，间接影响系数为 -0.475。能源价格提高是通过促进人均 GDP 增长和科技发展水平中煤炭资源利用效率低下等因素来实现能源消费结构的优化。

(5) 自变量 Kj 对因变量 Exfjg 的总影响系数为 1.266，其中，直接影响系数为 1.266，间接影响系数为 0。科技发展水平中煤炭资源利用效率的提高将直接导致能源消费结构中煤炭比重上升。

(6) 自变量 Gdp 对因变量 Exfjg 的总影响系数为 -0.476，其中，直接影响系数为 0，间接影响系数为 -0.476。GDP 是通过促进科技发展水平来实现能源消费结构的优化。

表 6-6 各自变量对因变量的影响系数

自变量	因变量	总影响	直接影响	间接影响
Carbon	Ep	-0.998	-0.998	0
	Price	-0.909	0	-0.909
	Gdp	-0.907	0	-0.907
	Ec	1.000	0.841	0.159
	Kj	-0.957	6.108	-7.065
	Exfjg	0.634	-29.993	30.627

续表

自变量	因变量	总影响	直接影响	间接影响
Ec	Kj	-7.409	-7.409	0
	Exfjg	26.067	35.445	-9.378
Ep	Price	0.911	0.911	0
	Gdp	0.908	0	0.908
	Ec	-0.159	-0.159	0
	Kj	0.836	0	0.836
	Exfjg	-0.976	3.601	-4.577
Price	Gdp	0.998	0.998	0
	Kj	-0.375	0	-0.375
	Exfjg	-0.475	0	-0.475
Kj	Exfjg	1.266	1.266	0
Gdp	Kj	-0.376	-0.376	0
	Exfjg	-0.476	0	-0.476

2. 研究结论

优化能源消费结构是节能减排目标实现的有效措施。本章对 1995～2012 年能源消费结构的 Markov 链分析及对 2020 年的能源消费结构预测，发现在无能源规划约束情景下，能源消费结构受到自身内在的驱动因素影响，其能源消费结构的变动表现为以煤炭为主的高碳能源消费比重不断下降，而高效清洁能源所占比重不断上升。在有能源规划约束情景下，能源消费结构开始由以煤炭为主向多样化、低碳化过渡。

在节能减排目标下，能源消费结构的优化调整还受到经济发展水平、能源价格、能源禀赋和科技发展水平等外部因素的影响，在 Amos 中分析各影响因素对能源消费结构变动的作用机理，结果表明碳排放约束对能源消费结构的优化调整形成了较大的直接影响，而能源禀赋、经济发展水平、能源价格和能源消费量约束则间接推动了能源消费结构的优化调整。总的来说，一方面，节能减排对能源消费结构的优化调整起着促进作用；另一方面，节能减排会对能源供给能力和高碳能源利用效率造成一定程度的负面影响，从而使碳排放约束和能源消费量约束对科技发展水平的抑制作用较大。另外，中国“富煤、少油、贫气”的能源禀赋使得煤炭消费比重居高不下，严重阻碍了能源消费结构的优化。

中国应基于能源禀赋及其消费结构的现状，运用制度创新和技术进步等手段提高能源利用效率，推动能源使用方式变革，积极扶持清洁能源产业，实现能源产业的多元化、低碳化和市场化，从而促进能源消费结构的优化调整和节能减排目标的实现。

虽然本章在分析能源消费结构优化调整时，分别从内在驱动因素和外部影响因素两个角度综合考虑了多种因素的影响，但这并不能完全刻画能源消费结构影响因素的真实情况，目前还缺乏政策等因素的分析，今后的工作将围绕这方面展开。

三、低碳情景下一次能源消费结构优化模型构建

根据王迪等（2011）的分析，其优化模型忽略产业结构因素，以一次能源分品种的消费量作为决策变量：煤炭（x_1）、石油（x_2）、天然气（x_3）和非化石能源（x_4）。

（一）低碳情景下一次能源消费结构优化模型设定原则

1. 经济效益最大化原则

一次能源消费结构优化的目的是保证经济平稳发展，带来尽可能多的经济效益。

2. 减少二氧化碳排放原则

二氧化碳是温室气体排放的最主要来源，优化后的能源消费结构使得二氧化碳排放总量控制在目标范围内。

3. 节约能源消费原则

在面临能源安全形势岌岌可危的压力下，如何在保障经济平稳增长的前提下大幅度减少能源消费成为重中之重，即优化后的一次能源消费结构使得能源消费总量越少越好。

4. 能源清洁原则

使用水电、核电、风电等非化石能源作燃料既能有效减少二氧化碳排放，又可降低对煤炭、石油及天然气这些化石能源的依赖。

5. 技术变化限定

假定技术差距在各产业之间不存在，能源效率的变化在能源消费结构的调整中体现，并忽略技术、管理等因素对能源效率变化的影响。

（二）低碳情景下一次能源消费结构优化模型构建

1. 经济效益发展目标

本模型选取 GDP 作为衡量经济效益的目标，以 2020 年为目标期，考虑低碳

情景下的最优经济增长。如低碳经济发展情景下，2011～2020 年年均 GDP 最优增长率为 8%，则 2020 年 GDP 目标是 $GDP_{2011} \times (1+8\%)^9$，其中 GDP_{2011} 表示 2011 年中国 GDP 总量（按 2005 年不变价格计算）。

2. 二氧化碳排放目标

根据低碳经济发展情景假设和 2020 年二氧化碳减排目标，可以得到低碳经济发展情景下 2020 年二氧化碳排放总量的上下限，其上限和下限分别表示为 OBJ1、OBJ2。令煤炭、石油和天然气的二氧化碳排放系数为 EC_i（参考前面的运算结果），根据减少二氧化碳排放原则，有：

$$OBJ2 \leqslant f(x_i) = \min \sum_{i=1}^{3} EC_i x_i \leqslant OBJ1 \tag{6-15}$$

3. 能源消费总量目标

中国科学院院士陈俊武提出，2020 年二氧化碳排放强度降低 40%～45% 相当于能源强度降低 30%～35%。借鉴该结论，并根据 GDP 的低碳经济发展情景假设，可以得到低碳经济发展情景下 2020 年能源消费总量的上下限，其上限和下限分别表示为 OBJ3、OBJ4。由节约能源消费原则，有如下公式：

$$OBJ4 \leqslant h(x_i) = \min \sum_{i=1}^{4} x_i \leqslant OBJ3 \tag{6-16}$$

4. 煤炭消费目标

2010 年 7 月，在全国煤炭工业节能减排暨循环经济会上，中国煤炭工业协会会长王显政指出，据有关机构预测，到 2020 年，煤炭在全国一次能源消费结构中的比重占 55% 左右，到 2050 年，煤炭消费比重仍将占到 50% 左右。另外，在中央十八大报告中明确了严格控制能源消费总量的战略任务。2014 年 2 月 12 日，国务院总理李克强在国务院常务会议上提出应对气候变化的首要措施就是合理控制煤炭消费总量，并且国家能源局也正积极实施启动控制 2020 年煤炭消费比重在 60% 以下的可行性研究。因此考虑到以煤为主的能源消费结构短期内难以改变这一现实情况，笔者将 55% 和 60% 作为 2020 年煤炭消费比重变动的下限和上限，有：

$$0.55 \leqslant \frac{x_1}{\sum_{i=1}^{4} x_i} \leqslant 0.60 \tag{6-17}$$

5. 石油消费目标

国际能源署 IEA 预测在 2020 年中国石油消费比重将达到 17.9%。1978～2011 年，石油在一次能源消费结构中所占比重的变动范围为 16.6%～22.7%，而 2020 年前中国仍处于工业化进程的基本趋势不会发生改变，石油需求尚未达到顶峰。因此，笔者将 16.6% 作为 2020 年石油消费比重变动的下限，有：

$$\frac{x_2}{\sum_{i=1}^{4} x_i} \geqslant 0.166 \tag{6-18}$$

6. 天然气消费目标

2010年6月，中国石油天然气股份有限公司总裁周吉平在一次能源会议上称，提高天然气在中国能源构成中的比重是帮助中国实现减少二氧化碳排放目标的切实可行的途径。并预计，到2020年中国的天然气占一次能源消费比例将提升到8%以上。因此，有：

$$\frac{x_3}{\sum_{i=1}^{4} x_i} \geqslant 0.08 \tag{6-19}$$

7. 非化石能源消费目标

如前所述，中国政府提出“到2020年非化石能源占一次能源消费比重达15%左右”的具体发展目标，笔者将15%作为2020年非化石能源消费比重变动的下限，有：

$$\frac{x_4}{\sum_{i=1}^{4} x_i} \geqslant 0.15 \tag{6-20}$$

8. 非负性约束

由于模型中的决策变量为各种能源消费量，决定了该决策变量的非负性，即$x_i \geqslant 0$。

四、低碳情景下一次能源消费结构优化模型求解

本章中的一次能源消费结构优化模型是一个多目标决策问题。多目标决策方法（Multi - objective Decision - making Method）是20世纪70年代后迅速发展起来的一种决策分析方法。多目标决策问题和单目标决策问题都属于运筹学中的范畴。单目标决策中要解决的问题需要达到一个目的，也就是数学模型中目标函数只有一个。其中线性规划要求目标函数和约束条件均为线性表达式；反之，如果两者中有一个为非线性表达式时，则该问题属于非线性规划。在社会经济系统的研究控制过程中，人们所面临的系统决策问题常常是多目标的，而且这些目标之间相互作用和矛盾，使决策过程变得尤为复杂。多目标决策问题求解方法主要有线性加权和法、分层序列法、直接求非劣解法、多目标规划法、多属性效用法、

层次分析法、重排序法、多目标群决策和多目标模糊决策等。本书的研究目的是在低碳经济约束条件下，首先保障经济平稳增长，然后通过一次能源消费结构的优化，使得节能和减排的目标都能实现。因此，可以将这一问题简化为运用多目标决策方法，对与社会经济、环境协调发展的一次能源消费结构优化模型进行研究，本章选择运用线性加权法来构造一次能源消费结构优化模型，模型可以表示为：

$$
\begin{aligned}
&\min F(x_i) = w_1 f(x_i) + w_2 h(x_i) \\
&\text{s.t.}\quad OBJ2 \leqslant \sum_{i=1}^{3} EC_i x_i \leqslant OBJ1 \\
&OBJ4 \leqslant \sum_{i=1}^{4} x_i \leqslant OBJ3 \\
&0.55 \leqslant \frac{x_1}{\sum_{i=1}^{4} x_i} \leqslant 0.60 \\
&0.166 \leqslant \frac{x_2}{\sum_{i=1}^{4} x_i} \leqslant 0.227 \\
&\frac{x_3}{\sum_{i=1}^{4} x_i} \geqslant 0.08 \\
&\frac{x_4}{\sum_{i=1}^{4} x_i} \geqslant 0.15 \\
&x_i \geqslant 0
\end{aligned}
\tag{6-21}
$$

五、低碳情景下一次能源消费结构优化实证结果与分析

根据式（6－21），可以对中国一次能源消费结构优化问题进行求解，调用 MATLAB 优化工具箱中的 linprog 函数求解建立的多目标优化模型。模型运算中设计了三种不同的优化方案，具体为节约能源消费总量优先、降低二氧化碳排放总量优先和节能减排多目标优化，其权重设定和优化结果如表 6－7 所示。

表 6-7 低碳经济发展情景下 2020 年一次能源消费结构优化结果

方案设计	权重设定（w_1，w_2）	能源消费量（亿吨标准煤）	二氧化碳排放量（亿吨碳）	能源种类（%）			
				煤炭	石油	天然气	非化石能源
节能优先	（0，1）	55.09	114.76	55.76	17.98	10.37	15.89
减排优先	（1，0）	55.41	112.26	55.46	16.68	9.07	18.79
节能减排多目标优化	（0.5，0.5）	55.09	112.26	55.47	17.04	9.30	18.19

从表中可以看出，低碳经济发展情景中，在满足节能减排多目标优化的前提下，煤炭、石油、天然气和非化石能源在一次能源消费结构中所占比重为 55.47%、17.04%、9.30%和 18.19%。相对于节约能源消费总量优先情景，其能源消费总量得以保持不变，二氧化碳排放量减少了 2.50 亿吨碳，同时非化石能源消费比重提高了 2.3%，而煤炭、石油和天然气消费比重都有所下降，分别为 0.29%、0.94%和 1.07%；与降低二氧化碳排放量优先情景相比，节约的能源消费总量共计达到 0.3183 亿吨标准煤，二氧化碳排放量仍然保持不变，非化石能源消费比重下降了 0.6%，煤炭、石油和天然气消费比重都有所提升，分别为 0.01%、0.36%和 0.23%。该节能减排多目标优化方案是在确保经济平稳增长的前提下，兼顾了节约能源与二氧化碳减排的目标，促进了经济、能源与环境的协调可持续发展。

与前面利用 Markov 链模型计算得到的一次能源消费结构相比，在这三种优化方案下，一次能源消费结构均得到优化调整，煤炭消费比重锐减，作为替代能源的水电、核电等非化石能源在一次能源消费结构中所占比重大幅提升，能源消费结构将从“以煤为主”的高碳时代过渡到多元化时代。

六、本章小结

本章采用 Markov 链模型研究一次能源消费结构的变动规律和预测 2020 年中国的一次能源消费结构，模型预测结果表明：在无能源规划约束情景下 2020 年二氧化碳减排的下限目标基本可以实现，但其减排上限目标的实现则存在较大的难度；在有能源规划约束情景下，由于煤炭占一次能源消费比重的显著下降和非化石能源消费比重的大幅提升，一次能源消费结构得到一定优化，可以实现 2020 年单位 GDP 较 2005 年降低 40% ~45% 的二氧化碳减排目标。

根据第四章计算得到的低碳经济发展情景下 2020 年最优经济增长率、经济产出、能源消费量和二氧化碳排放量预测值，运用多目标决策方法，综合考虑社会经济、能源、环境系统的协调发展，对一次能源消费结构多目标优化模型进行研究，得到基于低碳情景的最优经济增长下 2020 年中国一次能源消费结构。研究结论表明：Markov 链模型计算得到的一次能源消费结构和低碳情景下的一次能源消费结构相比，一次能源消费结构在低碳情景中三种不同优化方案下均得到优化调整，煤炭消费比重大幅降低，水电、核电等非化石能源作为重要替代能源在一次能源消费结构中所占比重有很大增幅，能源消费种类将逐渐多元化。

第七章 低碳经济约束下区域一次能源消费结构优化分析

在全球应对气候变化的行动进行得如火如荼之际，低碳经济作为一种低能耗、低污染、低排放、高效益“三低一高”的经济发展方式已成为世界各国所共同关注的焦点。中国作为世界上最大的发展中国家，2009 年在哥本哈根会议上公布了 2020 年二氧化碳排放降低的具体实现目标。

提高二氧化碳排放效率对实现中国政府的 2020 年二氧化碳减排目标至关重要。同时，中国地域辽阔，资源禀赋各异，各地区的经济发展很不平衡，导致了各地区的能源消费结构和二氧化碳排放水平存在着较大的差异，而且随着社会经济的发展，减排难度会越来越大，成本也会越来越高。在明确了中国的二氧化碳减排目标后，在各省、市、自治区之间合理分配二氧化碳减排目标是逐步消除区域经济发展差异、实现经济健康发展的重要途径，也是保证二氧化碳减排任务顺利完成的重要保障。因此，认识和把握中国各地区二氧化碳排放效率和能源消费结构的差异，在兼顾二氧化碳减排与经济社会平稳发展的前提下，有目的、有针对性地对二氧化碳减排任务进行合理分配，根据各地区的不同特点量体裁衣，制订不同的二氧化碳减排目标和策略，使各地区走上因地制宜的低碳经济社会发展之路。

本章首先选取 2000 ~ 2011 年作为样本区间，运用考虑投入产出松弛的 SBM 模型对中国 30 个省、市、自治区的二氧化碳排放效率值进行了测算，并将其与传统 CCR 模型得到的不含非期望产出（二氧化碳排放量）情况下的效率情况加以对比，分析了中国省际二氧化碳排放效率状况、差异以及演进规律。其次结合中国不同省、市、自治区的特点，以二氧化碳排放效率和能源消费结构 2 个变量作为聚类依据，利用 K－Means 聚类分析方法对中国 30 个省、市、自治区的二氧化碳排放效率和能源消费结构特征进行聚类分析和空间区划。最后依照分配公平原则，以人均累计二氧化碳排放量指标为基础，从考虑历史责任和依据未来需求对经济平稳增长条件下 2012 ~ 2020 年中国 30 个省、市、自治区二氧化碳排放权配额进行分配，得到未来两种经济发展情景下各地区相应的二氧化碳排放总配额和年均二氧化碳排放配额，在此基础上选择具有代表性的省份或城市，利用多目标决策方法测算并对比分析它们在未来两种经济发展情景中2020年不同二氧化碳排放权配额下的一次能源消费结构情况，以求识别出这些地区的低碳发展模式。

一、二氧化碳排放约束下的省际效率分析

（一）数据包络分析 CCR 模型

数据包络分析（Data Envelopment Analysis，DEA）于1978年由美国著名运筹学家 Charnes 和 Cooper 提出，是以相对效率概念为基础，以凸分析和线形规划为工具的一种评价方法，通过应用数学规划模型计算具有多输入多输出的决策单元（DMU）之间的相对效率，对评价对象做出评价。DEA 方法在处理多输出多输入的有效性评价方面已经被证明具有绝对优势。CCR 模型是最早的 DEA 模型，其基本原理和建模思想如下：

假定生产系统有 n 个决策单元 DMU，每个决策单元 DMU 均有 m 种投入和 S 种产出，即：

x_{ij}表示第 j 个 DMU 的第 i 项投入，$x_{ij}>0$，$i=1, 2, \cdots, m$；$j=1, 2, \cdots, n$；

v_i 表示第 i 项投入的权重系数，$i=1, 2, \cdots, m$；

y_{rj}表示第 j 个 DMU 的第 r 项产出，$y_{rj}>0$，$r=1, 2, \cdots, S$；$j=1, 2, \cdots, n$；

u_r 表示第 r 项产出的权重系数，$r=1, 2, \cdots, S$。

CCR 模型利用效率评价指数来对决策单元 DMU 进行评价，确定每个决策单元 DMU 是否比 DEA 有效，设其效率评价指数为 Z_j，则有：

$$Z_j = \frac{\sum_{r=1}^{s} u_r y_{rj}}{\sum_{i=1}^{m} v_i x_{ij}} \qquad j = 1, 2, \cdots, n$$

其评价模型为：在每个决策单元 DMU 的 Z_j 均不超过1的前提下，对第 j_0 个决策单元 DMU（其中，$1 \leqslant j_0 \leqslant n$）进行评价，将效率评价指数 Z_{j_0}作为目标函数，求其最大值。于是有：

$$\max Z_{j_0} = \frac{\sum_{r=1}^{s} u_r y_{rj_0}}{\sum_{i=1}^{m} v_i x_{ij_0}}$$

$$\text{s. t.} \quad \frac{\sum_{r=1}^{s} u_r y_{rj}}{\sum_{i=1}^{m} v_i x_{ij}} \leqslant 1, \quad j = 1, 2, \cdots, n$$

$$v_i, u_r \geqslant 0, \quad i = 1,2,\cdots,m; \quad r = 1,2,\cdots,S$$

若令：

$X_j = (x_{1j}, x_{2j}, \cdots, x_{mj})^T$, $j=1, 2, \cdots, n$

$Y_j = (y_{1j}, y_{2j}, \cdots, y_{Sj})^T$, $j=1, 2, \cdots, n$

$V = (v_1, v_2, \cdots, v_m)^T$

$U = (u_1, u_2, \cdots, u_S)^T$

则有：

$$\max_{u,v}\left(\frac{U^T Y_j}{V^T X_j}\right)$$

$$\text{s. t.} \quad \frac{U^T Y_j}{V^T X_j} \leqslant 1, \ j=1, 2, \cdots, n$$

$$U, V \geqslant 0$$

上述均是CCR模型分式规划的基本形式，通过等价变换可以转换成线性规划的CCR模型，并将阿基米德无穷小量引入转换后的CCR模型，其相应的对偶规划形式为：

$$\min[\theta - \varepsilon(e^- S^- + e^+ S^+)] = D(\varepsilon)$$

$$\text{s. t.} \begin{cases} \sum_{j=1}^{n} X_j \lambda_j + S^- = \theta X_0 \\ \sum_{j=1}^{n} Y_j \lambda_j - S^+ = Y_0 \\ \lambda_j \geqslant 0, \ j=1, 2, \cdots, n \\ S^+ = (s_1^{\ +}, s_2^{\ +}, \cdots, s_S^{\ +})^T \geqslant 0 \\ S^- = (s_1^{\ -}, s_2^{\ -}, \cdots, s_m^{\ -})^T \geqslant 0 \end{cases}$$

其中，$X_j = (x_{1j}, x_{2j}, \cdots, x_{mj})^T$，

$Y_j = (y_{1j}, y_{2j}, \cdots, y_{Sj})^T$

$X_0 = (x_{1j_0}, x_{2j_0}, \cdots, x_{mj_0})^T$，$Y_0 = (y_{1j_0}, y_{2j_0}, \cdots, y_{Sj_0})^T$

θ 和 λ_j（$j=1, 2, \cdots, n$）表示对偶变量，$e^- = (1, 1, \cdots, 1) \in E^m$ 表示 m

维单位向量，$e^+=(1, 1, \cdots, 1)\in E^S$ 表示 S 维单位向量，S^+ 和 S^- 表示松弛变量。

（二）非期望产出 SBM 模型及数据来源

传统的效率评价并不考虑非期望产出（Undesirable Output）问题，DEA 相对效率评价思想要求投入尽可能地缩减，产出尽可能地扩大。为了使在 DEA 效率评价模型中包括非期望产出的效率，学者们对此做了大量有益的尝试。Hailu 和 Veeman（2001）将非期望产出变量作为投入要素进行处理，这种处理方法明显地不符合现实生产过程。Scheel（2001）和 Zhu（2003）首先将非期望产出的值转换成倒数形式，其次将其作为期望产出变量处理，这种方法一样违背了现实生产过程，其效率评价仍有偏。Seiford 和 Zhu（2002）利用逆产出模型将非期望产出作为期望产出处理，但是该方法只能在规模报酬可变（VRS）情况下求解效率，否则就有可能无解。Chung 等（1997）同时考虑非期望产出的缩减和期望产出的扩大，提出了基于方向性距离函数的 DEA 模型，能够较好地解决了非期望产出效率评价问题，因此得到了广泛应用，如胡鞍钢等（2008），涂正革（2008），陈诗一（2009）等。这些文献都运用了径向的（Radial）、角度的（Oriented）DEA 模型。Tone（2001）构造的基于松弛变量测度的 SBM（Slacks - Based Measure）模型是一种把投入松弛和产出松弛均考虑在内的效率评价方法，不仅解决了投入松弛性问题，也解决了非期望产出存在下的效率评价问题。SBM 模型属于 DEA 模型中的非径向和非角度的度量方法，它能够有效避免径向和角度选择差异带来的偏差和影响，比起其他模型更能体现效率评价的本质。李静（2009）和王兵等（2010）利用 SBM 模型对中国不同地区的环境效率进行了测算，另外，赵国浩等（2012）采用随机前沿模型对山西省碳排放效率进行了评价。可见，目前利用 SBM 模型评价中国省际二氧化碳排放效率的实证研究较少。

1. 非期望产出 SBM 模型

传统 SBM 模型分式规划的基本形式为：

$$\min\rho=\frac{1-(1/m)\sum_{i=1}^{m}S_i^-/x_{i0}}{1-(1/S)\sum_{r=1}^{S}S_r^+/y_{r0}}$$

$$\text{s.t.}\quad x_0=X\lambda+S^-;y_0=Y\lambda-S^+;\lambda,S^-,S^+\geqslant 0 \tag{7-1}$$

式中，S 表示投入、产出的松弛量；λ 是权重向量。矩阵 X、Y 定义如下：

$X=[x_1, x_2, \cdots, x_n]\in R^{m\times n}$，$Y=[y_1, y_2, \cdots, y_n]\in R^{s\times n}$ 其中 $X, Y>0$

对传统 SBM 模型进行扩展，考虑非期望产出时，假定在 t 期生产系统有 n 个决策单元，每个决策单元均有 m 种投入、$S1$ 种期望产出和 $S2$ 种非期望产出，三个元素可以表示成 $X_t\in R^m$，$Y_t^g\in R^{s1}$，$Y_t^b\in R^{s2}$，定义矩阵 X_t、Y_t^g、Y_t^b 如下：

$X_t = [x_{1t}, x_{2t}, \cdots, x_{nt}] \in R^{m \times n}$, $X_t > 0$

$Y_t^g = [y_{1t}^g, y_{2t}^g, \cdots, y_{nt}^g] \in R^{s1 \times n}$, $Y_t^g > 0$

$Y_t^b = [y_{1t}^b, y_{2t}^b, \cdots, y_{nt}^b] \in R^{s2 \times n}$, $Y_t^b > 0$

于是，SBM 模型可写成：

$$\rho_t^* = \min \frac{1 - (1/m)\sum_{i=1}^{m} s_{it}^- / x_{i0t}}{1 - (1/(s_1 + s_2))\left(\sum_{r=1}^{s_1} s_{rt}^g / y_{r0t}^g + \sum_{r=1}^{s_2} s_{rt}^b / y_{r0t}^b\right)}$$

$$\text{s.t. } x_{0t} = X_t\lambda_t + S_t^-;\ y_{0t}^g = Y_t^g\lambda_t - S_t^g;\ y_{0t}^b = Y_t^b\lambda_t + S_t^b;\ \lambda_t,\ S_t^-,\ S_t^g,\ S_t^b \geqslant 0 \quad (7-2)$$

式中，λ_t 为权重向量；S_t^-、S_t^g 和 S_t^b 分别表示投入、期望产出和非期望产出的松弛变量。目标函数满足对 S_t^-、S_t^g 和 S_t^b 的严格单调递减，并且 $0 \leqslant \rho_t^* \leqslant 1$。当 $\rho_t^* = 1$ 时，即 $S_t^- = 0$、$S_t^g = 0$、$S_t^b = 0$，该决策单元是有效的；当 $\rho_t^* < 1$ 时，即 S_t^-、S_t^g 和 S_t^b 不全为 0，该决策单元是无效的，投入产出方面存在改进的必要性。

2. 指标选取及数据描述

本章的研究对象是全国 30 个省、市、自治区，不包括西藏、台湾、香港、澳门，选取 2000～2011 年的面板数据来测算二氧化碳排放效率，所有数据源自历年《中国统计年鉴》、《中国能源统计年鉴》、《新中国 60 年统计资料汇编》以及部分省份的统计年鉴。本章假定生产过程中的投入要素包括资本投入、能源投入和劳动力投入。

（1）资本投入：选取固定资本存量作为资本投入量的衡量指标，采用 Goldsmith（1951）开创的目前广泛应用的永续盘存法（Perpetual Inventory Method）测算固定资本存量，公式为：

$$K_{it} = K_{it-1}(1-\delta) + \frac{I_{it}}{P_{it}} \quad (7-3)$$

式（7－3）中，K_{it}表示 i 地区第 t 年的固定资本存量；K_{it-1}表示 i 地区第 $t-1$年的固定资本存量；I_{it}表示 i 地区第 t 年的新增资本存量；采取以当年的全社会固定资产投资总额替代当年新增资本存量，P_{it}表示 i 地区第 t 年的固定资本平减指数；δ 表示折旧率，同第五章中 δ 的设定一样，取 $\delta = 5\%$。本章采用 1978 年的固定资本存量作为基年固定资本存量，并以固定资产投资价格指数作为固定资本平减指数，依据式（7－3）逐年推算出各地区的资本存量，单位为亿元。

（2）能源投入：以样本期末各地区能源消费总量表示，单位为万吨标准煤。

（3）劳动投入：以样本期末各地区就业人数表示，单位为万人。

（4）期望产出：以各地区的 GDP 序列表示，均以 1978 年不变价格折算，单位为亿元。

（5）非期望产出：以各地区的二氧化碳排放量表示，关于各地区的二氧化碳排放数据，目前没有直接的统计监测数据。

本章利用各地区煤炭、石油和天然气三种一次化石能源消费量以及相应的能源碳排放系数来测算，用公式表示如下：

$$C_{it} = \sum_{i=1}^{3} E_{itj} \times \delta_j \times \frac{44}{12} \times O_j \tag{7-4}$$

式中，C_{it}为 i 地区第 t 年的能源二氧化碳排放总量；E_{itj}为 i 地区第 t 年第 j 种能源消费总量；δ_j 为第 j 种能源的碳排放系数，O_j 为第 j 种能源的碳氧化率。

另外，投入产出数据的数据特征如表 7－1 所示。

表 7－1　中国 30 个省、市、自治区投入产出变量统计性描述（2000～2011 年）

指标	资本（亿元）	能源（万吨标准煤）	劳动力（万人）	GDP（亿元）	二氧化碳排放量（亿吨碳）
最大值	98477.41	37132.00	6485.60	14420.71	9.28
最小值	638.61	479.95	275.50	263.68	0.09
均值	16507.87	9151.86	2401.03	3865.61	2.15
偏差	16818.04	6660.62	1627.02	2970.58	1.67

（三）省际排放效率实证结果与分析

1. 省际排放效率测算结果

以低能耗、低污染、低排放、高效率“三低一高”为基础的低碳经济发展模式的实质是以较低的高碳能源消耗和环境污染，尤其是减少温室气体——二氧化碳排放来实现最大经济产出，建立合理的能源消费结构，从而达到生态环境保护与社会经济发展的双赢。下面选取 SBM 模型，以地区 GDP 为期望产出变量，二氧化碳排放量为非期望产出变量，资本存量、能源消费和劳动力作为投入变量，对 2000～2011 年中国 30 个省、市、自治区的二氧化碳排放效率进行了测算，为了与不考虑二氧化碳排放约束状态下的效率作对比分析，我们同样也运用 CCR 模型对不含二氧化碳排放变量（非期望产出）下的效率进行了测算。本章研究所使用的软件为 MAXDEA6.0，计算结果如表 7－2 和表 7－3 所示。

表 7－2　基于 SBM 模型的中国省际效率值（2000～2011 年）

地区	2000 年	2001 年	2002 年	2003 年	2004 年	2005 年	2006 年	2007 年	2008 年	2009 年	2010 年	2011 年	年平均值
北京	1.00	0.99	0.85	0.81	0.63	0.58	0.54	0.53	0.53	0.50	0.50	0.50	0.67
天津	1.00	0.92	1.00	0.81	0.81	1.00	0.90	0.81	0.61	0.54	0.51	0.35	0.77
河北	0.42	0.38	0.34	0.32	0.31	0.30	0.27	0.26	0.26	0.23	0.22	0.21	0.29
山西	0.52	0.43	0.35	0.32	0.30	0.27	0.24	0.23	0.23	0.21	0.20	0.19	0.29
内蒙古	1.00	0.67	0.48	0.40	0.33	0.29	0.26	0.25	0.24	0.22	0.21	0.20	0.38
辽宁	1.00	0.53	0.47	0.42	0.36	0.35	0.32	0.29	0.29	0.25	0.24	0.24	0.40
吉林	0.66	0.52	0.45	0.41	0.38	0.37	0.34	0.32	0.30	0.28	0.27	0.26	0.38
黑龙江	0.61	0.51	0.46	0.42	0.39	0.37	0.34	0.31	0.31	0.26	0.26	0.26	0.37
上海	1.00	0.92	0.79	0.77	0.76	0.72	0.67	0.63	0.49	0.47	0.46	0.46	0.68
江苏	0.56	0.53	0.49	0.45	0.42	0.40	0.38	0.36	0.36	0.33	0.32	0.32	0.41
浙江	0.55	0.51	0.48	0.46	0.43	0.40	0.38	0.36	0.35	0.32	0.32	0.32	0.41
安徽	0.53	0.44	0.38	0.35	0.33	0.30	0.27	0.25	0.24	0.22	0.22	0.22	0.31
福建	1.00	1.00	0.57	0.52	0.49	0.45	0.40	0.38	0.36	0.33	0.32	0.30	0.51
江西	1.00	0.62	0.46	0.39	0.36	0.33	0.31	0.30	0.29	0.26	0.25	0.26	0.40
山东	0.52	0.45	0.41	0.37	0.35	0.32	0.30	0.28	0.28	0.26	0.24	0.23	0.33
河南	0.48	0.41	0.36	0.33	0.31	0.29	0.26	0.25	0.25	0.22	0.22	0.21	0.30
湖北	0.38	0.36	0.33	0.31	0.29	0.28	0.26	0.26	0.26	0.24	0.24	0.23	0.29
湖南	0.57	0.46	0.40	0.36	0.33	0.30	0.28	0.27	0.27	0.25	0.24	0.24	0.33
广东	1.00	0.65	0.57	0.52	0.48	0.45	0.42	0.40	0.40	0.37	0.35	0.35	0.50
广西	0.73	0.53	0.44	0.39	0.36	0.32	0.29	0.27	0.27	0.24	0.23	0.23	0.36
海南	1.00	0.91	0.82	0.75	0.71	0.66	0.62	0.58	0.57	0.52	0.50	0.47	0.67
重庆	0.52	0.46	0.43	0.39	0.33	0.33	0.30	0.28	0.28	0.25	0.24	0.23	0.34
四川	0.40	0.36	0.32	0.28	0.27	0.25	0.24	0.23	0.23	0.21	0.20	0.20	0.26
贵州	0.40	0.31	0.27	0.24	0.22	0.22	0.21	0.20	0.21	0.19	0.18	0.18	0.24
云南	0.43	0.38	0.34	0.32	0.30	0.27	0.26	0.25	0.25	0.22	0.21	0.21	0.29
陕西	0.46	0.41	0.36	0.32	0.31	0.30	0.29	0.27	0.26	0.24	0.23	0.23	0.31
甘肃	0.45	0.36	0.33	0.30	0.28	0.27	0.26	0.25	0.24	0.22	0.22	0.21	0.28
青海	1.00	0.90	0.80	0.73	0.67	0.61	0.57	0.55	0.55	0.51	0.49	0.47	0.65
宁夏	1.00	0.91	0.81	0.64	0.59	0.55	0.50	0.50	0.54	0.46	0.46	0.43	0.62
新疆	0.50	0.46	0.43	0.41	0.38	0.36	0.35	0.33	0.33	0.30	0.30	0.29	0.37
全国平均	0.69	0.58	0.50	0.45	0.42	0.40	0.37	0.35	0.33	0.30	0.29	0.28	0.41

表 7-3 基于 CCR 模型的中国省际效率值（2000~2011 年）

地区	2000 年	2001 年	2002 年	2003 年	2004 年	2005 年	2006 年	2007 年	2008 年	2009 年	2010 年	2011 年	年平均值
北京	1.00	1.00	0.96	0.93	0.85	0.81	0.78	0.78	0.79	0.76	0.76	0.80	0.85
天津	1.00	0.95	0.92	0.87	0.85	0.87	0.80	0.74	0.70	0.67	0.68	0.49	0.80
河北	0.70	0.62	0.56	0.53	0.54	0.52	0.49	0.47	0.46	0.41	0.38	0.38	0.51
山西	0.78	0.65	0.57	0.52	0.48	0.43	0.37	0.36	0.38	0.34	0.35	0.34	0.46
内蒙古	1.00	0.82	0.68	0.56	0.46	0.39	0.39	0.38	0.39	0.33	0.31	0.32	0.50
辽宁	1.00	0.87	0.77	0.70	0.61	0.60	0.54	0.49	0.48	0.41	0.39	0.40	0.60
吉林	0.88	0.75	0.65	0.58	0.53	0.52	0.48	0.46	0.42	0.38	0.35	0.35	0.53
黑龙江	0.90	0.80	0.70	0.63	0.59	0.56	0.52	0.49	0.48	0.41	0.40	0.39	0.57
上海	1.00	0.98	0.92	0.93	0.96	0.95	0.94	0.94	0.83	0.82	0.82	0.84	0.91
江苏	0.88	0.83	0.78	0.72	0.66	0.65	0.61	0.60	0.63	0.62	0.66	0.72	0.70
浙江	0.83	0.78	0.73	0.70	0.67	0.62	0.59	0.56	0.56	0.53	0.54	0.56	0.64
安徽	0.81	0.73	0.63	0.56	0.51	0.45	0.40	0.39	0.39	0.37	0.37	0.37	0.50
福建	1.00	1.00	0.84	0.77	0.72	0.67	0.61	0.58	0.55	0.51	0.49	0.48	0.68
江西	1.00	0.86	0.71	0.57	0.52	0.46	0.45	0.45	0.45	0.41	0.42	0.43	0.56
山东	0.93	0.77	0.68	0.61	0.58	0.55	0.53	0.50	0.53	0.50	0.50	0.52	0.60
河南	0.87	0.75	0.64	0.55	0.51	0.47	0.43	0.40	0.39	0.35	0.34	0.33	0.50
湖北	0.62	0.54	0.48	0.45	0.43	0.42	0.40	0.39	0.40	0.37	0.36	0.36	0.43
湖南	0.92	0.77	0.64	0.55	0.50	0.45	0.42	0.41	0.41	0.37	0.36	0.37	0.52
广东	1.00	0.99	0.89	0.82	0.76	0.72	0.69	0.70	0.73	0.68	0.69	0.73	0.78
广西	0.93	0.81	0.70	0.60	0.54	0.46	0.41	0.39	0.39	0.35	0.35	0.36	0.52
海南	0.96	0.86	0.75	0.69	0.67	0.63	0.59	0.55	0.56	0.52	0.51	0.48	0.65
重庆	0.76	0.67	0.60	0.54	0.45	0.45	0.42	0.39	0.39	0.35	0.32	0.32	0.47
四川	0.67	0.59	0.51	0.44	0.40	0.37	0.36	0.35	0.35	0.32	0.31	0.30	0.42
贵州	0.53	0.42	0.37	0.33	0.30	0.29	0.27	0.26	0.27	0.25	0.24	0.24	0.31
云南	0.66	0.58	0.51	0.45	0.42	0.38	0.36	0.35	0.35	0.31	0.30	0.30	0.42
陕西	0.69	0.59	0.49	0.43	0.42	0.42	0.40	0.38	0.38	0.34	0.34	0.34	0.44
甘肃	0.57	0.49	0.43	0.38	0.36	0.34	0.32	0.31	0.31	0.28	0.28	0.27	0.36
青海	0.56	0.48	0.42	0.41	0.41	0.40	0.39	0.40	0.41	0.40	0.40	0.41	0.42
宁夏	0.63	0.55	0.47	0.40	0.40	0.40	0.39	0.41	0.44	0.40	0.42	0.42	0.44
新疆	0.60	0.56	0.52	0.50	0.47	0.45	0.45	0.44	0.44	0.39	0.42	0.41	0.47
全国平均	0.82	0.74	0.65	0.59	0.55	0.52	0.49	0.48	0.48	0.44	0.44	0.43	0.55

有很多因素可能会影响 DEA 模型评价效率取值的稳定性，如变量的改变就可能会影响各地区效率的排序。为了检验各地区效率取值的稳健性，分别采用配对样本 T 检验和 Spearman 等级相关检验对两个模型计算得到的效率值进行分析。配对样本 T 检验结果显示：t 统计量为 0.5129，自由度为 29，95% 的置信区间为 [-1.1951，1.9951]，双侧检验概率 Pr（|T| > |t|） =0.6119，表明这两组概率存在高度相关性，没有显著差异。另外，Spearman 等级相关检验结果显示：等级相关系数为 0.3815，相应的 p 为 0.0375，表明在置信度为 99% 的水平下这两组效率值之间的排序存在有差异，且考虑非期望产出（二氧化碳排放）会对效率的得分排序有一定的影响。

2. 全国整体平均效率分析

根据表 7 -2 和表 7 -3，从全国整体来看，2000 ~2011 年的 12 年间不包含二氧化碳排放的效率均值为 0.55，而包含二氧化碳排放的效率均值为 0.41，研究结果说明，当考虑非期望产出的影响，整体效率有了明显的下降，环境污染给效率造成了较大程度的损失，这表明在效率评价中不考虑二氧化碳排放因素的方法是失真和不合实际的，也进一步证明了选取基于非径向和非角度的 SBM 模型对考虑非期望产出存在情况下的效率进行评价，能够避免传统 DEA 模型角度选择和径向选择的缺陷，从而提高效率评价的准确性和可信度。

图 7 -1 是根据表 7 -2 和表 7 -3 所作的 2000 ~2011 年全国效率平均值变动趋势图。该图能直观地显示 2000 ~2011 年两种情况下全国整体效率的变化趋势。从中可以看出，两种情况下全国整体效率均表现出不断下降的变动趋势，不考虑二氧化碳排放情况下，12 年间平均效率的变化范围在 0.82 ~0.43；考虑二氧化碳排放情况下，其平均效率在 0.69 ~0.28 间变动。同时，2000 ~2011 年考虑二氧化碳排放的整体效率值始终低于不考虑该非期望产出下的整体效率值，这也表明环境污染在一定程度上造成了比较大的效率损失。

3. 中国省际平均效率差异分析

从表 7 -2 和表 7 -3 可以看出，中国绝大多数省份的效率在样本期间均呈不断下降的趋势，这说明中国二氧化碳排放效率有着较大的改进空间。根据表 7 -2，2000 ~2011 年在考虑二氧化碳排放情况下，北京、天津、上海、海南、青海和宁夏维持在 0.6 以上的较高效率水平，河北、山西、河南、湖北、四川、贵州、云南和甘肃的效率水平只有 0.3 以下，其余省、市、自治区的效率水平位于 0.3 ~0.6。根据表 7 -3，2000 ~2011 年不考虑二氧化碳排放情况下，北京、上海、天津和广东保持在 0.8 左右的高效率水平，江苏、福建、海南和浙江的效率水平位于 0.6 ~0.8，甘肃和贵州的效率水平只有 0.4 以下，其余省、市、自治区的效率水平位于 0.4 ~0.6。从全国各省、市、自治区的平均效率值来看，北京、天津和上海一直排在前 4 位，云南、四川、甘肃和贵州一直排在倒数后 5 位。

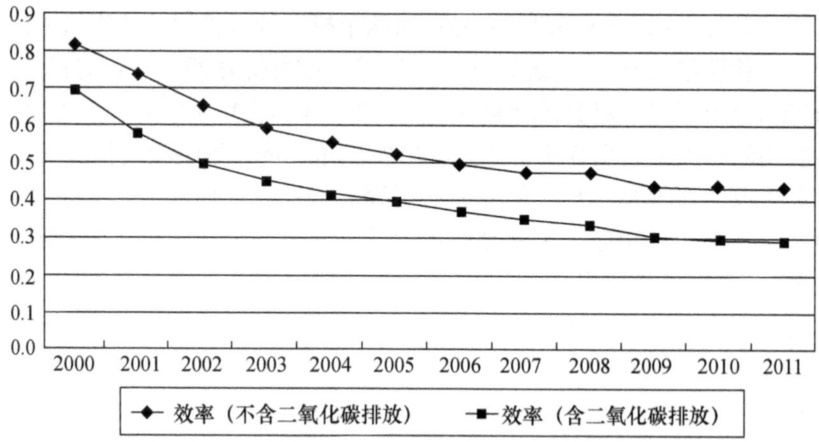

图 7－1　2000～2011 年全国效率平均值变动趋势

图 7－2 直观地显示了 2000～2011 年全国各省、市、自治区平均效率的变化趋势。中国绝大多数省、市、自治区的二氧化碳排放效率值在样本期间均低于不考虑二氧化碳排放的效率值，但也有少数省、市、自治区出现了高于不考虑二氧化碳排放下效率值的特征，如海南、青海和宁夏。天津二氧化碳排放效率与不考虑二氧化碳排放的效率差距不大，仅下降了 0.03。

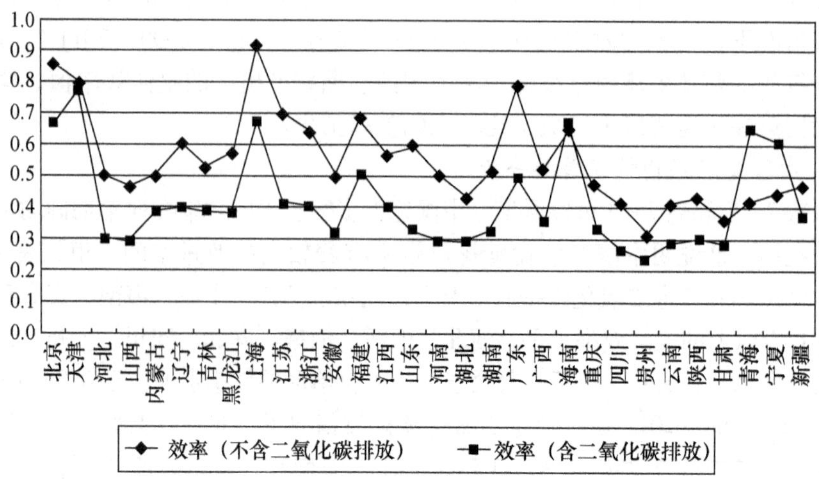

图 7－2　全国 2000～2011 年的平均效率值

4. 气候变化约束下省际排放效率时空差异性分析

本章以各省、市、自治区 2000 ~ 2004 年的平均效率值以及 2005 ~ 2011 年的平均效率值作为样本（平均值主要是为了平滑特殊年份的影响，区间的划分主要依据是应对气候变化的 2020 年二氧化碳排放强度目标），比较各省、市、自治区二氧化碳排放效率值的差异，以及二氧化碳排放效率值随年份的变化情况。

比较图 7 - 3 和图 7 - 4 可以发现，平均二氧化碳排放效率值历年都最高的分别为天津、上海、北京、海南和青海。对于天津、上海和北京这三个地区来说，平均二氧化碳排放效率值高（处于有效生产的前沿）的主要原因是三个地区的期望产出 GDP 更有效，如这些地区 2011 年人均 GDP 产出就远高于其他地区。海南和青海的平均二氧化碳排放效率值高（处于有效生产的前沿）的主要原因是其非期望产出二氧化碳排放较其他地区要少。但这并不是保证该省、市、自治区二氧化碳排放效率值高（处于有效生产的前沿）的充分条件，如 2011 年甘肃的非期望产出仅次于北京，而浙江的人均 GDP 也是处于全国领先位置，但是这些地区并不是有效生产，有效生产的省、市、自治区的原因基本是期望产出较大同时非期望产出较小，无效生产的省、市、自治区要么期望产出过少要么非期望产出过高，如甘肃和贵州的期望支出比重过低，浙江的非期望产出比重过高。

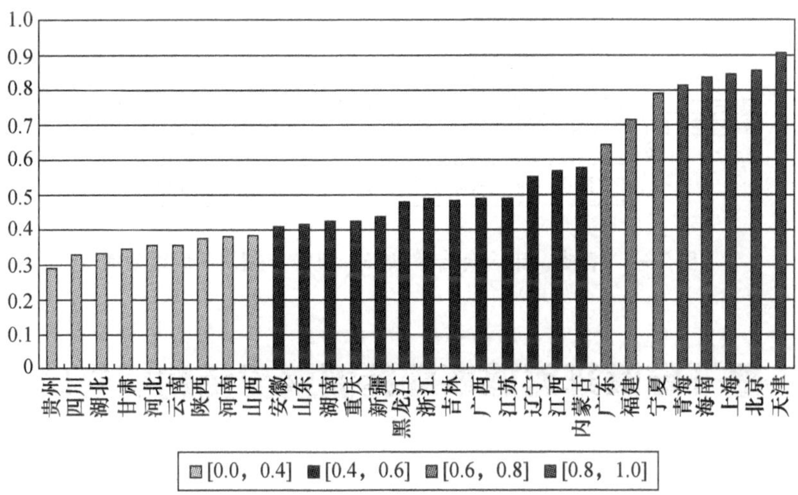

图 7 - 3　各省、市、自治区 2000 ~ 2004 年平均效率值

从图 7 - 3 和图 7 - 4 还可以看出，从二氧化碳排放效率的变化趋势来看，研究期间里，绝大部分省、市、自治区二氧化碳排放效率整体都呈不断下降的趋势。北京、天津、上海、海南和青海在 2000 ~ 2004 年二氧化碳排放平均效率在 0.8 以上，在 2005 ~ 2011 年这些省、市、自治区二氧化碳排放平均效率虽仍保持全国最高，但均有不同程度的下降，只有天津的二氧化碳排放效率平均值位于0.6以上，北京、上海、海南、青海和宁夏5个省、市、自治区平均值位于0.5~0.6范围内，其余24个省、市、自治区的二氧化碳排放效率平均效率平均值均在0.4以下。究其原因，主要在于2000年以来中国各地区经济保持了持续的高速增长，但经济增长是一把“双刃剑”，在人民生活水平得到极大提高的同时，也加大了高碳能源消耗，从而产生了大量的二氧化碳气体排放，给生态环境带来极大的破坏。二氧化碳排放效率总体低下说明中国绝大部分地区在生产过程中能源、资本和劳动还存在着很大的无效损耗，其节能减排潜力与改进空间极大，从而有利于绿色低碳经济发展方式的实现。

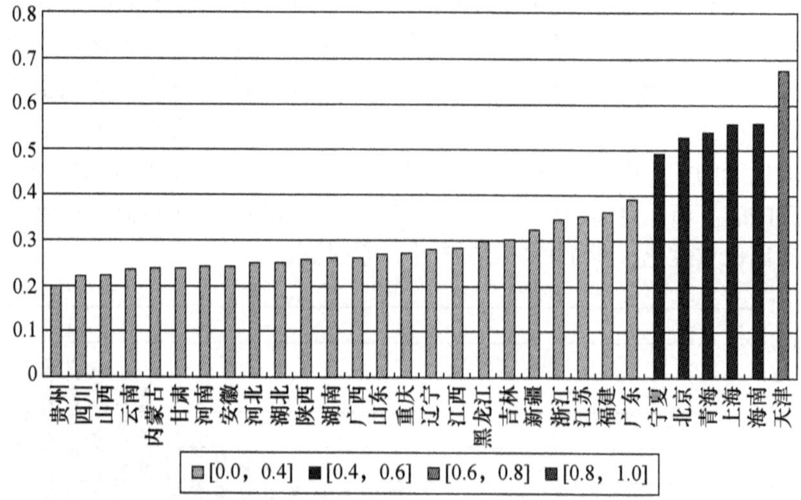

图7-4　各省、市、自治区2005~2011年期间平均效率值

二、基于省际排放效率和能源消费结构的类群划分

（一）省际能源消费结构的整体描述

中国区域划分方式一般常采用基于地理区位的角度进行分组，由于中国地区二氧化碳排放效率和能源消费结构有着较大的差异，该传统分组方式有可能导致相关政策的制定缺乏对拟解决问题的针对性。2020年二氧化碳排放强度目标的实现需要科学分析中国各省、市、自治区的二氧化碳排放水平和能源消费结构特征，在此基础上采用更为合理有效的聚类分组，量体裁衣，制定合适的省际二氧

化碳减排目标和二氧化碳排放权配额。这样在不影响全国经济发展的前提下，既可以实现各省、市、自治区经济发展的相对公平性，也可以为二氧化碳减排政策的制定提供决策依据。

目前由能源消耗所产生的二氧化碳排放量中大部分来源于煤炭消费，因此本书中的能源消费结构以折合为标准煤以后的煤炭消费量占能源消费总量的比重表示。2000 ~2011 年各省、市、自治区的能源消费结构平均如图 7 –5，数据来源于各省份的统计年鉴。

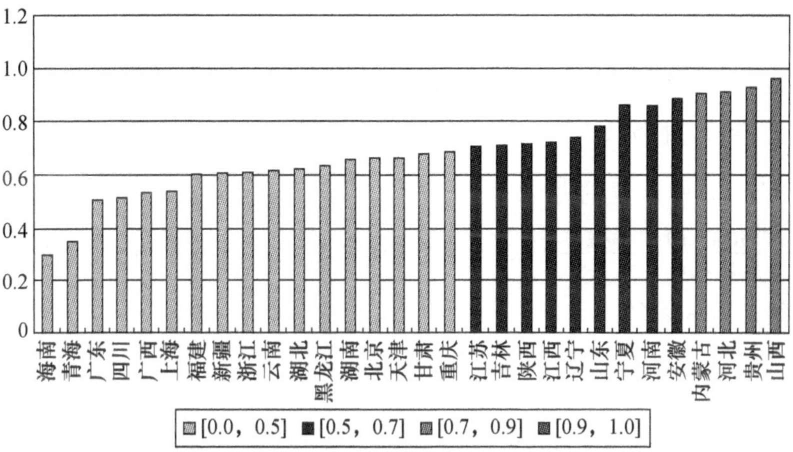

图 7 –5 各省、市、自治区 2000 ~2011 年能源消费结构平均值

（二）基于 K – means 的类群划分

聚类分析（Cluster Analysis）属于一种多元统计分析方法，与分类学习不同，是无监督学习模式识别的重要分支，基本思想是使相似程度不大的样本尽量划分到不同的类中。

K – means 聚类方法是最著名的聚类分析方法，由于其简洁和效率使得它成为一种最广泛应用的聚类分析方法。K – means 聚类方法采用欧式距离作为相似程度的评价指标，即两个样本之间的距离越近，其相似程度就越大。基本思想是：首先从所研究的样本集中随机地选取 K 个样本作为初始的聚类中心，然后迭代计算剩余每个样本与这些聚类中心之间的距离，根据计算出的距离值将它们重新分配给最近的聚类中心。一旦考察完全部样本，一次迭代运算就完成，新的聚类中心被重新计算出来。不断地重复这一计算过程直到聚类准则函数值不发生变化，开始收敛为止。

为消除量纲不同对其聚类结果的影响，在聚类分析过程中，首先应对原始样本数据进行标准化处理，过程如下：

假设有 n 个样本，m 个变量（聚类指标），设 x_{ij} 为原始数据中第 i 个样本的第 j 个聚类指标（$i=1, 2, \cdots, n$; $j=1, 2, \cdots, m$），$\bar{x}_j = \frac{\sum_{i=1}^{n} x_{ij}}{n}$ 为每个聚类指标的均值（$i=1, 2, \cdots, n$; $j=1, 2, \cdots, m$），$S_j = \frac{1}{n}\sqrt{\sum_{i=1}^{n}(x_{ij} - \bar{x}_j)}$ 为每个聚类指标的标准差（$i=1, 2, \cdots, n$; $j=1, 2, \cdots, m$），$x'_{ij} = \frac{(x_{ij} - \bar{x}_j)}{S_j}$ 为标准化后的第 i 个样本的第 j 个聚类指标（$i=1, 2, \cdots, n$; $j=1, 2, \cdots, m$）。

初始分类过程如下：设 $SUM(i) = \sum_{j=1}^{m} x'_{ij}, MI = \min_{1\leqslant i\leqslant n} SUM(i), MA = \max_{1\leqslant i\leqslant n} SUM(i)$，如果要将所有样本划分成 K 类，需要对每个样本 x_i 计算 $\frac{(K-1)(SUM(i) - MI)}{MA - MI} + 1$，与该数接近的整数如果是 k，那么样本 x_i 被归入到第 k 类（$1\leqslant k\leqslant K$）。

本章 K－means 聚类分析中采用的分类函数为按批修改法，假设有 n 个样本，表示为 x_1，x_2，…，x_n，初始被分成 K 类，记为 G_1，G_2，…，G_K，重心记为 $\bar{x}_1$，$\bar{x}_2$，…，$\bar{x}_K$，n_1，n_2，…，n_K 表示每类的样本个数，样本 x_i 的类标号记作 $l(i)$，则 x_i 与类 G_j 的距离定义为 D_{ij}，记为 $D_{ij}^2 = (\bar{x}_i - \bar{x}_j)'(\bar{x}_i - \bar{x}_j)$，于是分类函数可表示为：

$$e(G_1, G_2, \cdots, G_k) = \sum_{i=1}^{n} D_{il(i)}^2$$

该分类函数为离差平方和，其计算过程收敛，最终会趋于一个稳定值，核心思想是每一步计算修改都应该使对应分类函数缩小并趋于合理。

根据上述算法原理，运行 DPS 软件先对 2000～2011 年全国 30 个省、市、自治区二氧化碳排放效率和能源消费结构的平均值数据进行标准化处理，并利用 K－means 方法进行聚类分析（见表 7－4）。

从表 7－4 中可以看出，最小组内平方和 SSW 为 0.533634，R 方统计量 RSQ 为 0.867109，伪 F 值 P_{SF} 为 40.780972，动态聚类效果较好，将中国分为五大类群。

（1）低效率能源消费结构欠合理类群。包括河北、山西、内蒙古、安徽、河南、贵州 6 个省、自治区，其中山西、内蒙古、安徽和贵州属于能源资源大省、自治区，能源密集型产业在产业结构中所占比重较大，产业结构严重失衡。这些省、自治区能源消耗多并且高度依赖煤炭资源，结构极不合理，煤炭资源消费在能源消费结构的比重超过了 78%，由于这些省、自治区二氧化碳排放效率不高，其节能减排潜力非常大。

表 7-4 动态聚类结果

组别	地区	x_1（排放效率）	x_2（能源消费结构）	到中心距离	距离平方
第一组	河北	0.0943	0.9394	0.0242	0.0006
	山西	0.0943	1.0000	0.0741	0.0055
	内蒙古	0.2642	0.9242	0.1479	0.0219
	河南	0.1132	0.8636	0.0657	0.0043
	安徽	0.1321	0.8939	0.0387	0.0015
	贵州	0.0000	0.9545	0.1191	0.0142
	平均值	0.1164	0.9293	RMSTD = 0.043788	
第二组	福建	0.5094	0.4697	0.1403	0.0197
	广东	0.4906	0.3182	0.1331	0.0177
	浙江	0.3208	0.4697	0.0949	0.0090
	广西	0.2264	0.3485	0.1689	0.0285
	平均值	0.3868	0.4015	RMSTD = 0.070685	
第三组	北京	0.8113	0.5455	0.0443	0.0020
	上海	0.8302	0.3636	0.2161	0.0467
	天津	1.0000	0.5606	0.1615	0.0261
	宁夏	0.7170	0.8485	0.2956	0.0874
	平均值	0.8396	0.5795	RMSTD = 0.103961	
第四组	辽宁	0.3019	0.6667	0.1508	0.0227
	吉林	0.2642	0.6212	0.0929	0.0086
	黑龙江	0.2453	0.5152	0.0768	0.0059
	江苏	0.3208	0.6212	0.1427	0.0204
	江西	0.3019	0.6515	0.1412	0.0199
	湖北	0.0943	0.5000	0.1158	0.0134
	山东	0.1698	0.7273	0.1613	0.0260
	湖南	0.1698	0.5455	0.0287	0.0008
	重庆	0.1887	0.5909	0.0238	0.0006
	四川	0.0377	0.3333	0.2783	0.0774
	云南	0.0943	0.4848	0.1252	0.0157
	陕西	0.1321	0.6364	0.0895	0.0080
	甘肃	0.0755	0.5758	0.1135	0.0129
	新疆	0.2453	0.4697	0.1127	0.0127
	平均值	0.1887	0.5671	RMSTD = 0.061401	

续表

组别	地区	x_1（排放效率）	x_2（能源消费结构）	到中心距离	距离平方
第五组	海南	0.8113	0.0000	0.0423	0.0018
	青海	0.7736	0.0758	0.0423	0.0018
	平均值	0.7925	0.0379	RMSTD = 0.026764	
最小组内平方和		SSW = 0.533634			
R 方统计量		RSQ = 0.867109			
伪 F 值（PSEUDOF）		PSF = 40.780972			

（2）低效率能源消费结构较合理类群。包括辽宁、吉林、黑龙江、江苏、江西、湖北、山东、湖南、重庆、四川、云南、陕西、甘肃和新疆 14 个省、市、自治区，这些省份的二氧化碳排放效率处于全国平均水平上下，具有二氧化碳排放总量高、减排潜力较大的特点，而且不属于能源资源大省，能源消费中对煤炭的依赖相对较低。为了提升二氧化碳排放效率，对这些省份应加大经济、环境与资源之间的优化配置力度，对传统工业加强其技术改造。

（3）高效率能源消费结构欠合理类群。包括北京、上海、天津和宁夏 4 个市、自治区，其中北京、天津和上海在中国经济发展中处于领先地位，人均 GDP 较高，主要发展具有高附加值的第三产业，二氧化碳排放效率较高，排在全国前 5 位；宁夏属于西部地区，经济发展水平相对滞后，但其能源消耗较低，二氧化碳排放效率较高，排在第六位，仅次于北京。

（4）高效率能源消费结构较合理类群。包括福建、广东、浙江和广西 4 个省、自治区，福建、广东和浙江都属于沿海地区，因其优越的地理位置、适宜的气候条件和开放的政策实施，经济比较发达，二氧化碳排放效率较高，仅次于宁夏，能耗较低且对煤炭的依赖程度相对不高；广西属于大西南综合经济区，地理位置偏远，旅游业较发达，能源消耗较少，二氧化碳排放效率改善的空间和潜力很大。

（5）高效率能源消费结构合理类群。包括海南和青海两个省，这两个省的能源消费中对煤炭的依赖最低，二氧化碳排放效率较高，仅次于天津和上海，其中海南以第三产业为主，主要发展以旅游产业为龙头的现代服务业；青海从地理位置上看属于西部地区，经济技术水平落后，二氧化碳排放效率均有待进一步改善，仍有一定的减排空间和潜力。

三、省际二氧化碳排放权配额分配

（一）省际二氧化碳排放权配额分配原则

对于二氧化碳排放权配额分配的研究，多数集中在国家间的区域分配方面上，关于国家内部二氧化碳排放分配的研究相对较少。国家间二氧化碳排放权分配方案概括起来主要可从以下三个角度进行区分。

1. 分配方式

从当前全球范围来看，二氧化碳排放权配额的分配方式有免费分配、拍卖以及两者混合模式，由于免费分配和拍卖有较为丰富的碳交易市场实践经验，一般常采用这两种分配方式。

（1）免费分配。即政府按照一定的规则将二氧化碳排放权配额免费分配给企业。欧盟温室气体排放交易市场（European Union Emissions Trading Scheme，EU-ETS）从2005年开始启动，用的是基于排放实体历史平均排放水平为基准进行免费发放配额的祖父法（何梦舒，2011），有着长达9年的实践过程。

（2）拍卖。有偿分配方式，即企业通过拍卖的方式从政府手中有偿获得二氧化碳排放权配额（齐绍洲、王班班，2013）。运用拍卖方式在一定程度上弥补了免费分配的“祖父法”所造成的效益和公平缺失，可以更好地实现社会福利整体优化与资源有效配置（魏莹，2013），但其经验相对较少，主要有来自于美国区域温室气体减排行动（Regional Greenhouse Gas Initiative，RGGI）从2009年开始启动，用的是基于排放实体竞拍单位配额的方法。

（3）混合模式。从国际经验来看，每一种分配方式都有着各自的优缺点，多数碳交易体系也都没有采取纯粹的免费分配或纯粹的拍卖，而是采取二氧化碳排放权配额分配的第三种模式即混合模式（齐绍洲、王班班，2013）。新西兰的温室气体排放市场采用了混合分配模式，考虑不同行业的差异，引导各类资源流向二氧化碳减排贡献高的行业。澳大利亚采用从2012年7月启动的碳定价计划，采用的是基于排放实体通过固定价格向政府购买配额的方式。

2. 分配原则

目前，国际上比较常见的二氧化碳排放权配额分配原则有公平原则和效益原则。

（1）公平原则。二氧化碳排放中的公平问题是一个复杂的问题，Rose和Steven（1998）总结出了三种不同公平原则下的二氧化碳排放权配额分配，如表7－5所示。Steenberghe（2004）的研究发现，所谓基于公平的二氧化碳排放权配额分配并不对所有国家都有益，一些国家在合作型的二氧化碳排放权配额原则下，可能比在非合作型的二氧化碳排放权配额原则下要支付更多的二氧化碳减排成本。中国社会科学院可持续发展研究中心学者陈迎和潘家华在其工作论文《温室气体排放中的公平问题》中指出公平的真实含义应该是人际公平而不是国际公平，也就是保障所有人特别是处于社会不利地位的弱势群体该拥有的基本权利。丁仲礼等（2009）提出的以“人均累计二氧化碳排放指标”进行分配的原则体现了公平性，认为同发达国家一样，发展中国家的人民对全球公共的资源享有同样的权利，是最能体现公平正义和“共同但有区别的责任”的原则。

表7－5　基于不同公平原则的二氧化碳权配额分配

分类	公平原则	基本定义或规则	优点	缺点
分配公平	主权原则	所有国家具有平等的污染权和免受污染的权利，主要是按各国 CO_2 排放量比例来分配	每个国家保持了经济的稳定性，避免了 CO_2 减排导致的经济危机	每个国家的减排义务相同，对 CO_2 排放量少的国家不公平
	平等主义原则	所有人都拥有平等的污染权和免受污染的权利，主要是按各国人口的比例来分配	每个人享有自然资源的权利相同	人口总量较少的国家获益较少
	支付能力原则	每个国家承担的 CO_2 减排成本根据国家 GDP 水平差异而不同	国家之间 CO_2 减排费用均等化	CO_2 减排成本均等化，但每个国家 GDP 不同，个体有差异，且各国历史 CO_2 排放权没有界定
产出公平	水平公正原则	CO_2 排放配额的分配使得各国净福利变化相同	所有国家都被平等对待，净收益或损失占 GDP 的比重相同	CO_2 减排成本的不确定性
	垂直公正原则	CO_2 排放配额的分配使得各国净福利的获得或损失与人均 GDP 成正比或反比	更多关注于贫穷国家获得福利	CO_2 减排成本的不确定性
	补偿原则	根据帕累托最优原则，任何一国的改善不应造成其他国家的损失	对净福利损失的国家进行补偿，使得任何国家的情况没有恶化	各国历史 CO_2 排放权没有界定，CO_2 减排成本的不确定性

续表

分类	公平原则	基本定义或规则	优点	缺点
过程公平	市场公正原则	以拍卖方式将 CO_2 排放配额分配给最高竞价者	保证市场公平性	对贫穷国家或无力支付高价的国家不公平
	多数意见原则	寻求大多数国家接受的 CO_2 排放配额分配方法	保证国际谈判过程是公平的	对少数国家不公平
	Rawls 最大最小原则	处于最贫穷国家的福利应该被最大化	保证贫穷国家的利益	CO_2 减排没有约束性

（2）效益原则。也就是从资源优化配置的角度将有限的二氧化碳排放权配额分配给各个国家，要求尽可能地获得全球最大的经济产出，多从人均二氧化碳排放、二氧化碳排放现状的角度去设计分配方案。应对气候变化的二氧化碳排放强度指标是衡量效益原则的重要指标，是指单位国内生产总值的二氧化碳排放量。以“人均二氧化碳排放指标”进行分配的原则实际上就体现了效益原则的本质，一个国家在人均二氧化碳排放量受限制的情况下，为了提高人均 GDP 水平，必然要降低二氧化碳排放强度。

3. 分配标准

一些二氧化碳排放权配额分配方案要求所有国家同时参与二氧化碳量化减排，其他方案则强调共同但有区别的责任，通过相关文献整理，目前二氧化碳排放权配额分配标准主要有以下几种：

（1）按国别确定二氧化碳排放量。为了维护国家自身利益和促进全球可持续发展，发达国家最早提出一些二氧化碳排放权配额分配方案，国别二氧化碳排放指标就是应用最早的分配指标之一。国别二氧化碳排放指标考虑各国二氧化碳排放现状，各国的具体二氧化碳减排数量以该国在历史上某个时期的二氧化碳排放总量为参考依据（杨通进，2010）。主要有 2007 年政府间气候变化专门委员会（IPCC）提出的方案，2007 年联合国开发计划署（UNDP）提出的方案，2008 年经济合作和发展组织（OECD）提出的方案，和当下正实施的《京都议定书》方案。

（2）人均二氧化碳排放。即全球二氧化碳排放权配额按人口规模来分配，该指标体现了每个人对全球自然资源享有相同的权利。主要有 2004 年英国全球公共资源研究所（Global Commons Institution，GCI）提出的“紧缩趋同”方案（蔡文灿，2013），陈文颖等（2005）提出的“两个趋同”方案——基于改进的“紧缩趋同”方案，英国经济学家尼古拉斯·斯特恩 2008 年编写的《斯特恩报告》中提出的方案，潘家华等（2009）提出的“碳预算”方案。

（3）人均累计二氧化碳排放。该指标是考虑历史责任下的二氧化碳排放权配额分配，它体现代际公正原则，要求任一时代、任一国家每个人对全球自然资源都应享有相同的权利。主要有丁仲礼等（2009）提出的方案，该原则得到很多发展中国家的支持，许多学者据此展开了大量研究，主要有腾飞等（2010），郑立群（2013），宋德勇、刘习平（2013）。

（4）人均 GDP。该指标要求以人均 GDP 水平来衡量计算各国的二氧化碳排放责任和二氧化碳排放能力，主张将各国二氧化碳排放权配额同人均 GDP 水平挂钩。主要有 Frankle（2008）提出的方案，Baer 等（2008）提出的温室气体发展权框架。

从以上研究可以看出，二氧化碳排放权配额的确定和分配是一个非常复杂的问题，成为当前工作的难点和热点。在国际应对气候变化谈判中，二氧化碳排放权配额的公平分配也一直是发展中国家的诉求焦点。中国作为世界上最大的发展中国家，为了实现 2020 年二氧化碳排放强度目标，未来必将会对二氧化碳排放实行总量控制下的计划管理。借鉴学者们的研究成果，本章采用基于分配公平的原则，以人均累计二氧化碳排放量指标为基础，对经济平稳条件下 2020 年中国各省、市、自治区二氧化碳排放权配额进行分配，以求为二氧化碳排放权交易市场的建立提供基础与依据。

（二）省际二氧化碳排放权配额模型及数据来源

1. 省际二氧化碳排放权配额模型

考虑历史责任的人均累计二氧化碳排放量是本书所倡导的二氧化碳排放权配额分配的重要指标，本章依照分配公平原则，从考虑历史责任和依据未来需求对各省、市、自治区二氧化碳排放权配额进行分配，主要根据各省、市、自治区在一个时间段（2000～2020 年）的二氧化碳排放总量和人口数量获得其计算公式。

为了便于理解，先对相关变量进行如下界定：假设参加分配的省、市、自治区总共有 n 个，M^m 表示向地区 m 分配的二氧化碳排放权配额，E_i^m 表示地区 m 第 i 年的二氧化碳排放量，P_i^m 表示地区 m 第 i 年的人口数量，其中 $1 \leqslant m \leqslant n$。

从累计角度考虑，$E_{ij}^m = \sum_{w=i}^{j} E_w^m$ 为地区 m 从第 i 年到第 j 年的历史累计二氧化碳排放总量，$P_{ij}^m = \sum_{w=i}^{j} P_w^m$ 为地区 m 从第 i 年到第 j 年的历史累计人口数量，E_{ij} 为全国从第 i 年到第 j 年的历史累计二氧化碳排放总量，P_{ij} 为全国从第 i 年到第 j 年的历史累计人口数量。于是有：

$$\overline{E}_{ij} = \frac{E_{ij}}{P_{ij}} \tag{7-5}$$

式中，$\overline{E}_{ij}$为人均历史累计二氧化碳排放量。

进一步，各省、市、自治区二氧化碳排放权配额为：

$$M^m = \overline{E}_{ij} \times P_{ij}^m - E_{ik}^m (i \leqslant k \leqslant j) \tag{7-6}$$

式中，人均历史累计二氧化碳排放量与历史累计人口数相乘的结果表示基于历史责任和未来需求下地区 m 公平的历史累计二氧化碳排放总量，即地区 m 的二氧化碳排放总量预测值，E_{ik}^m为地区 m 历史责任下的累计二氧化碳排放总量。

2. 数据来源

基于构造好的模型，对 2012 ~2020 年中国 30 个省、市、自治区（不包括西藏、台湾、香港、澳门）二氧化碳排放权配额进行分配，根据 2009 年公布的中国 2020 年二氧化碳排放强度比 2005 降低 40% ~45% 的减排目标，计算得出不同经济发展情景下各地区相应的二氧化碳排放总配额和年均二氧化碳排放配额。数据处理与分析过程如下：

（1）将 2000 ~2011 年作为考虑历史责任的时间段。以各省、市、自治区的人口、二氧化碳排放总量为衡量标准，各省、市、自治区的人口数据来源于《新中国 60 年统计资料汇编》，历年《中国能源统计年鉴》、《中国统计年鉴》和部分省份的统计年鉴，二氧化碳排放总量的测算采用间接法，根据各省、市、自治区的一次能源消费量与各自相应的能源二氧化碳排放系数相乘，可初步得出 2000 ~2011 年各省、市、自治区的历史二氧化碳排放量（具体计算公式详见第四章）。

（2）将 2012 ~2020 年作为考虑未来需求的时间段。在经济平稳增长前提下，根据第五章二氧化碳减排约束下的经济增长模型测算分析得到基准情景（无 CO_2 减排控制）和低碳经济发展情景（CO_2 减排控制）下 2012 ~2020 年年均最优经济增长率分别为 9% 和 8%，在此基础上可计算得到两种不同经济发展情景下未来各省、市、自治区的 GDP 需求量（采用 2005 年不变价），也可计算出 2020 年不同二氧化碳排放强度目标下的二氧化碳排放总量（见表 7 -6）。未来人口数据由第五章中的总人口模型估测得到。

表 7 -6　2020 年 GDP 需求量和二氧化碳排放总量

经济发展情景	GDP 需求量（亿元）	二氧化碳排放总量（亿吨碳）	
		减排 45%	减排 40%
基准情景	721575.92	121.9708	133.0591
低碳情景	664136.50	112.2616	122.4672

（3）各省、市、自治区待分配二氧化碳权配额的计算。由于本章的研究目

的是从人均累计二氧化碳排放的角度去探讨中国省际二氧化碳排放权配额分配，所以将2000～2020年当作一个整体，根据式（7－5）计算出人均历史累计二氧化碳排放量，进而根据式（7－6）可得到2012～2020年各省、市、自治区二氧化碳排放权总配额和年均二氧化碳排放配额。具体处理过程如下：根据表7－6，低碳经济发展情景下2020年中国二氧化碳排放总量要维持在112.2616亿～122.4672亿吨碳，以2011年二氧化碳排放量为基期，2012～2020年二氧化碳排放量年均增长3.55%～4.56%；同理，在基准情景下2020年中国二氧化碳排放总量要维持在121.9708亿～133.0591亿吨碳，以2011年二氧化碳排放量为基期，2012～2020年二氧化碳排放量年均增长4.51%～5.53%，由此可计算出全国2012～2020年各年的二氧化碳排放量。根据《中国统计年鉴》，2011年全国总人口为13.47亿人，再由前面计算得到2020年总人口数据为15.37亿人，据此得到2012～2020年全国年均人口增长率为1.47%。假定各地区人口按1.47%的年均增速增长，可粗略得到各地区2012～2020年各年的人口数。

（三）省际二氧化碳排放配额实证结果与分析

根据分配公平原则，由各省、市、自治区二氧化碳排放权配额的计算公式测算得到，考虑历史责任和未来需求下的各省、市、自治区的二氧化碳排放权配额，计算结果如表7－7所示。

从表中可以发现，在未来两种经济发展情景下，基于分配公平原则的二氧化碳排放权配额分配比较多的省、市、自治区主要集中在东部、中部地带，分配最少的省、市、自治区主要集中在西部地带。

表7－7　基于人均历史累计的二氧化碳排放权配额分配

地区	二氧化碳排放权总配额（亿吨碳）				年均二氧化碳排放权配额（亿吨碳）			
	基准情景		低碳情景		基准情景		低碳情景	
	减排45%	减排40%	减排45%	减排40%	减排45%	减排40%	减排45%	减排40%
北京	10.9976	11.3302	10.6994	11.0126	1.2220	1.2589	1.1888	1.2236
天津	7.3822	7.6055	7.1821	7.3923	0.8202	0.8451	0.7980	0.8214
河北	39.4471	40.6403	38.3778	39.5011	4.3830	4.5156	4.2642	4.3890
山西	19.6019	26.4781	19.5751	25.0040	2.1780	2.9420	2.1750	2.7782
内蒙古	13.5206	13.9296	13.1541	13.5392	1.5023	1.5477	1.4616	1.5044
辽宁	23.8791	24.6013	23.2318	23.9118	2.6532	2.7335	2.5813	2.6569

续表

地区	二氧化碳排放权总配额（亿吨碳）				年均二氧化碳排放权配额（亿吨碳）			
	基准情景		低碳情景		基准情景		低碳情景	
	减排45%	减排40%	减排45%	减排40%	减排45%	减排40%	减排45%	减排40%
吉林	14.9791	15.4322	14.5731	14.9996	1.6643	1.7147	1.6192	1.6666
黑龙江	20.8881	21.5199	20.3219	20.9167	2.3209	2.3911	2.2580	2.3241
上海	12.7892	13.1761	12.4425	12.8067	1.4210	1.4640	1.3825	1.4230
江苏	43.0335	44.3352	41.8670	43.0925	4.7815	4.9261	4.6519	4.7881
浙江	29.7630	30.6633	28.9563	29.8038	3.3070	3.4070	3.2174	3.3115
安徽	32.5143	33.4978	31.6330	32.5589	3.6127	3.7220	3.5148	3.6177
福建	20.2670	20.8800	19.7176	20.2947	2.2519	2.3200	2.1908	2.2550
江西	24.4535	25.1931	23.7906	24.4870	2.7171	2.7992	2.6434	2.7208
山东	52.5035	54.0915	51.0803	52.5754	5.8337	6.0102	5.6756	5.8417
河南	51.1469	52.6939	49.7604	51.2169	5.6830	5.8549	5.5289	5.6908
湖北	31.3675	32.3163	30.5172	31.4105	3.4853	3.5907	3.3908	3.4901
湖南	35.9336	37.0204	34.9595	35.9828	3.9926	4.1134	3.8844	3.9981
广东	57.2316	58.9627	55.6802	57.3100	6.3591	6.5514	6.1867	6.3678
广西	25.3065	26.0719	24.6205	25.3411	2.8118	2.8969	2.7356	2.8157
海南	4.7798	4.9244	4.6503	4.7864	0.5311	0.5472	0.5167	0.5318
重庆	15.9030	16.3841	15.4720	15.9248	1.7670	1.8205	1.7191	1.7694
四川	43.8573	45.1838	42.6685	43.9174	4.8730	5.0204	4.7409	4.8797
贵州	18.8980	19.4696	18.3857	18.9239	2.0998	2.1633	2.0429	2.1027
云南	25.2291	25.9922	24.5452	25.2637	2.8032	2.8880	2.7272	2.8071
陕西	20.3901	21.0068	19.8374	20.4180	2.2656	2.3341	2.2042	2.2687
甘肃	13.9700	14.3925	13.5913	13.9891	1.5522	1.5992	1.5101	1.5543
青海	3.0955	3.1891	3.0115	3.0997	0.3439	0.3543	0.3346	0.3444
宁夏	3.4838	3.5892	3.3894	3.4886	0.3871	0.3988	0.3766	0.3876
新疆	12.0333	12.3973	11.7071	12.0498	1.3370	1.3775	1.3008	1.3389

在基准情景中，二氧化碳排放权总配额超过40亿吨碳的有广东、山东、河南、四川、江苏和河北；总配额30亿~40亿吨碳的有湖南、安徽、湖北和浙江；总配额20亿~30亿吨碳的有广西、云南、江西、辽宁、黑龙江、陕西、福建和山西；总配额10亿~20亿吨碳的有贵州、重庆、吉林、甘肃、内蒙古、上海、

新疆和北京；总配额小于 10 亿吨碳的有天津、海南、宁夏和青海。在低碳经济发展情景中，河北的二氧化碳排放权总配额未超过 40 亿吨碳，浙江的二氧化碳排放权总配额小于 30 亿大于 20 亿吨碳。

另外，广东获得的二氧化碳排放权配额最高，在基准情景中，减排 45% 控制下为 57.2316 亿吨碳，减排 40% 控制下为 58.9627 亿吨碳；在低碳经济发展情景中，减排 45% 控制下为 55.6802 亿吨碳，减排 40% 控制下为 57.3100 亿吨碳，该省份属于高效率能源消费结构较合理类群中。海南获得的二氧化碳排放权配额比较少，为 10 亿吨碳以下，在基准情景中，减排 45% 控制下为 4.7798 亿吨碳，减排 40% 控制下为 4.9244 亿吨碳；在低碳经济发展情景中，减排 45% 控制下为 4.6503 亿吨碳，减排 40% 控制下为 4.7864 亿吨碳，属于高效率能源消费结构合理类群。高效率能源消费结构欠合理类群中北京获得的二氧化碳排放权配额在 20 亿吨碳以下，在基准情景中，减排 45% 控制下为 10.9976 亿吨碳，减排 40% 控制下为 11.3302 亿吨碳；在低碳经济发展情景中，减排 45% 控制下为 10.6994 亿吨碳，减排 40% 控制下为 11.0126 亿吨碳。低效率能源消费结构较合理类群中陕西获得的二氧化碳排放权配额在 30 亿吨碳以下，在基准情景中，减排 45% 控制下为 20.3901 亿吨碳，减排 40% 控制下为 21.0068 亿吨碳；在低碳经济发展情景中，减排 45% 控制下为 19.8374 亿吨碳，减排 40% 控制下为 20.4180 亿吨碳。低效率能源消费结构欠合理类群中山西获得的二氧化碳排放权配额介于 20 亿～30 亿吨碳之间，在基准情景中，减排 45% 控制下为 19.6019 亿吨碳，减排 40% 控制下为 26.4781 亿吨碳；在低碳经济发展情景中，减排 45% 控制下为 19.5751 亿吨碳，减排 40% 控制下为 25.0040 亿吨碳。

四、不同经济发展情景下地区一次能源消费结构优化分析

根据本章第二节的聚类分析结果，中国被分为五大类群：低效率能源消费结构欠合理省份、低效率能源消费结构较合理省份、高效率能源消费结构欠合理省、市、自治区，高效率能源消费结构较合理省、市、自治区，高效率能源消费结构合理省、市、自治区。其中低效率能源消费结构欠合理省、市、自治区包括河北、山西、内蒙古、安徽、河南、贵州；低效率能源消费结构较合理省、市、自治区份包括辽宁、吉林、黑龙江、江苏、江西、湖北、山东、湖南、重庆、四川、云南、陕西、甘肃和新疆；高效率能源消费结构欠合理省、市、自治区包括

北京、上海、天津和宁夏；高效率能源消费结构较合理省、市、自治区包括福建、广东、浙江和广西；高效率能源消费结构合理省、市、自治区包括海南和青海。

为了更好地实现中国2020年二氧化碳排放强度目标，需要科学地预测分析2020年中国各地区经济发展、二氧化碳排放权配额和能源消费的地域性变化，本章从五大类群中分别选择了具有代表性的省份或城市，根据多目标决策方法估算并对比分析它们在2020年不同二氧化碳排放权配额下的一次能源消费结构情况。选取了山西、陕西、北京、广东和海南进行对比分析，主要是由于这5个代表性省、市在其所属类群中具有相对明显的经济发展、二氧化碳排放与能源消费特征，且地理位置处于中国东部、中部、西部三大区域的不同地区，在其所属地区也有着自身独特的产业发展特点，因此这些省份或城市具有一定的代表性。

（一）地区一次能源消费结构优化模型

根据第六章的分析，本章的地区一次能源消费结构优化模型同样忽略产业结构的因素，以一次能源分品种的消费量作为决策变量：煤炭（X_1^s）、石油（X_2^s）、天然气（X_3^s）和非化石能源（X_4^s），分别表示 s 地区煤炭、石油、天然气和非化石能源的消费量，单位均换算成标准煤。以一次能源消费量最少，二氧化碳排放量最小为目标函数。即：

$$\min F(x_i^s) = w_1 f(x_i^s) + w_2 h(x_i^s) \tag{7-7}$$

式中，$f(x_i^s) = \sum_{i=1}^{3} EC_i \times x_i^s$，$h(x_i^s) = \sum_{i=1}^{4} x_i^s$，$EC_i$ 为各种能源的二氧化碳排放系数。模型的约束条件为：

1. 二氧化碳排放总量约束

从表7-7可以得到两种不同经济发展情景下这5个代表性省、市2020年二氧化碳排放总量的上下限，其上限和下限分别表示为 $OBJ1^s$、$OBJ2^s$。根据减少二氧化碳排放原则，有：

$$OBJ2^s \leqslant f(x_i^s) = \min \sum_{i=1}^{3} EC_i x_i^s \leqslant OBJ1^s \tag{7-8}$$

2. 主导性约束

由于各省、市、自治区的资源禀赋不同，各地区主导性约束边界条件也各不相同，可表示为：

$$OBJ4^s \leqslant \frac{x_1^s}{\sum_{i=1}^{4} x_i^s} \leqslant OBJ3^s \tag{7-9}$$

$$OBJ6^s \leqslant \frac{x_2^s}{\sum_{i=1}^{4} x_i^s} \leqslant OBJ5^s \tag{7-10}$$

$$OBJ8^s \leqslant \frac{x_3^s}{\sum_{i=1}^{4} x_i^s} \leqslant OBJ7^s \tag{7-11}$$

$$OBJ10^s \leqslant \frac{x_4^s}{\sum_{i=1}^{4} x_i^s} \leqslant OBJ9^s \tag{7-12}$$

3. 非负性约束

由于模型中的决策变量为各种能源消费量，决定了该决策变量的非负性，即 $x_i^s \geqslant 0$。

地区一次能源消费结构优化模型可以写成如下形式：

$$\min F(x_i^s) = w_1 f(x_i^s) + w_2 h(x_i^s)$$

$$\text{s.t.} \quad OBJ2^s \leqslant \sum_{i=1}^{3} EC_i x_i^s \leqslant OBJ1^s$$

$$OBJ4^s \leqslant \frac{x_1^s}{\sum_{i=1}^{4} x_i^s} \leqslant OBJ3^s$$

$$OBJ6^s \leqslant \frac{x_2^s}{\sum_{i=1}^{4} x_i^s} \leqslant OBJ5^s$$

$$OBJ8^s \leqslant \frac{x_3^s}{\sum_{i=1}^{4} x_i^s} \leqslant OBJ7^s$$

$$OBJ10^s \leqslant \frac{x_4^s}{\sum_{i=1}^{4} x_i^s} \leqslant OBJ9^s$$

$$x_i^s \geqslant 0 \tag{7-13}$$

（二）地区一次能源消费结构优化实证结果与分析

根据式（7－13），将相关数据代入该优化模型对这 5 个代表性省、市的一次能源消费结构优化问题进行求解，调用 MATLAB 优化工具箱中的 linprog 函数求解建立的地区一次能源消费结构多目标优化模型。模型运算中具体考虑节约能源消费总量和降低二氧化碳排放总量的多目标优化方案，权重 w_1 和 w_2 设定为（0.5，0.5），其优化结果如表 7－8 所示。

表 7－8 不同经济发展情景下 2020 年地区一次能源消费结构优化结果

单位:%

情景设计	地区	能源种类			
		煤炭	石油	天然气	非化石能源
基准情景	北京	53.71	28.95	8.40	8.94
	海南	24.02	46.43	19.09	10.46
	广东	44.41	38.53	6.41	10.65
	山西	83.42	9.22	5.32	2.04
	陕西	58.62	21.30	12.85	7.23
低碳情景	北京	53.69	28.98	8.37	8.96
	海南	24.01	46.46	19.06	10.47
	广东	44.39	38.54	6.39	10.68
	山西	83.61	9.28	5.31	1.80
	陕西	58.56	21.31	12.84	7.29

从表中可以看出，在中国实现 2020 年二氧化碳排放强度目标和满足节能减排多目标优化的前提下，2020 年这 5 个代表性省、市的一次能源消费结构仍然存在显著的差异，如在低碳经济发展情景下一次能源消费结构中煤炭所占比重最高的地区是山西，为 83.61%，最低的地区为海南，为 24.01%；石油所占比重则正好相反，最高的地区是海南，为 46.46%，最低的是山西，为 9.28%；天然气所占比重情况与石油类似，最高的地区是海南，为 19.06%，最低的是山西，为 5.31%；非化石能源所占比重最高的地区是广东，为 10.68%，最低的是山西，为 1.80%。同时能够发现中国总体的一次能源消费结构由以煤为主逐步向以煤油为主过渡，进一步在未来的能源消费结构优化调整中将转变为水电、核电等非化石能源为重要替代能源的多元化能源消费结构。

五、本章小结

首先，以 2000～2011 年的样本数据为研究对象，运用考虑投入产出松弛的 SBM 模型对中国 30 个省、市、自治区的二氧化碳排放效率值进行了测算，并将其与传统 CCR 模型得到的不含非期望产出（二氧化碳排放量）情况下的效率情况加以对比，分析了中国省际二氧化碳排放效率状况、差异以及演进规律。通过模型测算结果表明，当考虑非期望产出的影响时，二氧化碳排放给效率带来了较大程度的影响，整体效率有了明显的下降，究其原因，主要是不考虑二氧化碳排放非期望产出因素会导致效率评价结果偏离真值，为解决这一问题，本书选取了基于非径向和非角度的SBM模型进行效率评价，该方法对于克服传统DEA模型在角度选择与径向选择上的缺点十分明显，极大地提高了效率评价的准确性和可信度。另外，样本期间内中国绝大多数省、市、自治区的平均效率和二氧化碳排放效率整体都保持不断下降的趋势，这表明中国绝大部分地区在生产过程中能源、资本和劳动还存在着很大的无效损耗，其节能减排潜力与改进空间极大，从而有利于绿色低碳经济发展方式的实现。在此基础上，结合中国不同省份的特点，以二氧化碳排放效率和能源消费结构2个变量作为聚类分析的依据，利用K－Means聚类分析方法对中国30个省、市、自治区的二氧化碳排放效率和能源消费结构特征进行聚类分析和空间区划，以求识别出中国不同省域的低碳经济发展模式。划分结果是将中国划分为五大类群：低效率能源消费结构欠合理类群、低效率能源消费结构较合理类群、高效率能源消费结构欠合理类群、高效率能源消费结构较合理类群和高效率能源消费结构合理类群。

其次，依照分配公平原则，以人均累计二氧化碳排放量指标为基础，在经济平稳增长条件下对考虑历史责任和依据未来需求（2012～2020年中国30个省、市、自治区的二氧化碳排放权配额）进行分配，根据2009年公布的中国2020年二氧化碳排放强度比2005降低40%～45%的减排目标，计算得出不同经济发展情景下各地区相应的二氧化碳排放总配额和年均二氧化碳排放配额。在此基础上，为了更好地实现中国2020年二氧化碳排放强度目标，需要科学地预测分析2020年中国各地区经济发展、二氧化碳排放权配额和能源消费的地域性变化，根据上面分析得到的聚类分析结果，从五大类群中分别选择了5个具有代表性的省、市，包括山西、陕西、北京、广东和海南，运用多目标决策方法估算并对比分析它们在两种不同经济发展情景中2020年不同二氧化碳排放权配额下的一次能源消费结构情况。结果表明：在中国实现2020年二氧化碳排放强度目标和满足节能减排多目标优化的前提下和两种不同经济发展情景下，2020年这5个代表性省、市的一次能源消费结构均呈现出显著的差异，但中国总体的一次能源消费结构在未来的能源消费结构优化调整中将逐步趋向多元化。

第八章　中国一次能源消费结构优化的对策建议

本书的主旨在于通过全方位的系统研究低碳经济约束下中国一次能源消费结构问题，厘清当前中国一次能源消费结构存在的问题并提出相应的对策建议。因此，本章从管理、技术、政策三个层面提出切实可行的中国一次能源消费结构优化调整的低碳发展对策，对于低碳经济约束下中国一次能源消费结构的优化调整具有一定的实践参考价值。

一、中国一次能源消费结构优化的管理制度建设建议

（一）深化能源管理体制改革

中国在2008年进行了第六次国务院政府机构改革，建立了新的能源管理体制，能源领域的变革主要是设立了国家能源委员会和能源局，将原先的国家能源领导小组和其办事机构撤销，成立了国家环境保护部。这些改革标志着中国政府加强能源管理、保障能源安全的决心，也显示出中国能源管理体制改革迈出了重要的一步。随后，中国在2013年的国务院大部制机构改革中，对国家能源局进行了较大幅度的调整，将原国家电力监管委员会的管理职能整合到新国家能源局中，管理机构的调整优越性主要体现在，一是改变原有的政、监分离的管理模式，通过政监合一，提高政策制定的合理性，执行的高效性，监管的严密性；二是继续强化垂直管理和大区管理模式，在全国建立6大区域管理机构，组建12个派机构；三是改变原有的专业监督、微观管理、单一监管为行业监督、宏观管理、综合监管，更加注重对行业行为的全过程管理。总体上看，机构改革后监督

管理的范围更广，内容更多，宏观意义更加突出，责任更加重大。

虽然这种能源管理结构的设置较之前有其合理性，但从整体来看能源管理体制改革的步伐仍比较滞后，存在着一些主要弊端，表现在：一是管理分散。当前中国的能源管理部门众多，其职能过于分散，使其能源管理体系中缺位与越位现象并存，能源管理体系被肢解；同时安全管理与监督不到位，开发秩序较为混乱。二是能源综合管理的机构级别较低。由于中国当前的能源产业以国企为主，造成在部分能源产业领域形成了寡头垄断的格局，因而能源局在管理、协调大的能源企业时可能存在体制摩擦的隐患，难以发挥应有的功能，制约了能源管理目标的实现。三是能源监管机制不健全。在能源领域，中国目前只有国家安全生产监督管理总局和国家电力监管委员会两个监管机构，配置不齐全，缺乏科学的监管手段和严格的能源监管标准，还存在监管法律依据不足和监管方式单一等问题。

因此，要进一步深化能源管理体制改革，及时完善能源管理体制，实现对能源的统一管理。考虑到能源消费结构优化调整工程的复杂性，应统筹能源各产业的发展和利益协调，严格按照“政监分离”的原则，组建体现国家整体利益、职能相对集中、监管机构独立的行政体系，并全面贯彻实施系统的能源管理思想，加强对各部门的组织和协调，通过相关立法等工作规范中国能源管理制度和政策，保证中国能源管理政策的统一性、连贯性，推动形成能源管理的长效机制。同时，还应在强化和集中中国能源管理职能的基础上，不断提高能源开发利用方面的技术和管理水平，及时地从更高、更新的角度制定和推动实施能源消费结构优化调整的长远规划和配套政策。

（二）完善能源战略储备制度

能源储备是一个国家或地区能源安全、国家安全的重要保障，储备制度的建立与经济社会的发展程度、能源消费结构有很大的关系，是国家安全体系的重要组成部分。中国经过多年的经济高速发展，目前可利用的后备资源逐步减少，因此，加强能源储备法律体系建设，特别是石油储备方面的立法工作已经迫在眉睫。

能源储备是对未来可能发生的能源风险的提前预防，是一项保险政策。能源储备通过经济储备与国防储备两种方式体现，经济储备的目的是在发生能源资源供给波动，结构变化时为平抑市场价格，调剂市场供给而建立的储备体系；国防储备的目的是在发生战争、自然灾害等事件时，用作保证国防体系运作，保障国家能源供给而建立的储备体系。

能源安全的概念需要从能源供给安全和能源使用安全两个方面考虑。能源供给安全包括三个方面：满足国民经济正常、平稳运作；能源结构合理；供给可持续。能源使用安全主要从能源消费对生态环境的影响方面考虑。作为国家能源安全体系的重要组成部分，能源储备制度在体现经济意义的同时更重要地体现出了政治意义，应从国家和民族的角度认识和重视对这一问题的研究。

中国在保持经济持续高速增长的同时，能源消费需求量也日趋庞大，已成为煤炭、钢铁、铜等资源的世界第一消费大国，继美国之后的世界第二石油和电力消费大国，能源供需缺口日益扩大，“电荒”、“煤荒”、“油荒”在全国各地频频出现，给国家能源经济安全造成了一定的压力。而中国是一个煤多油少、优质资源匮乏、经济仍处于城市化和工业化阶段的发展中国家，在当前经济全球化、世界政治格局多极化的背景下，如何保障能源持续供应成为中国国民经济和社会可持续发展亟待解决的重大战略问题。同时中国作为世界第一大能源进口和消费国，中国的能源安全是保证国家可持续发展的重要前提，加强和完善能源安全与能源储备方面的立法具有极其重要的战略意义。一方面，应以建设丝绸之路经济带和21世纪海上丝绸之路为重大契机，充分利用国内和国际各个市场，建立立足国内的能源安全保障体系。在国内加大能源的勘探和开发投入，通过加强煤炭开采业的投资及基础设施的建设，安全高效地开发煤炭；加快常规油气的勘探力度；大力开发非常规天然气资源；逐步提高探明率，增加可采储量，优化开发常规化石能源，夯实能源供应基础，并大力发展非化石能源，积极有序地发展水电、核电和风能等其他可再生资源，培育新的能源供应增长极。同时还应扩大国际能源合作，对自给率低的能源加强国际合作，拓展市场空间，有效保障能源供需的总体平稳；并努力争取能源价格制定中的发言权，鼓励和支持能源企业在潜力较大的矿区及早布局，继续加大政府在国际碳排放规则制定中的工作力度，促进国际国内两个碳排放市场的建设，争取到应对气候变化的规则制定权。另一方面，通过制定国家能源储备法，不断完善能源战略储备制度。从能源储备的功能定位、主体与机构、资金来源、种类与规模、储备方式等相关法律问题入手，建立国家能源资源战略储备制度。第一，在国家能源储备立法方面，要充分考虑中国国情，制定具有中国特色的能源资源储备法律，主要是做好石油储备法律的制定。除了要确立国家能源储备的非盈利性外，还要保证国家能不受干预地对能源储备进行有效控制。第二，针对能源资源战略储备运作，国家应建立专项法规、管理条例和能源安全法规体系。第三，在立法过程中，清晰划分开能源的种类，对能源所有权进行明细分配，能源的所有权应属于国家，并且政府应引导适度开采、开发，遏制滥采滥伐行为。第四，在能源安全立法方面，既可以分层次地将不同的能源做不同立法，也可以将所有的能源直接纳入同一部法律中。

（三）强化能源行业管理和改进能源投资管理

一方面，强化能源行业管理需要依靠法律、法规的健全与完善，能源开发、利用标准的提高以及能源统计标准的完善等工作。第一，大力推进能源行业政策性、纲领性法律《能源法》的制定进程，结合中国经济社会建设的步伐，完成《电力法》、《煤炭法》等能源领域行业性法律法规的修订以及其他涉及能源领域法律法规的制定工作，并不断加强执法监督工作的力度。中国当前面临的能源形势：①由于目前中国对能源需求的不断增长和能源资源的短缺，能源的供需矛盾将长期存在，并越来越突出；②以煤炭为主的能源结构既不利于环境保护，也不利于构建可持续的能源供应体系；③当前的中国能源形势之所以严峻，根本原因在于其传统粗放式的经济增长方式，即高消耗、高排放、低效益，这种增长方式既污染环境又极大地浪费资源，进一步加剧了能源供应的紧张局势；④随着“后京都时代”的到来，中国作为全球温室气体的第一大排放国、《气候变化框架公约》以及《京都议定书》的缔约国，在温室气体减排问题上必然会面临越来越大的国际压力。因此，《能源法》作为能源领域的综合性立法，应当强调“推动能源生产和消费革命，坚决控制以化石能源为主的能源消费总量，大力加强节能降耗，有效支持节能低碳产业和新能源、可再生能源发展，确保国家能源安全”，这个奋斗目标不仅为能源企业推进生态文明建设指明了方向，而且应当成为《能源法》的立法目标。实现这一目标的必由之路是建设生态文明，转变经济发展方式，需要从根本上调整中国以煤炭为主的能源消费结构，提高电力、新能源在终端能源消费中的比重，加快发展清洁能源，大力推动节能减排。第二，结合能源行业科技发展的步伐，不断调整、完善涉及能源开发利用的标准及效能体系建设；建立健全能源行业信息统计、数据共享、风险预测、安全预警平台的建设，启动实施国家能源安全保障信息化工程，加快分布式能源和可再生能源发电并网标准的形成。中国人口众多，能源资源相对不足，按照目前的能源开发利用方式，依靠国内能源是绝对不可能支撑13亿人的“全面小康”，而使用国际能源既存在着能源安全的严重制约，又使世界的发展面临一系列新的问题和矛盾。分布式能源技术是未来世界能源技术的重要发展方向，是最能体现节能、减排、安全、灵活等多重优点的能源发展方式，它具有能源利用效率高，环境负面影响小，提高能源供应可靠性和经济效益好的特点，是中国可持续发展的必须选择。因此，中国必须立足于现有能源资源，全力提高能源资源利用效率，扩大能源资源的综合利用范围，而分布式能源无疑是解决问题的关键技术。分布式能源能够提高能源利用效率，发展潜力巨大，既是缓解中国严重缺电局面、保证可持续发展战略实施的有效途径之一，又可缓解环境、电网调峰的压力，是能源战略安全、电力安全以及中国天然气发展战略的需要。第三，加大能源战略规划和运行监管工作。研究和制定符合能源行业发展规律，满足低碳经济发展要求的能源产业发展战略规划；强化对能源产业发展和能源消费各环节的监督管理和调查研究力度，及时调整产业政策，引导能源生产与消费向节能高效的方向发展。

另一方面，改进能源投资管理包括两个内容：理顺能源投资及国有能源企业管理体制和鼓励能源投资多元化。第一，在保持国有经济对关系国计民生的能源领域控制权的同时，研究和推进国有能源企业投资结构改革，进一步完善现代企业制度，加强规划产业政策对能源投资的引导调节作用，简化行政审批，并在国有能源企业建立科学、合理的绩效考核体系。第二，在能源投融资领域实施“非禁准入”的原则，鼓励和引导非国有资本依据相关法律法规的要求参与能源领域投资，继续推进有关能源领域非国有资本法规文件的清理和修订，建立健全相关配套政策，为非国有资本进入能源领域积极创造制度条件。以非常规油气资源的开发为契机，加快能源领域投资资本多元化进程，促进能源资源开发竞争机制的形成，稳步推进油气分销市场的开放。推出一批有利于激发非国有资本投资活力的煤炭深加工、生物液体燃料、新能源等示范项目，积极探索非国有资本参与配电网、油气勘探开采、购售电及天然气管网、进出口等业务的有效途径。

二、中国一次能源消费结构优化的技术建议

能源工业既是国民经济的支柱产业，也是技术密集型产业。现代能源技术的特点主要表现为安全、高效、清洁，该特点也是未来能源技术制高点的主要方向。从本书第三章的分析中可以看出与世界主要发达国家相比，中国能源消费多年来一直以煤炭为主体，其所占比重虽然逐渐减少，但其占据绝对主导地位的现状仍将长期保持，而发达国家从20世纪60年代就开始加快石油和天然气取代煤炭主体地位的工作，煤炭消费在一次能源消费中所占比重至今均未超过40%；中国石油消费需求近年来随着经济的快速发展不断增加，2012年石油对外依存度达到58%左右，但在一次能源消费中所占比重长期以来一直低于发达国家水平，另外由于科学技术水平因素，中国新型能源的开发利用程度低于发达国家，特别是与法国能源消费结构中新型能源所占比重相差达到5倍多。总的来说，中国能源工业的技术创新能力与发达国家相比，还存在很大差距，因此，应以加快转变能源发展利用方式为主线，着力提升能源自主创新能力，全面规划能源新技术的研发和推广应用，大力提高能源资源开发、利用和转化的效率，加强开发可

再生能源技术，进一步深化能源生产和利用方式的变革。要更好地做到能源消费结构的优化应注重以下几个方面。

（一）优化提升传统常规能源勘探与开采技术

近年来，中国传统常规能源技术发展速度加快，许多大型能源企业最新采用的装备和技术有了很大提高，且已经达到或接近世界领先水平。第一，中国在大型井工机械化开采煤矿及大型露天煤矿的建设及现代化矿山设备的设计、装备制造等方面居于世界领先地位；第二，中国的陆上石油开采技术体系与支持体系完整可靠，具备海上石油勘探、开采能力，并逐步开发深海油气勘探、开采的相关技术。

但是目前中国能源资源勘探程度仍然较为低下，资源勘探发展空间比较广阔，加快对先进的煤炭及油气勘探开发技术进行研究显得尤为重要。另外，由于人类不断地、越来越大量地开采能源，中国目前对能源开采的难度也变得越来越大，因此完善复杂地质条件的油气资源、煤层气资源及煤炭综合勘探技术成为今后的主要攻关方向。在能源勘探与开采技术领域，按照控制东部、稳定中部、发展西部的原则，以大型骨干企业为主体，重点建设大型现代化煤矿，稳步推进大型煤炭基地建设，深入推进煤炭资源整合和煤矿企业兼并重组，调整优化产能结构，加快淘汰落后生产能力，并通过规划重大技术研究、重大技术装备、重大示范工程和技术创新平台，确定能源应用技术和工程示范重大专项研究等手段，提高煤炭生产地质保障技术，确保煤炭资源的安全高效开发；按照稳定东部、加快西部、发展南方、开拓海域的原则，围绕老油气田采收率提高和新油气田规模高效开发两条主线，鼓励低品位资源开发，推进原油增储稳产、天然气快速发展。加强老区精细勘探，挖掘东部潜力，拓展外围盆地资源；增加油气储量和产量，加快西部重点盆地勘探开发；加大南方海相区域勘探开发力度，突破关键勘探开发技术，创新地质理论；不断推进煤层气合理开发，大力加强油气资源勘探，保障油气资源高效清洁开发。

（二）开发先进的加工与转化技术

中国现有能源消费结构的缺点主要表现为劣质能源比重较大，能源产地远离能源消费地，能源消费结构以煤为主。因此应立足资源优势，依靠科技创新，加快推进燃煤发电、炼油化工技术进步和产业升级，探索煤炭分质转化、梯级利用的有效途径，开发先进的能源加工与转换技术，提高能源转换效率，提升能源产品的综合使用价值，充分利用多种能源资源，提供清洁的、多品种的转换产品；通过在加工与转化技术应用研究领域中加大技术投入，推动与能源相关的技术创新，装备制造业发展，能源转换示范工程建设等项目的开展，研究高效清洁的煤炭加工与转化技术，开发石油加工、转化和利用过程中的高效与清洁转化技术，发现天然气、煤层气等加工处理使用中的高新和集成技术，研究和建设先进的油气储运设备等。

第一，高效清洁发展煤电。按照集约化开发模式，统筹水资源和生态环境承载能力，稳步推进大型煤电基地建设。在中西部煤炭资源富集地区，采用超超临界、高效节水、循环流化床等先进适用技术，建设若干大型坑口电站，鼓励煤电一体化开发，优先发展煤泥、煤矸石、洗中煤等低热值煤炭资源综合利用发电。在中东部地区合理布局路口电源、港口和支撑性电源，严格控制在长三角、环渤海、珠三角地区新增除热电联产和“上大压小”之外的燃煤机组。在中小城市和热负荷集中的工业园区，积极发展热电联产，适度建设大型热电机组，优先建设背压式机组，鼓励发展热电冷多联供。

第二，推进煤炭洗选和深加工升级示范。以提高资源高效清洁利用水平为目标，加大煤炭洗选比重，优化煤炭加工利用方式，提高商品煤质量，逐步建立科学的煤炭分级利用体系，到 2015 年，煤矸石综合利用率提高到 75%，原煤入选率达到 65% 以上。总结现有煤炭深加工示范项目经验，按照节水降耗、能量梯级利用、绿色低碳等要求，完善工艺路线和核心技术，稳步开展升级示范。重点在中西部煤炭净调出省区，选择配套基础条件好、水资源相对丰富的重点开发区，大力建设烯烃、煤基燃料及多联产升级示范工程，不断探索符合中国国情的附加值高、科技含量高、产业链长的煤炭深加工产业发展模式，为适应未来能源更替和变革提供战略技术储备。

第三，集约化发展炼油加工产业。按照炼化储一体化、上下游一体化的原则，依托进口战略通道建设炼化产业带，统筹既有炼厂升级改造和新炼厂建设，建设若干个集约化、大型化的炼化基地，逐步形成长三角、环渤海、珠三角三大炼油产业集群。坚持严格行业准入管理，提高产业集中度，推进企业兼并重组。到 2015 年，全国成品油产量达到 3.3 亿吨，一次原油加工能力达到 6.2 亿吨，炼油每吨综合加工能耗下降到 63 千克标准油，水耗降低到 0.5 吨。

第四，有序发展天然气发电。在天然气来源较可靠的东部经济发达地区，合理建设燃气蒸汽联合循环调峰电站。在热负荷需求大、电价承受能力强的中心城市，优先发展大型燃气蒸汽联合循环热电联产项目。不断积极推广天然气热电冷联供，支持利用煤层气发电。

（三）确定节能、高效、环保的发电及输配电技术

在中国，水力发电和火力发电保证了电力的稳定供给，安全输送电力、平衡

电力电量和终端用户的安全可靠使用都严重依赖于电网。因此，可靠先进的发电和输配电技术成为中国电力工业有序、健康和可持续发展的基本保证。通过在发电及输配电技术应用研究领域中加大技术投入，推动与能源相关的技术创新，装备制造业发展，能源转换示范工程建设等项目的开展，开发先进、环境友好的水力发电技术，研究节能、环保、高效的火力发电技术，提高大容量、特高压、远距离的输电技术，研发间歇式电源并网中的输变电和储能技术，大力研究开发智能化电网的相关技术。

第一，在高效清洁火力发电技术方面，掌握超超临界发电技术，包括具有自主知识产权的600度百万千瓦级超超临界发电技术、二次再热技术以及700度超超临界发电机组的关键技术，使火电机组的供电效率达到50%；掌握燃煤电厂大容量二氧化碳捕集与资源化利用技术，包括燃煤电厂二氧化碳捕集技术以及资源化利用技术，研发新型的二氧化碳捕集技术，降低系统能耗和二氧化碳减排成本。

第二，在先进、生态友好的水力发电方面，研究复杂地形地质条件下的高坝关键技术，目标是提出先进的抗震安全、高坝工程防洪安全及结构安全评价方法和工程措施，解决复杂地形地质条件下的高坝工程关键技术问题；通过掌握超大型地下洞室群围岩稳定分析理论与方法，提出围岩稳定控制标准、支护措施和施工方法，建立超大型地下洞室群快速监控反馈分析与评价体系，研究超大型地下洞室群的开挖与支护技术、环境保护与生态修复技术；通过统筹流域发电、防洪、供水、航运等目标，建立流域梯级水电站群优化调度模型，实现多目标优化调度研究，掌握流域梯级水电站群多目标联合运行与实时优化调度技术；掌握混流式水电机组、高水头抽水蓄能机组、大型灯泡贯流式水电机组、大型冲击式水电机组核心关键技术，实现高效、大容量水电机组及相关配套设备的自主设计、制造与安装。

第三，在大容量、远距离输电方面，提高电网输电能力的新型输电技术和掌握更高电压等级的特高压直流输电技术，提高电力系统抵御自然灾害的综合能力；实现特高压设备制造和试验的技术升级和自主化，实现高压/超高压设备制造和试验的技术升级，研制成功更大容量的输变电设备；建成特高压直流输电工程成套设计平台，为中国直流输电工程提供技术支持，提高国内直流设备研发、设计和制造水平，促进中国直流工程的国产化，降低直流工程的建设成本；建成国内领先、国际著名的大电网与电力控制保护技术研发基地；建立国际一流的综合性研发中心支撑国家智能电网建设，提高能源利用效率，使电网能够吸纳更多的可再生能源电力。

第四，在大规模间歇式电源并网技术方面，研究大规模间歇式电源集中接入与送出电网的保护与控制技术；掌握多能源互补发电系统的规划、设计、制造、运行控制与能量管理等关键技术，解决间歇式电源并网和输配电的技术“瓶颈”。

第五，在智能化电网方面，研究智能化电网输电、配电、用电、调度等支撑技术，形成面向用户的智能化全新服务功能；开展分布式电源接入、集中/分散式储能等关键技术的研究和应用；研究智能用电等关键技术，建设良好的智能化用户管理与双向互动平台。

（四）加强研发新能源技术

由于中国太阳能、核能、风能、海洋能和生物质能等新能源储量十分丰富，并且具有成本低廉、能量密集和少的温室气体排放等优点，因而在中国能源发展中，应大力发展太阳能发电、核能发电、风力发电、海洋能发电和生物质能利用等先进技术，大规模开发利用新能源，这对中国能源结构的优化调整和能源可持续发展进程的推进具有重要意义。因而在新能源技术研究领域中，同样通过在新能源技术应用研究领域中加大技术投入，推动与能源相关的技术创新，装备制造业发展，能源转换示范工程建设等项目的开展，开发先进核能发电技术，研发大型风力发电关键技术，研究低污染、低成本、高效率的大规模太阳能发电技术，提升大规模多能源互补利用发电技术，推进生物质能的综合、高效利用。

第一，在太阳能发电方面，中国的太阳能资源丰富，分布广泛，开发利用前景广阔。太阳能发电是一种技术可行、经济合理、具备规模化发展条件的新兴可再生能源技术，在其光伏技术和成本上均已形成一定的国际竞争力，对中国合理控制能源消费总量、实现非化石能源目标发挥重要作用。通过规模化发展和市场竞争机制促进光伏发电成本持续降低，提高经济性上的竞争力，从而尽快实现太阳能发电用户侧的“平价上网”。加快推进技术进步，形成中国太阳能光伏发电产业的技术体系，进一步提高产业竞争力和国际市场持续竞争力。建立适应太阳能光伏发电产业发展的管理体制和政策体系，为太阳能发电发展提供良好的体制和政策环境。

第二，在核能发电方面，严格实施核电中长期发展规划和核电安全规划，在核电规划、建设、运行、退役全过程及所有相关产业坚持“安全第一”方针。全面加强运行核电站安全管理，提高核事故应急响应能力，确保核电站安全运行。在核电建设方面，坚持快堆、热堆、聚变堆“三步走”技术路线，积极发展商业快堆、高温气冷堆和小型堆等新技术，提高技术准入门槛；适时启动核电重点项目审批，稳步有序推进核电建设；加快推进国内自主技术研发和工程验证，全面提升国内装备制造业水平；制定现代核电产业体系总体战略规划，保障核电安全、高效和可持续发展。

第三，在风力发电方面，掌握风电设备设计制造技术，使其产品性能与可靠性实现产业化，并达到国际领先水平；掌握风电机组及零部件设计、制造、安装和运营等成套产业化技术，全面推动国内大容量风电机组的产业化；大力突破海上风电机组整机和零部件设计关键技术，实现海上超大型风电机组的样机运行。掌握大型风电场设计、建设、并网与运营等风电场开发及运行方面的关键技术，提高风电消纳能力和风电场的运营管理水平，支撑国内千万千瓦风电基地的建设。全面提升国内风电行业的整体水平；开发储备一批风电新技术，推动风电技术的创新和应用；培育一批具有高水平的科技创新队伍，系统部署建设一批国家级重点实验室和工程技术研究中心，全面提升国内风电制造企业的国际竞争力，使中国风电产业和风电科技整体上达到国际先进水平。

第四，在生物质能和地热能开发利用方面，加快生物质能规模化开发利用，根据各地生物质资源条件和用能特点，大力推广应用技术已基本成熟、具备产业化发展条件或产业化有一定基础的生物质发电、燃气、液体燃料和成型燃料等多元化利用技术，推进生物质能规模化产业化发展，提高生物质能梯级综合利用水平。推进先进生物质能综合利用产业化示范，通过建设一批梯级综合利用生物质能示范项目和若干个示范区，推动生物质能利用从单一原料和产品模式转向原料多元化、产品多样化的循环经济梯级综合利用模式，使生物质资源利用获得更好的综合效益。组织生物质能推广利用重点工程和加强生物质能技术装备和产业体系建设，有效保障生物质能发展规划的顺利实施。地热是地球本土能源，具有强大的生命力，中国地热资源储量丰富，地源热泵技术又是一项节能环保的成熟技术，要利用地源热泵技术，需要大力加强政府引导作用，尽快出台国家层面的鼓励政策，启动已建热泵系统的后评估工作，不断加强行业技术创新，从而促进地热能的高效开发利用。

三、中国一次能源消费结构优化的政策建议

本书研究表明，中国经济经过60多年的增长尤其是改革开放30多年来的发展，综合国力不断增强，经济实力得到迅速提升，能源消费总量日益增加，以煤炭为主的能源消费结构所导致的二氧化碳排放总量也大幅增长。同时由于中国的地理条件和资源禀赋特征，各个地区之间的GDP、能源消费和二氧化碳排放情况也千差万别，能源消费结构在短期内仍将以煤炭为主，只有通过正确的宏观经济政策引导，构建公平合理的制度环境，不断完善资源与环境方面的法律法规，推

动市场竞争，才能保障能源的优化配置和能源消费结构的优化。

（一）加快产业结构调整

从本书第四章的研究发现，未来能源消费需求和二氧化碳排放持续增长的趋势难以逆转。在当前经济全球化、世界政治格局多极化的背景下，面对日趋强化的国际国内双重压力，优化升级产业结构，既是推动经济结构战略性调整的重要着力点，又是加快形成新的经济发展方式的有效途径，也是中国能源、经济和环境协调发展的客观需要和战略要求，更是一项长期而艰巨的历史使命。笔者认为能源消费结构的优化在很大程度上受到经济发展方式和产业结构的影响，尤其是一些具有高污染、高成本、高能耗、低效益“三高一低”特征的产业，如火力发电、钢铁、水泥、化工、造纸等，应当加快调整和优化。因此，在调整、优化产业结构时，要根据中国现有产业发展的基础，重点发展产品附加值高、技术密集程度高和低能耗、低污染的产业，通过构建现代产业发展新体系，使第一、第二、第三产业相互促进、协调发展，逐步形成以现代农业为基础、优势传统产业为主导、战略性新兴产业为先导、基础产业为支撑、服务业全面发展的各具特色、优势互补、结构合理的新型产业格局。

第一，加快传统产业转型升级。传统产业在中国一直都是经济发展的主体力量，坚持利用先进适用技术和信息技术改造传统产业，在各行各业中进一步深化信息技术的集成应用，提高研发设计、生产过程、生产装备、经营管理信息化水平，提高传统产业创新发展能力。把企业技术改造作为推动产业转型升级的一项战略任务，建立长效工作机制。加大淘汰落后产能、企业兼并重组、节能减排、质量品牌建设等工作力度，促进全产业链整体升级。

第二，推动战略性新兴产业、先进制造业健康发展。以重大发展需求和重大技术突破为基础的战略性新兴产业，是对经济社会全局和长远发展具有重大引领带动作用的产业。加强统筹规划，调动发挥各方面的积极主动性，加快形成先导性、支柱性产业，推动重大技术突破，切实提高产业核心竞争力和经济效益。实施国家科技重大专项，着力提升关键基础工艺、基础零部件、基础制造装备研发、基础材料和系统集成水平，集中力量突破高端装备、系统软件、关键材料等重点领域的关键核心技术。面向未来发展和全球竞争，制定产业发展要素指南和技术路线图，建立一批具有全球影响力的制造基地，促进制造业由大变强，充分发挥战略性新兴产业和先进制造业在优化产业结构中的带动作用。

第三，推动服务业特别是现代服务业发展壮大。优化产业结构的战略重点是发展服务业，不断提高服务业比重和水平。在巩固传统业态基础上，积极拓展新型服务领域，大力发展面向民生的服务业，不断培育形成服务业新的增长点。培育研发设计、金融服务、现代物流、商务服务和信息服务，着力发展生产性服务业，促进制造业与服务业、现代农业与服务业融合发展。将基于宽带和无线的信息消费作为新一轮扩大消费需求的重点领域，积极培育发展电子商务、网络文化、数字家庭等新兴消费热点。深化服务领域改革开放，营造服务业大发展的政策和体制环境，构建特色明显、充满活力、优势互补的服务业发展格局。

第四，合理布局建设基础设施和基础产业。依托国民经济现代化和支撑产业结构优化的是能源、交通等基础设施和基础产业。以保障国内能源供应为前提，加快能源生产和利用方式变革，强化节能优先战略，全面提高能源开发利用效率，严格控制能源消费总量，构建安全、经济、稳定、清洁的现代能源产业体系。以适度超前为原则，统筹公路、铁路、民航、水运、管道等运输方式发展，统筹区际、城际、城市、农村交通发展和衔接协调各种运输方式，加快现代物流体系建设，为工农业生产和人民生活提供安全、便捷、高效的运输服务。

第五，发展现代信息技术产业体系。集中突破新型显示、高性能集成电路、关键电子元器件、材料以及信息安全软件、基础软件、行业应用软件等核心关键技术，加快电子信息制造业与软件业升级换代和创新发展，全面提升产业核心竞争力。推动通信业转型发展，构建下一代国家信息基础设施，推进三网融合，重点推动下一代互联网、新一代移动通信、移动互联网、物联网、云计算、智能终端等领域发展。推动信息产业、服务业和制造业融合发展，在经济社会全方位加快应用信息网络技术，充分发挥新一代信息技术产业对国家经济社会发展的支撑能力。加强互联网基础管理，完善网络与信息安全保障机制，健全安全保障体系，提高安全保障能力，提升应急通信保障能力，确保国家经济与信息安全。

同时，应针对中国不同地区的经济发展特点和产业结构现状，逐步分阶段和分步骤地进行调整，在节能减排和保证经济持续、稳定增长的前提下，主要通过降低第二产业在国民经济中的比重和促进第二产业加工深度化，提高第三产业比重，着重培养新兴产业，切实转变经济发展模式，破解原有粗放的经济发展模式，构建资源节约型和环境友好型的经济社会发展模式，从而实现区域经济发展方式的转变和中国经济的可持续发展。

（二）丰富能源种类低碳多元化

从本书第六章和第七章的研究发现，由于粗放的传统经济增长方式和资源禀赋条件特征，长期以来中国能源消费结构中煤炭的比重较大，能源消费结构不尽合理。在危及能源安全的同时，导致中国2020年二氧化碳排放强度目标的实现面临严峻挑战。面对全球日益严峻的能源安全和环境污染问题，开发利用新兴能源已成为世界各国应对气候变化、保障能源安全、实现可持续发展的共同选择。

新兴能源的开发利用既是当前中国节能减排、能源消费结构调整、严格控制能源消费总量的迫切需要，也是未来转变经济发展方式和能源可持续利用的必然选择。因此，中国以煤炭为主的能源消费结构必然面临改革，跨越式地更新传统高碳能源消费模式是确保国家长治久安的必由之路，应实施有序发展煤炭，积极发展电力，加快发展石油天然气，鼓励开发煤层气，大力发展水电等可再生能源，积极推进核电建设，科学发展替代能源的发展战略，通过增加天然气和非化石能源消费比重并逐步削减煤炭石油比重来优化调整能源消费结构，实现多能互补，逐渐由“低碳多元化能源时代”取代“煤炭石油时代”。

在管理层面上，首先，按照政策扶持与市场机制相结合的原则，培育长期稳定持续的新兴能源市场、制定中长期新兴能源发展目标、以明确的市场需求带动新兴能源技术进步和产业发展，构建鼓励各类投资主体参与和促进公平合理竞争的市场机制；通过税收优惠、财政扶持、强制性市场配额制度、价格支持、支持新兴能源开发利用和产业发展。其次，坚持集中开发与分散利用相结合的原则，按照电力市场和新兴能源资源分布，加大能源资源富集地区新兴能源的开发建设利用力度，形成连片、集中和规模化开发的新兴能源优势区域；并发挥新兴能源资源产品形式多样、分布广泛的优势，大力推动分布式新兴能源应用，鼓励各地区就地开发利用各类新兴能源，构建分散开发与集中开发及分布式利用并进的新兴能源发展模式。再次，坚持规模开发与产业升级相结合的基本原则，建立持续稳定的市场需求，制定完善的政策体系，不断扩大新兴能源市场规模；并在市场规模化的发展带动下，大力提升自主研发能力，推进成本降低和产业升级壮大，提高新兴能源产业的市场竞争力，促进更大规模地开发利用新兴能源，形成新兴能源产业的自主式发展和良性循环。最后，按照国内发展与国际合作相结合的基本原则，维持国内新兴能源稳定增长的市场需求，吸引全球技术等资源向国内聚集，构建全球较有影响力的新兴能源产业基地；不断加强国际合作形式的多样化，推动国内新兴能源产业融入国际产业体系，同时积极参与开发利用全球新兴能源，促进中国新兴能源产业在全球新兴能源体系中发挥重要作用。

在技术层面上，按照分散与集中开发并重的原则，有序推进新兴能源的规模化发展，统筹新兴资源分布、电力输送和市场消纳，优化开发建设布局，建立适应新兴能源发展的运行机制，提高新兴能源开发利用效率，增强新兴能源装备制造产业的创新能力和国际竞争力，完善新兴能源标准与产业服务体系，使新兴能源获得越来越大的发展空间；需通过加大新兴能源的研发投入和推广力度，更合理有效地利用现有的常规能源，提高能效比，大力开发以水能、风能、生物能、太阳能、地热、新型核能为代表的替代能源，推进太阳能多元化利用，研发矿物能源洁净化技术，积极开发新兴能源和可再生能源，建立洁净、稳定、经济、安全的能源产业结构体系。

在能源使用过程中，积极开发和运用可再生能源技术、新型发电技术、碳捕获与封存技术、节能技术等有效地控制温室气体排放，加强与发达国家的交流合作，共同构筑互利共赢、技术共享的良好局面，从而为改善能源低碳利用方式、确保低碳经济顺利实现奠定基础。

（三）推进能源价格机制改革

研究表明，未来中国持续增长的能源消费需求，对经济、社会、资源和环境的协调可持续发展而言是一项重大挑战。具体表现之一是，多年来由于中国能源产品价格被低估，能源价格体系被扭曲，造成了能源性产品价格形成机制不合理，能源要素市场体系不健全，成为中国高排放、高消耗、低效益的粗放型经济发展模式的一大症结。该现象不仅造成煤炭、石油、天然气等能源的破坏性开发和过度使用，还对生态环境造成了严重污染。因此，从能源消费结构优化的角度要求必须尽快调整能源价格的不合理。只有通过推进价格改革，加快完善能源性产品价格形成机制，充分发挥市场的基础性作用，从根本上转变经济发展方式，才能保障这一问题的解决。总之，由于能源性产品价格改革不但牵涉到不同群体的利益，而且影响面很大，要统筹兼顾，积极稳妥地推进，按照科学合理的进程逐步建立能够反映能源稀缺程度、市场供求关系和环境损害成本的能源价格形成机制。

第一，理顺电价机制。目前，中国没有建立竞价上网机制和独立的输配电价，使得上网电价难以反映燃料价格变化，由国务院价格主管部门负责销售电价，并没有全面考虑到输配电量大小的变化。因此，在电力领域，加快推进电价改革，实现电力竞价上网、输配分开，逐步建立发电和售电价格由市场决定、输配电价由政府制定的价格机制。加快建立现代电力市场体系，组建独立电力交易机构，稳步开展输配电分开试点，在区域及省级电网范围内建立市场交易平台，分批放开大用户、独立配售电企业与发电企业直接交易，不断推进销售电价的分类改革。严格加强监督管理电网输配业务及成本，核定独立输配电价，改进水电、核电及新兴能源发电定价机制。有序推进工业用户按产业政策实行差别化电价和超限额能耗惩罚性电价，实施并完善居民阶梯电价制度。全面推广季节电价、峰谷电价、可中断负荷电价等电价制度。

第二，应取消重点合同和非重点合同的价格差，改革煤炭价格双轨制，继续推进煤电价格联动机制，完善和落实煤电联动政策，以充分的价格信号传导作用抑制不合理需求，保证电力企业正常生产经营，并合理控制居民基本需求范围内的能源价格，对基本需求范围外的则应采取更多市场调节的手段，从而加快能源性产品价格改革，不断完善煤、油、气、电、矿产、水等能源性产品价格关系等改革措施保障经济持续、平稳运行，从而促进节能减排和能源消费结构的优化调整。

第三，深化油气价格改革。目前中国成品油定价机制不完善，波动幅度限定较为严格且调价周期太长，使得价格难以贴近市场行情，这主要是由于调价之后，市场预期被放大，投机行为进一步加重，导致市场供需紊乱，资源配置效率下降，国家经济安全受到威胁。同时，中国天然气出厂价格实行政府指导价，国家统一制定跨省输送费用，终端销售价格和城市输配均由省级价格主管部门管理。因此，需要不断深化成品油价格市场化改革和深入推进天然气价格改革。在石油领域，积极排除障碍，允许其他竞争主体参与，构建有效竞争的市场格局，加快成品油价格调整频率；在天然气领域，建立反映市场供求关系和资源稀缺程度的天然气价格形成机制，逐步理顺可替代能源与天然气比价关系，建立上下游价格合理传导机制，对页岩气出厂价格实行市场定价，并研究推行可中断气价和天然气季节性差价等差别性价格政策。

第四，应充分考虑能源性产品价格改革对低收入群体的影响，逐步推进改革，并同步建立相应的补偿机制或保障制度，加大社会保障、价格优惠、财政补贴等力度，从而确保能源价格改革对困难群体造成不明显或极小的影响。不断建立健全能源价格形成机制，促进能源市场健康有序发展。要进一步将政府指导价格和完全市场价格有机结合起来，在不同行业形成有差别的能源价格制度，针对能源产品供需关系的时空差异，确立合理的终端能源消费价格；根据不同种类能源产品上中下游价格的商品价格弹性，构建一个公平竞争的市场环境；同时还应逐步理顺石油、天然气和新能源价格形成机制，从而及时反映国际市场能源价格变化与国内市场供求关系。

（四）完善其他能源相关法律法规体系

改革开放以来，中国不断推进能源法制化的进程，能源法律法规体系得到不断健全和完善，国家已经出台的地方性法规和行政法规有《煤炭法》、《电力法》、《矿产资源法》、《可再生能源法》、《节约资源法》等，其他相关配套法规有《节约用电管理办法》、《煤炭生产许可证管理办法》等，在相关法律中，有部分法规涉及了能源方面的内容，例如《环境保护法》、《矿产资源法》等，形成了以单行能源法规为主，配套法规为辅的现状。这些行政法规和部门规章的颁布实施为能源开发、生产、利用和管理提供了法律依据和保障，同时还有效推动了技术创新，促进节能产业发展，为实现能源消费结构的优化发挥了重要的作用。然而，中国能源法律法规仍不健全，制定过于原则，可操作性比较差，能源供应安全与发展改革的深化之间的矛盾日益突出。中国特色的能源法律法规体系是以能源法为统领，以《电力法》、《煤炭法》、《石油法》、《天然气法》、《节约能源法》、《可再生能源法》等单行法为主干，以国务院和地方政府制定的能源标准规范和相关配套法规为补充的一个完整的法律法规框架体系。而一个完整的法律体系还需要一个基本法引导，目前中国缺少一部全面体现政策导向和能源战略的能源基本法，由于没有能源基本法的指导使其单行法的修改和制定进展缓慢。由此看来，中国还应根据改革与发展的需要，尽快完成《煤炭法》、《石油法》及《电力法》等的修改，完善能源法律法规的体系和内容。

第一，要充分考虑已经和正在发生的法律环境新变化，与时俱进，进一步建立和完善有关能源和环境保护的法律法规政策体系，抓紧制订有关法律法规的配套措施和细则；继续加大执法和处罚力度，公开严肃查处一批严重违反环境保护和国家节能管理法律法规的典型案件，并依法追究有关人员的责任；同时大力推广清洁能源和加快发展可再生能源的开发利用，加强环境保护的监督、立法和执法工作。

第二，建立促进节能的长效机制，在社会各个环节强化宣传节能优先和低碳发展的理念等。政府应以节能环保新理念为导向，加强机关单位、公民等各类主体的社会责任，强化节约意识和实施节约行动能够保障节约型社会的建设，加强节能优先宣传，不断改变与节能减排不相适应的当前广大家庭生活中的观念及其行为方式，倡导形成节约、环保、健康、文明的生活方式，促使公民自觉履行环保和节能义务，形成以政府为主导、企业为主体、全社会共同推进的节能减排工作格局，积极推进能源资源节约和生态环境保护工作，从而推动节约型社会的纵深发展，走上节约与发展并重的道路。

第三，深入开展能效水平对标和能源审计活动，建立能源利用状况报告制度，构建企业能源管理体系，实行万家企业节能低碳行动，加快推行合同能源管理等市场化节能机制。鼓励发展分布式能源和智能电网，鼓励余热余压综合利用，推进节能发电调度。加强"能效电厂"示范、推广和能源需求侧管理，开展电力需求侧管理城市综合试点，并严格执行固定资产投资项目节能评估与审查制度。

第四，政府以及有关部门应当积极倡导在家庭日常生活中使用节能产品，强化节能产品和能效标识认证制度，加大高效节能技术产品推广力度，不断提高节能产品的家庭普及率；扩大节能产品政府采购和实施节能产品惠民工程，倡导合理的节能生活方式和消费模式。在居民的日常生活中存在巨大的节能空间，包括节能照明用具、节水用具、节气用具、太阳能产品等节能家电的使用。因而有关部门要重点推广节能家用电器、高效照明产品、节能与新能源汽车等，合理控制节能产品的定价，完善节能产品惠民工程实施机制，扩大实施范围，通过节能产品价格的降低和节能产品质量的提高使居民享受到物美价廉的节能产品，调动居民使用节能产品的积极性。并在商用领域重点推广单元式空调器等，在工业领域重点推广高效电动机等，使其产品能效水平和市场占有率分别提高10%以上和50%以上，逐步健全组织管理体系，强化监督检查。另外，政府相关部门要积极营造良好的节能减排社会氛围，深入开展节能减排全民行动，通过把节能减排纳入社会主义核心价值观宣传教育增强危机意识，充分发挥文化教育、广播影视等部门以及新闻媒体和相关社会团体的作用，组织好世界环境日、节能宣传周等主题宣传活动；并加强舆论监督和日常宣传，普及知识，宣传先进、曝光落后、崇尚勤俭节约、反对奢侈浪费，推动节能、节水、节材、节地、节粮，倡导与中国国情相适应的节约、文明、绿色、低碳生产方式和消费模式。

四、本章小结

能源消费结构系统本身在结构及功能上具有极强的复杂性，涉及社会经济生活的方方面面，其影响因素主要有经济发展水平、产业结构、能源禀赋、能源价格、科技发展水平、能源环境、能源市场体系、能源政策、能源法规、经济增长方式等。本章全面综合考虑影响能源消费结构的因素，提出切实可行的中国一次能源消费结构优化调整对策。在管理层面上，进一步深化能源管理体制改革，及时完善能源管理体制，实现对能源的统一管理；统筹国内开发和对外合作，完善能源战略储备制度；强化能源行业管理，改进能源投资管理。在技术层面上，优化提升传统常规能源勘探与开采技术，着力开发先进的加工与转化技术，确定节能、高效、环保的发电及输配电技术，加强研发新能源技术。在政策层面上，加快转变经济发展方式，大力调整产业结构；着力研发高新能源技术，丰富能源种类的多元化；推进能源定价机制改革，不断完善能源市场体系；完善其他能源相关法律法规体系和建立促进节能的长效机制，营造公平合理的制度环境。

第九章　结论与展望

一、结论

在中国持续稳定的经济政策下，中国经济取得了举世瞩目的成就并成为世界第二大经济体，但发展的同时“三高一低”的粗放式经济增长模式给中国资源与环境带来的巨大压力，严重制约着中国经济社会的可持续发展。中国幅员辽阔，各地资源赋存情况各不相同，经济发展程度也存在着很大的地域差异，两者综合作用下导致各地区的能源消费结构与二氧化碳排放水平差别很大。随着社会经济的不断发展，减排难度正在逐步加大，减排成本也节节攀升。同时，世界各国也日益关注全球变暖与二氧化碳减排问题，中国作为世界最大的发展中国家，如何处理好经济发展与二氧化碳减排两者之间的关系，在保障经济发展需求、造福国民的同时，承担起负责任大国的历史使命是中国经济研究领域的重要课题。

为了应对全球气候变化，2009 年，在哥本哈根会议上中国政府庄重承诺到 2020 年二氧化碳排放强度比 2005 年降低 40% ~45%。在明确了中国的二氧化碳减排目标后，二氧化碳减排目标必然要在各省、市、自治区之间进行分配。而优化能源消费结构是实现二氧化碳排放强度的有效途径之一，如何在保障经济平稳增长的前提下减少二氧化碳排放，建立合理的能源消费结构，对于低碳经济发展方式的实现具有重要的战略意义。目前，关于经济平稳增长和二氧化碳排放减少前提下全国和区域一次能源消费结构优化的研究还比较缺乏，因此，本书从全国和区域层面系统科学地对低碳经济约束条件下的中国一次能源消费结构优化问题进行探索性研究，得到了以下主要结论：

第一，在理论研究方面，对低碳经济约束下一次能源消费结构优化的相关理论进行了研究；并在经济增长、能源消费和二氧化碳排放现状和特征方面，从全国、三大地带和八大经济区域三个视角，以经济增长、能源消费和二氧化碳排放为比较对象，广泛收集大量的相关资料，分别采用横向比较、纵向比较和定量分析方法来对中国各地区以及全国的 GDP、能源消费、二氧化碳排放现状以及特征进行分析，从中发现中国和世界主要发达国家之间、中国各地区之间存在的差异，剖析产生这些差异的内在原因；基于此使用归纳和演绎相结合方法阐述了低碳经济约束下中国一次能源消费结构优化调整的五大原则，提出低碳经济约束下一次能源消费结构优化的目标。研究结果发现：随着中国经济的稳健、快速发展，中国能源消费量与日俱增，但中国以煤炭为主的能源消费结构所导致的二氧化碳排放总量也大幅增长。同时由于中国的地域差异和经济发展差异所导致的二氧化碳排放情况也各有不同。地区之间的 GDP 和能源消费差异日益扩大，二氧化碳排放强度逐渐降低且地区之间的排放强度差距逐步减小，说明中国在逐步落实二氧化碳减排目标的同时，调整产业结构，转变经济发展模式也取得了一定的成就，但消除经济发展的区域差异仍将是中国的重要课题。

第二，在一次能源消费结构优化方面，首先对一次能源消费结构优化的约束条件进行了分析。利用能源经济学和经济增长理论构建得到二氧化碳减排约束下的经济增长理论模型，根据动态最优控制理论推导得到经济平稳增长路径下有无 CO_2 减排控制的最优经济增长率。并利用偏最小二乘回归方法实证研究得到 2020 年不同经济发展情景下的最优经济增长率。其次从全国整体角度对低碳经济约束下一次能源消费结构优化问题进行了研究。采用 Markov 链模型研究 1995～2012 年一次能源消费结构的变动规律和预测 2020 年无能源规划约束和能源规划约束情景下中国的一次能源消费结构；运用多目标决策方法对基于低碳情景的 2020 年中国一次能源消费结构优化进行了研究。研究结果表明：在低碳经济发展情景中，2020 年二氧化碳排放强度降低 40%～45% 减排目标下最优经济增长率分别为 7.67% 和 7.52%；基准情景下 2020 年最优经济增长率为 8.30%。基于此，设定了两种不同的未来最优经济发展情景，其年均最优经济增长率分别为 9% 和 8%，由此预测得到两种不同经济发展情景下 2020 年经济产出、能源消费需求量和二氧化碳排放量。另外，在无能源规划约束情景下基本可以实现 2020 年单位 GDP 较 2005 年降低 40% 的二氧化碳减排目标，但要实现 45% 的二氧化碳减排目标则存在较大的难度；在有能源规划约束情景下，由于煤炭占一次能源消费比重的显著下降和非化石能源消费比重的大幅提升，一次能源消费结构得到一定优化，可以实现 2020 年单位 GDP 较 2005 年降低 40%～45% 的二氧化碳减排目标。Markov 链模型计算得到的一次能源消费结构和低碳情景下的一次能源消费结构相比，一次能源消费结构在低碳情景中三种不同优化方案下均得到优化调整，煤炭消费比重大幅降低，水电、核电等非化石能源作为重要替代能源在一次能源消费结构中所占比重有很大增幅，能源消费种类将逐渐多元化。

第三，从区域角度对低碳经济约束下一次能源消费结构优化进行研究。首先，本书根据能源消费结构和二氧化碳排放效率的特征利用 K – Means 聚类分析方法进行了类群分析和空间区划，划分结果将中国分为五大类群在区域层面。在二氧化碳排放效率测算方面，运用考虑投入产出松弛的 SBM 模型和传统 CCR 模型分别对中国 30 个省、市、自治区二氧化碳排放效率值进行测算和对比，定量分析了中国省际二氧化碳排放效率状况及差异，并基于地理信息系统 GIS 技术研究各省、市、自治区二氧化碳排放效率演进规律和能源消费结构特征。其次，定性分析二氧化碳排放权配额分配方式、分配原则和分配标准，归纳得到中国省际二氧化碳排放权配额分配原则，从而计算得出不同经济发展情景下各地区相应的二氧化碳排放总配额和年均二氧化碳排放配额；在此基础上，运用多目标决策方法对 5 个具有代表性的省、市进行一次能源消费结构优化研究，并对比和演绎分析它们在两种经济发展情景中 2020 年不同二氧化碳排放权配额下的一次能源消费结构情况。研究结果表明：在中国实现 2020 年二氧化碳排放强度目标和满足节能减排多目标优化的前提下，两种不同经济发展情景下，2020 年这 5 个代表性省、市的一次能源消费结构均呈现出显著的差异，但中国总体的能源消费结构在未来的能源消费结构优化调整中将逐步趋向多元化。

第四，在中国一次能源消费结构优化调整的对策建议方面，通过全方位地系统研究低碳经济约束下中国一次能源消费结构问题，厘清当前中国一次能源消费结构存在的问题并提出相应对策建议。从管理制度建设、技术、政策三个层面提出切实可行的中国一次能源消费结构优化调整的低碳发展对策，对低碳经济背景下中国一次能源消费结构的优化调整具有一定的实践参考价值。

二、展望

如何在保障经济平稳发展的前提下减少二氧化碳排放，建立合理的能源消费结构，是一个极其复杂的科学问题，涉及经济系统、社会系统、生态环境系统、技术路线等多方面。作为世界上负责任的最大发展中国家，中国在积极主动应对气候变化的同时，需要准确把握国家的经济发展情况，合理对各省、市、自治区二氧化碳排放权配额进行分配。

虽然现阶段本书在经济平稳增长路径下最优经济增长和低碳经济约束下一次能源消费结构优化方面都做了一些工作，但尚存在一些不足之处，今后仍然需要开展进一步的研究：

第一，本书是以新古典经济增长理论为基础，构建了包含能源、资本、劳动、技术、CO_2 减排控制率的经济增长理论模型，该模型假定技术进步是外生的，为 Hicks 中性技术进步，其变化率服从指数增长，从而根据最优控制理论得到了平稳经济增长路径下的最优经济增长率。下一步，应该将最优经济增长模型进行拓展，将技术内生化对其进行系统分析。

第二，本书基于分配公平的原则，依据人均累计二氧化碳排放量指标，从考虑历史责任和依据未来需求对中国各省、市、自治区的二氧化碳排放权配额进行了研究。二氧化碳排放权配额分配是一个极其复杂的系统工程，需要在未来研究中从不同分配原则、不同分配标准出发对其进行系统科学分析并对比之间的优缺点，从而为二氧化碳减排政策的制定提供有益的指导建议。

第三，由于能源消费结构问题是个较新且十分复杂的现实问题，中国对这方面的数据收集积累还略显不足，同时二氧化碳排放量方面的数据至今还缺乏统一的计算标准和权威数据，而准确充分的数据是研究经济问题的基础，在未来的研究中仍需要进一步完善数据资料库建设，使其实证研究方法更加适宜、科学。

附　录

2000～2011 年中国各省、市、自治区面板数据
（能源消费总量、就业人数、资本投入、GDP 和二氧化碳排放量）

地区名称	地区序号	年度	能源消费总量（万吨标准煤）	就业人数（万人）	资本投入（亿元）	GDP（亿元）	二氧化碳排放量（亿吨碳）
北京	1	2000	4144.00	619.30	7750.66	3161.70	0.7743
	1	2001	4313.00	628.90	8884.50	3708.00	0.7811
	1	2002	4436.00	679.20	10236.57	4315.00	0.8024
	1	2003	4648.00	703.30	11814.46	5007.20	0.8252
	1	2004	5140.00	854.10	13572.08	6033.20	0.8818
	1	2005	5521.94	878.00	15501.19	6969.50	1.0104
	1	2006	5904.11	919.70	17823.50	8117.80	1.0542
	1	2007	6285.04	942.70	20477.15	9846.81	1.0911
	1	2008	6327.13	980.90	22616.32	11115.00	1.0888
	1	2009	6570.34	998.30	25428.00	12153.03	1.0963
	1	2010	6954.05	1031.60	28733.22	14113.58	1.1226
	1	2011	6995.4	1069.70	31695.38	16251.93	1.0918
天津	2	2000	2793.71	407.00	2266.70	1701.88	0.6921
	2	2001	2918.00	411.00	2860.59	1919.09	0.7266
	2	2002	3022.00	403.00	3535.35	2150.76	0.7892
	2	2003	3215.00	420.00	4386.99	2578.03	0.8024
	2	2004	3697.00	422.00	5320.44	3111.00	0.9274
	2	2005	4084.57	427.00	6426.86	3905.60	0.9984
	2	2006	4500.15	427.00	7767.58	4462.70	0.9949
	2	2007	4942.82	433.00	9471.03	5252.76	1.0353
	2	2008	5363.59	503.00	11715.97	6719.01	1.0793

续表

地区名称	地区序号	年度	能源消费总量（万吨标准煤）	就业人数（万人）	资本投入（亿元）	GDP（亿元）	二氧化碳排放量（亿吨碳）
天津	2	2009	5874.09	507.26	15023.48	7521.85	1.1302
	2	2010	6818.08	520.78	19488.56	9224.46	1.3836
	2	2011	7598.45	763.16	23870.69	11307.28	1.5497
河北	3	2000	11195.71	3385.71	7629.69	5043.96	2.5878
	3	2001	10391.00	3409.16	9162.65	5516.76	2.6852
	3	2002	11588.00	3435.00	10737.08	6018.28	2.9053
	3	2003	13483.00	3470.23	12637.13	6921.30	3.1434
	3	2004	15782.00	3516.71	14963.59	8477.60	3.5887
	3	2005	19835.99	3568.97	17949.18	10012.10	4.3613
	3	2006	21794.09	3609.99	21903.04	11467.60	4.5447
	3	2007	23585.13	3664.97	26690.15	13607.32	5.1838
	3	2008	24321.87	3725.66	32266.39	16011.97	5.1703
	3	2009	25418.79	3792.49	40563.21	17235.48	5.5823
	3	2010	27531.11	3865.14	50282.32	20394.26	5.8819
	3	2011	29498.29	3962.42	59867.85	24515.76	6.5943
山西	4	2000	6728.00	1392.40	2038.89	1845.72	2.8563
	4	2001	7968.00	1399.50	2589.43	2029.53	2.9828
	4	2002	9340.00	1403.34	3255.74	2324.80	3.6149
	4	2003	10386.00	1469.50	4139.71	2855.20	4.1006
	4	2004	11251.00	1474.60	5237.75	3571.40	4.4952
	4	2005	12749.83	1500.20	6578.70	4230.50	5.1531
	4	2006	14098.19	1561.16	8199.88	4878.60	5.6954
	4	2007	15601.06	1595.65	10166.29	6024.45	5.8720
	4	2008	15675.42	1614.10	12246.97	7315.40	5.8088
	4	2009	15575.77	1630.60	15329.06	7358.31	5.7238
	4	2010	16808.03	1685.90	19143.25	9200.86	6.1467
	4	2011	18315.12	1738.89	23020.80	11237.55	6.8628
内蒙古	5	2000	3549.33	1017.00	1236.57	1539.12	1.2196
	5	2001	4073.00	1013.00	1674.37	1713.81	1.2976
	5	2002	4560.00	1010.00	2285.99	1940.94	1.4188

续表

地区名称	地区序号	年度	能源消费总量（万吨标准煤）	就业人数（万人）	资本投入（亿元）	GDP（亿元）	二氧化碳排放量（亿吨碳）
内蒙古	5	2003	5778.00	1005.00	3296.29	2388.40	1.7184
	5	2004	7623.00	1019.00	4761.71	3041.10	2.3892
	5	2005	9666.11	1041.00	6847.96	3905.00	2.9369
	5	2006	11220.77	1041.00	9368.12	4944.20	3.4363
	5	2007	12777.17	1082.00	12485.42	6423.18	3.9555
	5	2008	14100.32	1103.00	16013.71	8496.20	4.7348
	5	2009	15343.55	1142.47	20861.99	9740.25	5.1431
	5	2010	16820.30	1184.68	26376.15	11672.00	5.8065
	5	2011	18736.91	1243.71	32187.11	14359.88	7.3571
辽宁	6	2000	10655.82	2052.00	4466.88	4669.10	2.3327
	6	2001	10656.00	2069.30	5659.07	5033.08	2.3404
	6	2002	10602.00	2025.30	6964.15	5458.22	2.3065
	6	2003	11253.00	2018.90	8619.60	6002.50	2.5144
	6	2004	13074.00	2097.30	10932.15	6672.00	2.8987
	6	2005	13610.74	2120.30	14147.81	8047.30	3.2685
	6	2006	14986.79	2128.10	18431.73	9304.50	3.5627
	6	2007	16543.92	2180.70	23763.90	11164.30	3.7639
	6	2008	17801.26	2198.20	30299.16	13668.58	3.8423
	6	2009	19111.90	2277.10	38553.24	15212.49	4.0229
	6	2010	20946.52	2317.50	48964.34	18457.27	4.5207
	6	2011	22712.20	2364.90	59300.61	22226.70	4.9677
吉林	7	2000	3766.41	1164.02	2209.20	1951.51	0.9758
	7	2001	3863.00	1167.41	2792.80	2120.35	1.0296
	7	2002	4531.00	1186.60	3468.53	2348.54	1.0766
	7	2003	5174.00	1202.50	4231.89	2662.10	1.2123
	7	2004	5603.00	1222.00	5106.02	3122.00	1.3068
	7	2005	5315.40	1238.90	6435.94	3620.30	1.6132
	7	2006	5908.07	1250.50	8425.33	4275.10	1.8008
	7	2007	6557.31	1266.10	11134.89	5284.69	1.9116
	7	2008	7221.36	1281.40	14605.87	6426.10	1.9435

续表

地区名称	地区序号	年度	能源消费总量（万 t 标准煤）	就业人数（万人）	资本投入（亿元）	GDP（亿元）	二氧化碳排放量（亿吨碳）
吉林	7	2009	7697.77	1297.30	19031.44	7278.75	1.9777
	7	2010	8297.31	1311.60	25632.91	8667.58	2.2295
	7	2011	9103.04	1337.78	29885.79	10568.83	2.5344
黑龙江	8	2000	6166.15	1600.80	3572.34	3151.40	1.5916
	8	2001	6037.00	1592.56	4356.34	3390.13	1.5137
	8	2002	6004.00	1603.10	5181.56	3637.20	1.5198
	8	2003	6714.00	1614.04	6059.05	4057.40	1.7480
	8	2004	7466.00	1681.10	7084.14	4750.60	2.0231
	8	2005	8050.00	1748.90	8307.75	5513.70	2.1873
	8	2006	8730.96	1784.09	9881.34	6211.80	2.3173
	8	2007	9377.14	1827.60	11799.19	7104.00	2.5199
	8	2008	9979.39	1852.38	14065.08	8314.37	2.6900
	8	2009	10466.70	1877.00	17386.68	8587.00	2.7636
	8	2010	11233.51	1932.00	21699.36	10368.60	3.0376
	8	2011	12118.50	1977.77	25906.30	12582.00	3.3044
上海	9	2000	5499.48	745.24	16308.12	4771.17	1.2709
	9	2001	5818.00	752.26	17473.57	5210.12	1.3200
	9	2002	6249.00	792.04	18765.26	5741.03	1.4010
	9	2003	6796.00	813.05	20197.87	6694.23	1.5178
	9	2004	7406.00	836.87	21983.18	8072.80	1.6509
	9	2005	8225.05	863.32	24068.66	9247.70	1.7562
	9	2006	8875.70	885.51	26390.24	10572.20	1.8868
	9	2007	9670.45	909.08	28939.47	12494.01	1.9707
	9	2008	10207.36	1053.24	31370.77	14069.86	2.0163
	9	2009	10367.38	1064.42	33983.33	15046.45	2.0497
	9	2010	11201.13	1090.76	36533.03	17165.98	2.2564
	9	2011	11270.48	1104.33	38430.51	19195.69	2.2852
江苏	10	2000	8612.43	4418.14	13314.70	8553.69	2.1542
	10	2001	8881.00	4436.45	15925.71	9456.84	2.1848
	10	2002	9609.00	4472.84	18884.28	10606.85	2.3446

续表

地区名称	地区序号	年度	能源消费总量（万吨标准煤）	就业人数（万人）	资本投入（亿元）	GDP（亿元）	二氧化碳排放量（亿吨碳）
江苏	10	2003	11060.00	4499.97	22930.45	12442.87	2.6571
	10	2004	13652.00	4537.07	27620.86	15003.60	3.2188
	10	2005	17167.39	4578.75	33644.77	18598.70	3.9958
	10	2006	19040.99	4628.95	40394.64	21742.10	4.3668
	10	2007	20948.04	4677.88	48166.33	26018.48	4.7263
	10	2008	22232.23	4700.96	56855.54	30981.98	4.9347
	10	2009	23709.28	4726.54	68080.71	34457.30	5.0603
	10	2010	25773.71	4754.68	81054.75	41425.48	5.4678
	10	2011	27588.97	4758.23	94652.65	49110.27	6.3510
浙江	11	2000	6560.37	2726.09	12224.47	6141.03	1.3250
	11	2001	6530.00	2796.65	14436.90	6898.34	1.4531
	11	2002	8280.00	2858.56	17161.44	8003.67	1.5705
	11	2003	9523.00	2918.74	20842.42	9705.00	1.7490
	11	2004	10825.00	2991.95	25027.74	11648.70	2.1565
	11	2005	12031.67	3100.76	29654.19	13417.70	2.4924
	11	2006	13218.85	3172.38	34912.88	15718.50	2.8377
	11	2007	14524.13	3405.01	40330.80	18753.73	3.1944
	11	2008	15106.88	3486.53	45568.85	21462.69	3.2319
	11	2009	15566.89	3591.98	51934.69	22990.35	3.3496
	11	2010	16865.29	3636.02	58940.45	27722.31	3.5723
	11	2011	17827.27	3674.11	66140.98	32318.85	3.8165
安徽	12	2000	4878.82	3450.70	3061.42	2902.09	1.2686
	12	2001	5118.00	3463.00	3806.21	3246.71	1.3580
	12	2002	5316.00	3500.50	4684.01	3519.72	1.4251
	12	2003	5457.00	3544.90	5812.43	3923.11	1.5982
	12	2004	6017.00	3605.20	7273.65	4759.30	1.6684
	12	2005	6505.98	3669.70	9169.48	5375.10	1.7819
	12	2006	7069.38	3741.00	11819.09	6112.50	1.8976
	12	2007	7739.35	3818.00	15473.72	7360.92	2.0984
	12	2008	8325.43	3916.00	19845.28	8851.66	2.4220

续表

地区名称	地区序号	年度	能源消费总量（万吨标准煤）	就业人数（万人）	资本投入（亿元）	GDP（亿元）	二氧化碳排放量（亿吨碳）
安徽	12	2009	8895.90	3988.00	25995.04	10062.82	2.6888
	12	2010	9706.60	4050.00	33630.15	12359.33	2.8549
	12	2011	10570.23	4120.90	40634.51	15300.65	3.1191
福建	13	2000	3463.40	1660.19	4414.91	3764.54	0.5689
	13	2001	3163.00	1677.79	5334.34	4072.85	0.5802
	13	2002	3762.00	1711.32	6308.29	4467.55	0.7117
	13	2003	4121.00	1756.71	7491.90	4983.67	0.8489
	13	2004	4625.00	1814.03	8943.18	5763.40	1.0012
	13	2005	6141.60	1868.50	10734.67	6554.70	1.2385
	13	2006	6827.87	1949.58	13113.77	7583.80	1.3557
	13	2007	7587.13	2015.33	16278.02	9248.53	1.5347
	13	2008	8254.04	2079.78	19810.27	10823.01	1.6200
	13	2009	8916.46	2168.86	24126.24	12236.53	1.7491
	13	2010	9808.52	2241.59	29739.80	14737.12	1.9214
	13	2011	10652.60	2459.99	35947.71	17560.18	2.2937
江西	14	2000	2505.00	2060.90	1701.91	2003.07	0.5658
	14	2001	2329.00	2054.80	2255.68	2175.68	0.5901
	14	2002	2933.00	2130.60	3041.82	2450.48	0.6194
	14	2003	3426.00	2168.20	4143.48	2807.41	0.7494
	14	2004	3814.00	2214.00	5470.94	3456.70	0.8946
	14	2005	4286.01	2276.70	7137.43	4056.80	0.9880
	14	2006	4660.10	2321.10	9098.32	4820.50	1.0680
	14	2007	5052.54	2369.60	11349.07	5800.25	1.1818
	14	2008	5382.96	2404.50	14303.52	6971.05	1.2073
	14	2009	5812.54	2445.20	18718.75	7655.18	1.2214
	14	2010	6354.88	2498.80	24250.85	9451.26	1.4506
	14	2011	6928.17	2532.63	29219.61	11702.82	1.6021
山东	15	2000	11361.90	5441.80	10202.23	8337.47	2.1613
	15	2001	9955.00	5475.30	12461.15	9195.04	2.6444
	15	2002	14599.00	5527.00	15261.27	10275.50	2.9699

续表

地区名称	地区序号	年度	能源消费总量（万吨标准煤）	就业人数（万人）	资本投入（亿元）	GDP（亿元）	二氧化碳排放量（亿吨碳）
山东	15	2003	16837.00	5620.60	19549.42	12078.15	3.5110
	15	2004	19624.00	5728.10	25305.76	15021.80	4.2238
	15	2005	24161.95	5840.70	33083.08	18366.90	5.9891
	15	2006	26759.27	5960.00	40812.31	21900.20	6.7853
	15	2007	29176.59	6081.40	48929.25	25776.91	7.3899
	15	2008	30569.95	6187.60	58097.07	30933.28	7.9296
	15	2009	32420.24	6294.20	69972.34	33896.65	8.1684
	15	2010	34807.77	6401.90	83914.86	39169.92	8.8511
	15	2011	37132.00	6485.60	98477.41	45361.85	9.2787
河南	16	2000	7918.84	5572.00	5585.80	5052.99	1.8967
	16	2001	8244.00	5517.00	6928.01	5533.01	2.0279
	16	2002	9055.00	5522.00	8418.69	6035.48	2.2254
	16	2003	10595.00	5536.00	10244.04	6867.70	2.4584
	16	2004	13074.00	5587.00	12468.62	8553.80	3.2151
	16	2005	14624.59	5662.00	15658.22	10587.40	3.9467
	16	2006	16232.42	5719.00	19938.85	12362.80	4.4580
	16	2007	17837.79	5773.00	25505.47	15012.46	4.9127
	16	2008	18976.27	5835.00	32119.45	18018.53	5.0774
	16	2009	19751.24	5948.78	41204.52	19480.46	5.1926
	16	2010	21437.76	6041.56	51650.44	23092.36	5.6155
	16	2011	23061.88	6198.00	61546.45	26931.03	6.1459
湖北	17	2000	6269.09	3384.90	6195.71	3545.39	1.4220
	17	2001	6052.00	3414.50	7436.12	3880.53	1.4095
	17	2002	6713.00	3443.00	8761.23	4212.82	1.5156
	17	2003	7708.00	3476.00	10148.42	4757.45	1.7139
	17	2004	9120.00	3507.00	11795.14	5633.20	1.8945
	17	2005	10081.95	3537.00	13741.06	6590.20	2.0919
	17	2006	11049.08	3564.00	16193.25	7617.50	2.3301
	17	2007	12143.12	3584.00	19210.73	9333.40	2.5869
	17	2008	12844.72	3607.00	22608.33	11328.89	2.5845

续表

地区名称	地区序号	年度	能源消费总量（万吨标准煤）	就业人数（万人）	资本投入（亿元）	GDP（亿元）	二氧化碳排放量（亿吨碳）
湖北	17	2009	13707.81	3622.00	27622.99	12961.10	2.8151
	17	2010	15137.59	3645.00	34304.46	15967.61	3.2202
	17	2011	16579.23	3672.00	41323.00	19632.26	3.7172
湖南	18	2000	4070.71	3577.58	3982.28	3551.50	0.7918
	18	2001	4622.00	3607.96	4942.39	3831.90	0.9281
	18	2002	5045.00	3644.52	6021.96	4151.50	0.9893
	18	2003	5562.00	3694.78	7243.42	4660.00	1.1366
	18	2004	7134.00	3747.10	8762.12	5641.90	1.3844
	18	2005	9709.27	3801.48	10627.00	6596.10	1.9772
	18	2006	10580.90	3842.17	12793.63	7688.70	2.1367
	18	2007	11628.99	3883.41	15490.44	9439.60	2.3377
	18	2008	12355.31	3910.06	18761.51	11555.00	2.2968
	18	2009	13331.04	3935.21	23471.84	13059.69	2.4478
	18	2010	14880.06	3982.73	29225.81	16037.96	2.5938
	18	2011	16160.86	4005.03	35579.24	19669.56	2.9580
广东	19	2000	9447.70	3989.32	17388.27	10741.25	2.0076
	19	2001	10179.00	4058.63	20048.21	12039.25	2.1082
	19	2002	11355.00	4134.37	23020.49	13502.42	2.3056
	19	2003	13099.00	4395.93	26796.70	15844.64	2.6598
	19	2004	15210.00	4681.89	31003.63	18864.60	2.9886
	19	2005	17920.98	5022.97	35944.47	22557.40	3.4716
	19	2006	19970.91	5177.02	41464.34	26587.80	3.8077
	19	2007	22217.11	5341.50	47823.59	31777.01	4.2029
	19	2008	23476.17	5471.72	54225.23	36796.71	4.3569
	19	2009	24653.69	5688.62	62334.00	39482.56	4.5311
	19	2010	26908.02	5870.48	72311.55	46013.06	4.9650
	19	2011	28479.99	5960.74	81840.23	53210.28	5.4439
广西	20	2000	2669.34	2566.00	2033.45	2080.00	0.5205
	20	2001	2669.00	2578.00	2574.55	2279.30	0.5501
	20	2002	3120.00	2589.00	3179.24	2523.70	0.5371

续表

地区名称	地区序号	年度	能源消费总量（万吨标准煤）	就业人数（万人）	资本投入（亿元）	GDP（亿元）	二氧化碳排放量（亿吨碳）
广西	20	2003	3523.00	2601.00	3904.89	2821.10	0.6320
	20	2004	4203.00	2649.00	4844.69	3433.50	0.8208
	20	2005	4868.57	2703.00	6106.31	3984.10	0.9246
	20	2006	5390.35	2760.00	7767.82	4746.20	1.0215
	20	2007	5997.38	2769.00	9949.99	5823.41	1.1572
	20	2008	6497.05	2799.00	12498.13	7021.00	1.1338
	20	2009	7074.96	2849.00	16210.58	7759.16	1.2568
	20	2010	7918.97	2903.00	21716.74	9569.85	1.4921
	20	2011	8591.36	2936.00	26677.25	11720.87	1.6948
海南	21	2000	479.95	335.17	892.43	526.80	0.0912
	21	2001	520.00	338.39	1060.49	558.40	0.1015
	21	2002	602.00	349.89	1236.32	622.00	0.1500
	21	2003	684.00	360.34	1449.97	693.20	0.1610
	21	2004	742.00	367.74	1672.80	798.90	0.2006
	21	2005	822.20	379.55	1927.20	898.00	0.1628
	21	2006	920.45	389.03	2217.21	1044.90	0.1837
	21	2007	1057.00	397.46	2537.94	1254.17	0.2174
	21	2008	1135.33	408.36	2946.01	1503.06	0.2516
	21	2009	1232.52	424.56	3565.85	1654.21	0.2700
	21	2010	1358.51	439.65	4369.71	2064.50	0.3107
	21	2011	1600.62	459.22	5299.91	2522.66	0.3841
重庆	22	2000	2428.00	1661.16	2525.74	1791.00	0.6913
	22	2001	3016.00	1616.08	3194.91	1976.86	0.6368
	22	2002	2662.00	1551.77	4016.06	2232.86	0.7035
	22	2003	3009.00	1499.99	5030.53	2555.72	0.6271
	22	2004	3590.00	1471.34	6256.48	2692.80	0.7157
	22	2005	4942.89	1456.30	7730.22	3467.70	0.8174
	22	2006	5368.50	1454.77	9490.48	3907.20	0.9163
	22	2007	5946.90	1468.87	11639.80	4676.13	1.0081
	22	2008	6472.36	1492.43	14054.63	5793.66	1.2642

续表

地区名称	地区序号	年度	能源消费总量（万吨标准煤）	就业人数（万人）	资本投入（亿元）	GDP（亿元）	二氧化碳排放量（亿吨碳）
重庆	22	2009	7029.82	1513.00	17366.82	6530.01	1.3695
	22	2010	7855.52	1539.95	21728.35	7925.58	1.5303
	22	2011	8791.96	1585.16	25963.48	10011.37	1.7325
四川	23	2000	6517.82	4658.40	5832.87	3928.20	1.1545
	23	2001	6810.00	4664.80	7091.77	4293.49	1.1793
	23	2002	7510.00	4667.60	8506.85	4725.01	1.3623
	23	2003	9204.00	4683.50	10151.69	5333.09	1.7453
	23	2004	10700.00	4691.00	12022.81	6379.60	1.9679
	23	2005	11816.14	4702.00	14427.88	7385.10	1.9273
	23	2006	12986.50	4715.00	17505.06	8690.20	2.1564
	23	2007	14214.20	4731.00	21327.85	10562.39	2.3922
	23	2008	15145.07	4740.00	25344.16	12601.23	2.6850
	23	2009	16321.75	4756.62	32326.25	14151.28	3.0558
	23	2010	17891.83	4772.53	40324.05	17185.48	3.0961
	23	2011	19696.19	4785.47	47881.17	21026.68	3.1379
贵州	24	2000	4278.61	1866.28	1580.36	1029.92	1.0613
	24	2001	4438.00	2068.01	2032.95	1133.27	1.0290
	24	2002	4470.00	2106.14	2559.97	1243.43	1.0801
	24	2003	5534.00	2145.00	3164.74	1426.34	1.4007
	24	2004	6282.00	2186.00	3811.68	1677.80	1.6390
	24	2005	5641.25	1944.29	4551.27	2005.40	1.7800
	24	2006	6172.45	1953.24	5405.89	2339.00	2.0448
	24	2007	6799.72	1872.64	6435.33	2884.11	2.2081
	24	2008	7083.99	1867.20	7608.90	3561.56	2.0495
	24	2009	7566.33	1841.92	9153.34	3912.68	2.2802
	24	2010	8175.43	1770.90	11170.89	4602.16	2.2978
	24	2011	9067.85	1792.80	13734.05	5701.84	2.5447
云南	25	2000	3468.33	2295.40	2999.09	2011.19	0.6195
	25	2001	3490.00	2322.50	3576.67	2138.31	0.7024
	25	2002	4131.00	2341.30	4218.28	2312.82	0.7643

续表

地区名称	地区序号	年度	能源消费总量（万吨标准煤）	就业人数（万人）	资本投入（亿元）	GDP（亿元）	二氧化碳排放量（亿吨碳）
云南	25	2003	4450.00	2353.30	4996.67	2556.02	0.9725
	25	2004	5210.00	2401.40	5940.42	3081.90	0.6653
	25	2005	6023.97	2461.30	7148.70	3461.70	1.4627
	25	2006	6620.57	2517.60	8661.80	3988.10	1.6373
	25	2007	7132.63	2573.80	10491.49	4772.52	1.6895
	25	2008	7510.82	2638.37	12554.53	5692.12	1.7635
	25	2009	8032.06	2684.80	15401.65	6169.75	1.9646
	25	2010	8674.17	2765.90	18762.70	7224.18	2.1150
	25	2011	9540.28	2857.24	22245.45	8893.12	2.2012
陕西	26	2000	2731.23	1813.00	2786.08	1804.00	0.6880
	26	2001	3257.00	1785.00	3480.76	2010.62	0.7954
	26	2002	3713.00	1874.00	4260.33	2253.39	0.8903
	26	2003	4170.00	1912.00	5277.55	2587.72	1.0078
	26	2004	4776.00	1941.00	6421.85	3175.60	1.2793
	26	2005	5571.34	1976.00	7843.74	3933.70	1.4039
	26	2006	6129.36	1986.00	9688.78	4743.60	1.7163
	26	2007	6774.86	2013.00	12205.95	5757.29	1.8662
	26	2008	7417.46	2039.00	15067.68	7314.58	2.1593
	26	2009	8043.6	2060.00	19047.79	8169.80	2.2710
	26	2010	8882.11	2074.00	24357.07	10123.48	2.7463
	26	2011	9760.77	2059.00	29649.76	12512.30	3.0982
甘肃	27	2000	3011.62	1476.45	1603.49	1052.90	0.6353
	27	2001	2905.00	1488.93	1982.31	1125.40	0.6225
	27	2002	3174.00	1500.59	2391.56	1232.00	0.6481
	27	2003	3525.00	1510.85	2859.03	1399.80	0.7864
	27	2004	3908.00	1520.46	3392.26	1688.50	0.8112
	27	2005	4367.67	1391.36	4007.33	1934.00	0.9004
	27	2006	4743.05	1401.36	4692.55	2276.70	0.9440
	27	2007	5109.29	1414.76	5556.61	2702.40	1.0538
	27	2008	5346.33	1446.34	6631.45	3166.82	1.1069

续表

地区名称	地区序号	年度	能源消费总量（万吨标准煤）	就业人数（万人）	资本投入（亿元）	GDP（亿元）	二氧化碳排放量（亿吨碳）
甘肃	27	2009	5481.60	1488.63	8138.47	3387.56	1.0794
	27	2010	5923.13	1499.56	10270.84	4120.75	1.2727
	27	2011	6495.78	1500.26	12604.54	5020.37	1.4714
青海	28	2000	897.20	283.91	667.26	263.68	0.1299
	28	2001	930.00	285.66	832.53	300.13	0.1574
	28	2002	989.00	287.72	1030.62	340.65	0.1631
	28	2003	1066.00	289.80	1251.77	390.20	0.1879
	28	2004	1364.00	290.42	1479.16	466.10	0.1949
	28	2005	1670.36	291.04	1733.05	543.30	0.2066
	28	2006	1903.39	294.19	2012.32	648.50	0.2545
	28	2007	2095.02	298.56	2319.65	797.35	0.2839
	28	2008	2279.15	301.00	2645.43	1018.62	0.3582
	28	2009	2348.17	303.26	3112.36	1081.27	0.3527
	28	2010	2568.26	307.65	3729.46	1350.43	0.3460
	28	2011	3189.03	309.18	4517.53	1670.44	0.4426
宁夏	29	2000	1179.43	275.50	638.61	295.00	0.1894
	29	2001	1228.00	279.00	793.10	337.40	0.2041
	29	2002	1378.00	282.40	974.44	377.20	0.2362
	29	2003	2015.00	291.40	1225.17	445.40	0.6649
	29	2004	2322.00	298.10	1502.90	537.10	0.6148
	29	2005	2536.08	299.60	1818.99	612.60	0.6956
	29	2006	2829.78	308.10	2162.53	725.90	0.7480
	29	2007	3077.26	309.50	2560.77	919.11	0.8782
	29	2008	3229.26	303.90	3074.86	1203.92	0.9214
	29	2009	3387.65	328.50	3753.00	1353.31	1.0164
	29	2010	3681.10	326.00	4652.08	1689.65	1.2258
	29	2011	4316.33	339.60	5554.54	2102.21	1.6587
新疆	30	2000	3327.63	672.50	2908.51	1363.60	0.7416
	30	2001	3496.00	685.38	3451.86	1491.60	0.7693
	30	2002	3723.00	701.49	4058.29	1612.70	0.7968

续表

地区名称	地区序号	年度	能源消费总量（万吨标准煤）	就业人数（万人）	资本投入（亿元）	GDP（亿元）	二氧化碳排放量（亿吨碳）
新疆	30	2003	4177.00	721.27	4771.97	1886.40	0.8921
	30	2004	4910.00	744.49	5567.02	2209.10	1.0327
	30	2005	5506.49	791.62	6462.46	2604.20	1.1867
	30	2006	6047.27	811.75	7483.42	3045.30	1.3276
	30	2007	6575.92	830.42	8629.75	3523.16	1.4503
	30	2008	7069.39	847.58	9868.06	4183.21	1.5693
	30	2009	7525.56	866.15	11429.47	4277.05	1.8573
	30	2010	8290.20	894.65	13409.82	5437.47	2.0278
	30	2011	9926.50	953.34	15858.82	6610.05	2.4123

注：不包括西藏、台湾、香港、澳门；地区生产总值GDP（亿元）为当年价格。

参考文献

[1] Abosedra S, Baghestani H. New Evidence on the Causal Relationship between US, Energy Consumption and Gross National Product [J]. Journal of Energy and Development, 1989, 14 (2) .

[2] Akarca A T, Long T V. Relationship between Energy and GNP: A Reexamination [J]. Journal of Energy and Development, 1980, 5 (2) .

[3] Andrikopoulos A A, Brox J A. Paraskevopoulos C C. Interfuel and Interfactor Substitution in Ontario Manufacturing [J]. Applied Economics, 1989, 21 (12) .

[4] Ang J B. CO_2 Emissions, Energy Consumption, and Output in France [J]. Energy Policy, 2007, 35 (10) .

[5] Ansuategi A. Economic Growth and Transboundary Pollution in Europe: An Empirical Analysis [J]. Environmental and Resource Economics, 2003, 26 (2) .

[6] Apergis N, Payne J E. CO_2 Emissions, Energy Usage, and Output in Central America [J]. Energy Policy, 2009, 37 (8) .

[7] Asafu - Adjaye J. The Relationship between Energy Consumption, Energy Prices and Economic Growth: Time Series Evidence from Asian Developing Countries [J]. Energy Economics, 2000, 22 (6) .

[8] Atkeson A, Kehoe P J. Models of Energy Use: Putty - putty Versus Putty - clay [J]. The American Economic Review, 1999, 89 (4) .

[9] Babiker M H. Climate Change Policy, Market Structure, and Carbon Leakage [J]. Journal of International Economics, 2005, 65 (2) .

[10] Baer P et al. Greenhouse Development Rights: Towards an Equitable Framework for Gglobal Climate Policy [J]. Cambridge Review of International Affairs, 2008, 21 (4) .

[11] Belke A, Dobnik F, Dreger C. Energy Consumption and Economic Growth: New Insights into the Cointegration Relationship [J]. Energy Economics,

2011, 33 (5).

[12] Bohringer C, Welsch H. Contraction and Convergence of Carbon Emissions: an Intertemporal Multi - region CGE Mnalysis [J]. Journal of Policy Modeling, 2004, 26 (1).

[13] Bohringer C. The Synthesis of Bottom - up and Top - down in Energy Policy Modeling [J]. Energy Economics, 1998, 20 (3).

[14] Bollen J et al. Local Air Pollution and Global Climate Change: A Combined Cost - benefit Analysis [J]. Resource and Energy Economics, 2009, 31 (3).

[15] Brendemoen A, Vennemo H. A Climate Treaty and the Norwegian Economy: A CGE Assessment [J]. Energy Journal, 1994, 15 (1).

[16] Bruvoll A, Medin H. Factors behind the Environmental Kuznets Curve, a Decomposition of the Changes in Air Pollution [J]. Environmental and Resource Economics, 2003, 24 (1).

[17] Bye B, Jacobsen K. Restricted Carbon Emissions and Directed R&D Support; an Applied General Equilibrium Analysis [J]. Energy Economics, 2011, 33 (3).

[18] Bye B. Environmental Tax Reform and Producer Foresight: An Intertemporal Computable General Equilibrium Analysis [J]. Journal of Policy Modeling, 2000, 22 (6).

[19] Cheng B S, Lai T W. An Investigation of Co - integration and Causality between Energy Consumption and Economic Activity in Taiwan [J]. Energy Economics, 1997, 19 (4).

[20] Chichilnisky G, North - South Trade and the Global Environment [J]. American Economic Review, 1994, 84 (4).

[21] Chiou - Wei S Z, Chen C - F, Zhu Z. Economic Growth and Energy Consumption Revisited - Evidence from Linear and Nonlinear Granger Causality [J]. Energy Economics, 2008, 30 (6).

[22] Cho W G, Nam K, Pagan J A. Economic Growth and Interfactor/Interfuel Substitution in Korea [J]. Energy Economics, 2004, 26 (1).

[23] Chung Y H, Fare R, Grosskopf S. Productivity and Undesirable Outputs: A Directional Distance Function Approach [J]. Journal of Environmental Management, 1997, 51 (3).

[24] Ciarreta A, Zarraga A. Economic Growth - Electricity Consumption Causality in 12 European Countries: A Dynamic Panel Data Approach [J]. Energy Policy,

2010, 38 (7) .

[25] Copeland B R, Taylor M S. Trade and the Environment: A Partial Synthesis [J]. American Journal of Agricultural Economics, 1995, 77 (3) .

[26] Dasgupta P, Heal G. The Optimal Depletion of Exhaustible Resources [J]. Review of Economic Studies, 1974, 41 (5) .

[27] Dasgupta S et al. Confronting the Environmental Kuznets curve [J]. The Journal of Economic Perspectives, 2002, 16 (1) .

[28] Dellink R et al. Dynamic Modelling of Pollution Abatement in a CGE Framework [J]. Economic Modelling, 2004, 21 (6) .

[29] Dinda S. Environmental Kuznets Curve Hypothesis: A Survey [J]. Ecological economics, 2004, 49 (4) .

[30] Dissou Y, Leod C M, Souissi M. Compliance Costs to the Kyoto Protocol and Market Structure in Canada: a Dynamic General Equilibrium Analysis [J]. Journal of Policy Modeling, 2002, 24 (7) .

[31] Dowlatabadi H, Morgan M G. A Model Framework for Integrated Studies of the Climate Problem [J]. Energy Policy, 1993, 21 (3) .

[32] Doyen L et al. Optimal Timing of CO_2 Mitigation Policies for a Cost – effectiveness Model [J]. Mathematical and Computer Modelling, 2008, 48 (5 – 6) .

[33] Erol U, Yu E S. Time Series Analysis of the Causal Relationships between US Energy and Employment [J]. Resources and Energy, 1987, 9 (1) .

[34] Fisher – Vanden K, Sue Wing I. Accounting for Quality: Issues with Modeling the Impact of R&D on Economic Growth and Carbon Emissions in Developing Economies [J]. Energy Economics, 2008, 30 (6) .

[35] Frankel J. An Elaborated Proposal for Global Climate Policy Architecture: Specific Formulas and Emission Targets for all Countries in all Decades [J]. Harvard Project on International Climate Agreement, 2008 (20) .

[36] Gabriel S A, Kydes A S, Whitman P. The National Energy Modeling System: a Large – scale Energy – economic Equilibrium Model [J]. Operations Research, 2001, 49 (1) .

[37] Gergel S E et al. A Test of the Environmental Kuznets Curve Using Long – term Watershed Inputs [J]. Ecological Applications, 2004, 14 (2) .

[38] Gerlagh R. Measuring the Value of Induced Technological Change [J]. Energy Policy, 2007, 35 (11) .

[39] Ghali K H, El – Sakka M I. Energy Use and Output Growth in Canada: A

Multivariate Cointegration Analysis [J]. Energy Economics, 2004, 26 (2) .

[40] Glasure Y U, Lee A – R. Cointegration, Error – correction, and the Relationship between GDP and Energy: The Case of South Korea and Singapore [J]. Resource and Energy Economics, 1998, 20 (1) .

[41] Goldsmith R W. A Perpetual Inventory of National Wealth [J]. Nber Chapters: Studies in Income and Wealth, 1951, 14.

[42] Goulder L H. Environmental Taxation and the Double Dividend: A Reader's Guide [J]. International Tax and Public Finance, 1995, 2 (2) .

[43] Grimaud A, Rouge L. Non – renewable Resources and Growth with Vertical Innovations: Optimum, Equilibrium and Economic Policies [J]. Journal of Environmental Economics and Management, 2003, 45 (2) .

[44] Grossman G M, Krueger A B. Economic Growth and the Environment [J]. The Quarterly Journal of Economics, 1995, 110 (2) .

[45] Gylfason T. Natural Resources, Education, and Economic Development [J]. European Economic Review, 2001, 45 (4) .

[46] Hailu A, Veeman T S. Non – parametric Productivity Analysis with Undesirable Outputs: An Application to the Canadian Pulp and Paper Industry [J]. American Journal of Agricultural Economics, 2001, 83 (3) .

[47] Halicioglu F. An Econometric Study of CO_2 Emissions, Energy Consumption, Income and Foreign Trade in Turkey [J]. Energy Policy, 2009, 37 (3) .

[48] Hall R E, Jones C I. Why do some Countries Produce so much more Output per Worker than Others? [J]. The Quarterly Journal of Economics, 1999, 114 (1) .

[49] Harvey A C, Marshall P. Inter – fuel Substitution, Technical Change and the Demand for Energy in the UK Economy [J]. Applied Economics, 1991, 23 (6) .

[50] Hope C, Anderson J, Wenman P. Policy Analysis of the Greenhouse Effect: An Application of the PAGE Model [J]. Energy Policy, 1993, 21 (3) .

[51] Huang B – N, Hwang M J, Yang C W. Causal Relationship between Energy Consumption and GDP Growth Revisited: A Dynamic Panel Data Approach [J]. Ecological Economics, 2008, 67 (1) .

[52] Hwang D, Gum B. The Causal Relationship between Energy and GNP: The Case of Taiwan [J]. Journal of Energy and Development, 1992, 16 (2) .

[53] John A, Pecchenino R. An Overlapping Generations Model of Growth and the Environment [J]. The Economic Journal, 1994, 104 (427) .

[54] Jorgenson D W, Wilcoxen P J. Reducing US Carbon Emissions: an Econo-

metric General Equilibrium Assessment [J]. Resource and Energy Economics, 1993, 15 (1) .

[55] Kalogirou S A. Applications of Artificial Neural - networks for Energy Systems [J]. Applied Energy, 2000, 67 (1) .

[56] Kavuncu Y O, Knabb S D. Stabilizing Greenhouse Gas Emissions: Assessing the Intergenerational Costs and Benefits of the Kyoto Protocol [J]. Energy Economics, 2005, 27 (3) .

[57] Kemfert C, Welsch H. Energy - Capital - Labor Substitution and the Economic Effects of CO_2 Abatement: Evidence for Germany [J]. Journal of Policy Modeling, 2000, 22 (6) .

[58] Kraft J, Kraft A. Relationship between Energy and GNP [J]. Journal of Energy and Development, 1978, 3 (2) .

[59] Lee C - C, Chang C - P, Chen P - F. Energy - Income Causality in OECD Countries Revisited: The Key Role of Capital Stock [J]. Energy Economics, 2008, 30 (5) .

[60] Lee C - C. Energy Consumption and GDP in Developing Countries: A Cointegrated Panel Analysis [J]. Energy Economics, 2005, 27 (3) .

[61] Limao N, Venables A J. Infrastructure, Geographical Disadvantage, Transport Costs, and Trade [J]. The World Bank Economic Review, 2001, 15 (3) .

[62] Loisel R. Environmental Climate Instruments in Romania: A Comparative Approach Using Dynamic CGE Modelling [J]. Energy Policy, 2009, 37 (6) .

[63] Lu C, Zhang X, He J. A CGE Analysis to Study the Impacts of Energy Investment on Economic Growth and Carbon Dioxide Emission: A Case of Shanxi Province in Western China [J]. Energy, 2010, 35 (11) .

[64] Lu X, Pan J, Chen Y. Sustaining Economic Growth in China under Energy and Climate Security Constraints [J]. China & World Economy, 2006, 14 (6) .

[65] Maltsoglou I. Essays on Renewable Energy, Growth and Sustainable Development [D], UNIVERSITÀ DEGLI STUDI DI ROMA "TOR VERGATA" Doctoral Dissertation, 2009, Paper II.

[66] Manne A, Richels R Merge: An Integrated Assessment Model for Global Climate Change [J]. Energy and Environment, 2005 (3) .

[67] Markandya A, Golub A, Pedroso - Galinato S. Empirical Analysis of National Income and SO_2 Emissions in Selected European Countries [J]. Environmental and Resource Economics, 2006, 35 (3) .

[68] Marrero G A. Greenhouse Gases Emissions, Growth and the Energy Mix in Europe [J]. Energy Economics, 2010, 32 (6) .

[69] Masih A M, Masih R. On the Temporal Causal Relationship between Energy Consumption, Real Income and Prices: Some New Evidence from Asian – energy Dependent NICs based on a Multivariate Cointegration/Vector Error – correction Approach [J]. Journal of Policy Modeling, 1997, 19 (4) .

[70] Mehrara M. Energy Consumption and Economic Growth: The Case of Oil Exporting Countries [J]. Energy Policy, 2007, 35 (5) .

[71] Moon Y – S, Sonn Y – H. Productive Energy Consumption and Economic Growth: An Endogenous Growth Model and its Empirical Application [J]. Resource and Energy Economics, 1996, 18 (2) .

[72] Moslener U, Requate T. Optimal Abatement in Dynamic Multi – pollutant Problems when Pollutants can be Complements or Substitutes [J]. Journal of Economic Dynamics and Control, 2007, 31 (7) .

[73] Nakata T, Lamont A. Analysis of the Impacts of Carbon Taxes on Energy Systems in Japan [J]. Energy Policy, 2000, 29 (2) .

[74] Nakata T. Energy – economic Models and the Environment [J]. Progress in Energy and Combustion Science, 2004, 30 (4) .

[75] Narayan P K, Smyth R. A Panel Cointegration Analysis of the Demand for Oil in the Middle East [J]. Energy Policy, 2007, 35 (12) .

[76] Narayan P K, Smyth R, Prasad A. Electricity Consumption in G7 Countries: A Panel Cointegration Analysis of Residential Demand Elasticities [J]. Energy Policy, 2007, 35 (9) .

[77] Nordhaus W D, Yang Z. A Regional Dynamic General – equilibrium Model of Alternative Climate – change Strategies [J]. American Economic Review, 1996, 86 (4) .

[78] Nordhaus W D. An Optimal Transition Path for Controlling Greenhouse Gases [J]. Science, 1992, 258 (5086) .

[79] Nordhaus W D. Economic Aspects of Global Warming in a Post – Copenhagen Environment [J]. Proceedings of the National Academy of Sciences, 2010, 107 (26) .

[80] Nordhaus W D. To Slow or Not to Slow: The Economics of the Greenhouse Effect [J]. Economic Journal, 1991, 101 (407) .

[81] Paudel K P, Schafer M J. The Environmental Kuznets Curve under a New

Framework: the Role of Social Capital in Water Pollution [J]. Environmental and Resource Economics, 2009, 42 (2).

[82] Peck S C, Teisberg T J. Ceta: A Model for Carbon Emissions Trajectory Assessment [J]. The Energy Journal, 1992, 13 (1).

[83] Pezzey J, Withagen C A. The Rise, Fall and Sustainability of Capital – Resource Economies [J]. The Scandinavian Journal of Economics, 1998, 100 (2).

[84] Pindyck R S. Interfuel Substitution and the Industrial Demand for Energy: An International Comparison [J]. The Review of Economics and Statistics, 1979, 61 (2).

[85] Ramanathan R. An Analysis of Energy Consumption and Carbon Dioxide Emissions in Countries of the Middle East and North Africa [J]. Energy, 2005, 30 (15).

[86] Rasche R H, Tatom J A. The Effects of the New Energy Regime on Economic Capacity, Production, and Prices [J]. Federal Reserve Bank of St Louis Review, 1977 (5).

[87] Renou – Maissant P. Interfuel Competition in the Industrial Sector of Seven OECD Countries [J]. Energy Policy, 1999, 27 (2).

[88] Rose A et al., International Equity and Differentiation in Global Warming Policy [J]. Environmental and Resource Economics, 1998, 12 (1).

[89] Rupasingha A et al. The Environmental Kuznets Curve for US Counties: A Spatial Econometric Analysis with Extensions [J]. Papers in Regional Science, 2004, 83 (2).

[90] Sachs J D, Warner A M. The Curse of Natural Resources [J]. European Economic Review, 2001, 45 (4).

[91] Scheel H. Undesirable Outputs in Efficiency Valuations [J]. European Journal of Operational Research, 2001, 132 (2).

[92] Scrimgeour F, Oxley L, Fatai K. Reducing Carbon Emissions? The Relative Effectiveness of Different Types of Environmental Tax: the Case of New Zealand [J]. Environmental Modelling & Software, 2005, 20 (11).

[93] Seiford L M, Zhu J. Modeling Undesirable Factors in Efficiency Evaluation [J]. European Journal of Operational Research, 2002, 142 (1).

[94] Selden T M, Forrest A S, Lockhart J E. Analyzing the Reductions in US Air Pollution Emissions: 1970 to 1990 [J]. Land Economics, 1999, 75 (1).

[95] Serletis A, Shahmoradi A. Semi – nonparametric Estimates of Interfuel Sub-

stitution in US Energy Demand [J]. Energy Economics, 2008, 30 (5).

[96] Soderholm P. Fuel Flexibility in the West European Power Sector [J]. Resources Policy, 2000, 26 (3).

[97] Solow R M. The Economics of Resources or the Resources of Economics [J]. American Economic Review, 1974, 64 (2).

[98] Soytas U, Sari R, Energy Consumption and GDP: Causality Relationship in G-7 Countries and Emerging Markets [J]. Energy Economics, 2003, 25 (1).

[99] Soytas U, Sari R, Ewing B T. Energy Consumption, Income, and Carbon Emissions in the United States [J]. Ecological Economics, 2007, 62 (3).

[100] Soytas U, Sari R. Energy Consumption, Economic Growth, and Carbon emissions: Challenges Faced by an Eu Candidate Member [J]. Ecological Economics, 2009, 68 (6).

[101] Steenberghe V V. Core-stable and Equitable Allocations of Greenhouse Gas Emission Permits [R], CORE Discussion Paper, 2004.

[102] Stern D I. Energy and Economic Growth in the USA: A Multivariate Approach [J]. Energy Economics, 1993, 15 (2).

[103] Stern D I. The Rise and Fall of the Environmental Kuznets Curve [J]. World Development, 2004, 32 (8).

[104] Stiglitz J E. Notes on Estate Taxes, Redistribution, and the Concept of Balanced Growth Path Incidence [J]. The Journal of Political Economy, 1978, 86 (2).

[105] Stokey N L. Are There Limits to Growth? [J]. International Economic Review, 1998, 39 (1).

[106] Taylor M S, Copeland B A. North-South Trade and the Environment [J]. Quarterly Journal of Economics, 1994, 109 (3).

[107] Telli C, Voyvoda E, Yeldan E C. Economics of Environmental Policy in Turkey: A General Equilibrium Investigation of the Economic Evaluation of Sectoral Emission Reduction Policies for Climate Change [J]. Journal of Policy Modeling, 2008, 30 (2).

[108] Tone K. A Slacks-based Measure of Efficiency in Data Envelopment Analysis [J]. European Journal of Operational Research, 2001, 130 (3).

[109] Torras M, Boyce J K. Income, Inequality, and Pollution: A Reassessment of the Environmental Kuznets Curve [J]. Ecological Economics, 1998, 25 (2).

[110] Tsani S Z. Energy Consumption and Economic Growth: A Causality Analy-

sis for Greece [J]. Energy Economics, 2010, 32 (3).

[111] Wissema W, Dellink R. AGE Analysis of the Impact of a Carbon Energy Tax on the Irish Economy [J]. Ecological Economics, 2007, 61 (4).

[112] Yang H-Y. A Note on the Causal Relationship between Energy and GDP in Taiwan [J]. Energy Economics, 2000, 22 (3).

[113] Yu E S, Choi J-Y. Causal Relationship between Energy and GNP: An International Comparison [J]. Journal of Energy and Development, 1985, 10 (2).

[114] Yu E S, Hwang B-K. The Relationship between Energy and GNP: Further Results [J]. Energy Economics, 1984, 6 (3).

[115] Yu E S, Jin J C. Cointegration Tests of Energy Consumption, Income, and Employment [J]. Resources and Energy, 1992, 14 (3).

[116] Zhu J. Efficiency Evaluation with Strong Ordinal Iinput and Output Measures [J]. European Journal of Operational Research, 2003, 146 (3).

[117] 鲍健强，苗阳，陈锋．低碳经济：人类经济发展方式的新变革[J]. 中国工业经济，2009 (4).

[118] 贲兴振，杨宝臣．中国能源消费和经济增长的协整关系分析[J]. 哈尔滨理工大学学报，2005，10 (4).

[119] 蔡文灿．国际碳排放权分配方案的构建——基于全球公共物品和财产权的视角[J]. 华侨大学学报（哲学社会科学版），2013 (4).

[120] 曹广喜，杨灵娟．基于间接碳排放的中国经济增长，能源消耗与碳排放的关系研究——1995～2007 年细分行业面板数据[J]. 软科学，2012，26 (9).

[121] 陈诗一．能源消耗，二氧化碳排放与中国工业的可持续发展[J]. 经济研究，2009 (4).

[122] 陈文颖等．全球未来碳排放权“两个趋同”的分配方法[J]. 清华大学学报：自然科学版，2005，45 (6).

[123] 丁仲礼等．国际温室气体减排方案评估及中国长期排放权讨论[J]. 中国科学：D 辑，2009，39 (12).

[124] 范德成，王韶华，张伟．低碳经济目标下一次能源消费结构影响因素分析[J]. 资源科学，2012，34 (4).

[125] 付允等．低碳经济的发展模式研究[J]. 中国人口·资源与环境，2008，18 (3).

[126] 高鹏飞等．中国的二氧化碳边际减排成本[J]. 清华大学学报：自然科学版，2005，44 (9).

［127］公维凤等．全国及省际能耗强度与碳强度约束下经济增长优化研究［J］．财贸经济，2012（3）．

［128］顾六宝，肖红叶．基于消费者跨期选择的中国最优消费路径分析［J］．统计研究，2006（11）．

［129］顾六宝，肖红叶．中国消费跨期替代弹性的两种统计估算方法［J］．统计研究，2004（9）．

［130］顾培亮．能源投资与经济增长的相互关系探讨［J］．数量经济技术经济研究，1986（12）．

［131］管卫华，顾朝林，林振山．中国能源消费结构的变动规律研究［J］．中国学术期刊文摘，2006，21（3）．

［132］郭菊娥，柴建，席酉民．一次能源消费结构变化对我国单位 GDP 能耗影响效应研究［J］．中国人口·资源与环境，2008，18（4）．

［133］郭军华，李帮义．中国经济增长与环境污染的协整关系研究——基于 1991～2007 年省际面板数据［J］．数理统计与管理，2010，29（2）．

［134］韩旭．中国环境污染与经济增长的实证研究［J］．中国人口·资源与环境，2010，20（4）．

［135］韩一杰等．中国二氧化碳减排的增量成本测算［J］．管理评论，2010，22（6）．

［136］韩智勇等．中国能源消费与经济增长的协整性与因果关系分析［J］．系统工程，2005，22（12）．

［137］杭斌，李景华．马尔可夫转移概率的 OLS 估计——方法与实例［J］．数学实践与认识，1993（1）．

［138］杭雷鸣，屠梅曾．能源价格对能源强度的影响——以国内制造业为例［J］．数量经济技术经济研究，2007，23（12）．

［139］郝新东．中美能源消费结构问题研究［D］，武汉大学博士学位论文，2013.

［140］何梦舒．我国碳排放权初始分配研究——基于金融工程视角的分析［J］．管理世界，2011（11）．

［141］胡鞍钢等．考虑环境因素的省级技术效率排名（1999～2005）［J］．经济学（季刊），2008，7（3）．

［142］胡彩梅，韦福雷．OECD 国家能源消费，经济增长与碳排放关系研究［J］．统计与信息论坛，2011，26（4）．

［143］黄菁，陈霜华．环境污染治理与经济增长：模型与中国的经验研究［J］．南开经济研究，2011（1）．

［144］黄磊，周勇．基于超越对数生产函数的能源产出及替代弹性分析［J］. 河海大学学报：自然科学版，2008，36（1）．

［145］江激宇．产业集聚与区域经济增长：以中国制造业集聚为例［D］．南京农业大学博士学位论文，2005.

［146］解垩．能源消费与中国工业生产率增长［J］. 中国人口·资源与环境，2008，18（3）．

［147］金乐琴，刘瑞．低碳经济与中国经济发展模式转型［J］. 经济问题探索，2009，1（5）．

［148］鞠可一等．中国能源消费结构与能源安全关联的实证分析［J］. 资源科学，2010（9）．

［149］孔锐，储志君．我国石油需求预测及经济危机下的应对建议［J］. 中国人口·资源与环境，2010，20（3）．

［150］李惠娟，龙如银．资源型城市环境库兹涅茨曲线研究——基于面板数据的实证分析［J］. 自然资源学报，2013，28（1）．

［151］李慧明，杨娜．低碳经济及碳排放评价方法探究［J］. 学术交流，2010（4）．

［152］李金铠．自然资源与经济增长：对主流增长理论逻辑，认识和论证的反思［J］. 经济学动态，2009（9）．

［153］李静．中国区域环境效率的差异与影响因素研究［J］. 南方经济，2009（12）．

［154］李善同等．入世 10 年中国经济发展回顾及前景展望［J］. 北京理工大学学报：社会科学版，2012，14（3）．

［155］李陶等．基于非线性规划的我国省区碳强度减排配额研究［J］. 管理评论，2010，22（6）．

［156］李友华，王虹．中国低碳经济发展对策研究［J］. 哈尔滨商业大学学报：社会科学版，2009（6）．

［157］林伯强，孙传旺．如何在保障中国经济增长前提下完成碳减排目标［J］. 中国社会科学，2011（1）．

［158］林伯强，魏巍贤，李丕东．中国长期煤炭需求：影响与政策选择［J］. 经济研究，2007，42（2）．

［159］林伯强．电力消费与中国经济增长：基于生产函数的研究［J］. 管理世界，2003（11）．

［160］刘岩，于渤，洪富艳．基于可持续发展的可再生能源替代动态增长模型研究［J］. 中国软科学，2011（10）．

[161] 刘钻石，张娟．国际贸易对发展中国家环境污染影响的动态模型分析[J]. 经济科学，2011（3）．

[162] 马颖．基于耗竭性资源的内生经济增长模型分析[J]. 统计与决策，2012（21）．

[163] 宁泽逵．能源消费与经济增长协整分析：基于宏观数据的比较分析[J]. 统计与信息论坛，2010，25（3）．

[164] 牛叔文等．能源消耗，经济增长和碳排放之间的关联分析——基于亚太八国面板数据的实证研究[J]. 中国软科学，2010（5）．

[165] 潘家华等．碳预算方案：一个公平，可持续的国际气候制度框架[J]. 中国社会科学，2009（5）．

[166] 彭水军，包群．环境污染、内生增长与经济可持续发展[J]. 数量经济技术经济研究，2006，23（9）．

[167] 齐绍洲，王班班．碳交易初始配额分配：模式与方法的比较分析[J]. 武汉大学学报（哲学社会科学版），2013（5）．

[168] 邱立新，雷仲敏，周田君．中国能源结构优化的多目标决策[J]. 青岛科技大学学报（社会科学版），2006，22（3）．

[169] 沈能．能源投入，污染排放与我国能源经济效率的区域空间分布研究[J]. 财贸经济，2010（1）．

[170] 史红亮，陈凯，闫波．中国钢铁行业能源内部的替代弹性分析——基于超越对数生产函数[J]. 技术经济，2010，29（9）．

[171] 帅通，袁雯．上海市产业结构和能源结构的变动对碳排放的影响及应对策略[J]. 长江流域资源与环境，2009，18（10）．

[172] 宋德勇，刘习平．中国省际碳排放空间分配研究[J]. 中国人口・资源与环境，2013，23（5）．

[173] 宋涛，郑挺国，佟连军．基于面板协整的环境库茨涅兹曲线的检验与分析[J]. 中国环境科学，2007，27（4）．

[174] 苏伟，刘景双．吉林省经济增长与环境污染关系研究[J]. 干旱区资源与环境，2007，21（2）．

[175] 孙晓鑫，孔微巍．我国节能减排中一次能源消费结构优化问题研究[J]. 商业研究，2009（12）．

[176] 滕飞等．碳公平的测度：基于人均历史累计排放的碳基尼系数[J]. 气候变化研究进展，2010（6）．

[177] 涂正革．环境，资源与工业增长的协调性[J]. 经济研究，2008（2）．

［178］涂正革．全要素生产率与区域工业的和谐快速发展——基于 1995～2004 年 28 个省市大中型工业的非参数生产前沿分析[J]. 财经研究，2008，33（12）．

［179］王兵等．中国区域环境效率与环境全要素生产率增长[J]. 经济研究，2010（5）．

［180］王迪，聂锐，李强．江苏省能耗结构优化及其节能与减排效应分析[J]. 中国人口·资源与环境，2011，21（3）．

［181］王锋，冯根福．优化能源结构对实现中国碳强度目标的贡献潜力评估[J]. 中国工业经济，2011（4）．

［182］王锋．化石能源耗竭与气候变化约束下的经济低碳转型[J]. 当代经济科学，2012（3）．

［183］王海建．资源环境约束之下的一类内生经济增长模型[J]. 预测，1999，18（4）．

［184］王海建．资源约束、环境污染与内生经济增长[J]. 复旦学报（社会科学版），2000，（1）．

［185］王火根，刘志飞．能源消费结构变化影响因素实证分析[J]. 江西农业大学学报（社会科学版），2012，11（2）．

［186］王建民．减排目标约束对经济增长影响：理论框架与实证检验——基于中国 1991～2010 年的实证分析[J]. 经济管理，2012（6）．

［187］王金营，蔺丽莉．中国人口劳动参与率与未来劳动力供给分析[J]. 人口学刊，2006（4）．

［188］王良举，王永培，李逢春．环境库兹涅茨曲线存在吗？——来自 CO_2 排放量的国际数据验证[J]. 软科学，2011，25（8）．

［189］王明益．山东省能源要素产出弹性，替代弹性的实证研究——基于超越对数生产函数的岭回归估计[J]. 技术经济，2012，31（4）．

［190］王强等．能源效率对产业结构及能源消费结构演变的响应[J]. 地理学报，2011，66（6）．

［191］王韶华，于维洋．一次能源消费结构变动对碳强度影响的灵敏度分析[J]. 资源科学，2013，35（7）．

［192］王小鲁．中国经济增长的可持续性与制度变革[J]. 经济研究，2000（7）．

［193］王铮等．最优增长路径下的中国碳排放估计[J]. 地理学报，2010，65（12）．

［194］魏莹．碳排放权激励性分配方法研究[J]. 科技进步与对策，2013（12）．

［195］吴敬琏．转变增长方式关键在体制改革［J］. 金融经济，2005（11）．

［196］吴琦，武春友．基于 DEA 的能源效率评价模型研究［J］. 管理科学，2009，22（1）．

［197］吴巧生，成金华，王华．中国工业化进程中的能源消费变动——基于计量模型的实证分析［J］. 中国工业经济，2005（4）．

［198］邢继俊，赵刚．中国要大力发展低碳经济［J］. 中国科技论坛，2007，10（10）．

［199］许士春，何正霞，魏晓平．资源消耗，技术进步和人力资本积累下的经济可持续增长模型［J］. 哈尔滨工业大学学报（社会科学版），2008，10（4）．

［200］许士春，何正霞，魏晓平．资源消耗、污染控制下经济可持续最优增长路径［J］. 管理科学学报，2010（1）．

［201］薛进军，赵忠秀．中国低碳经济发展报告（2012）［M］. 北京：社会科学文献出版社，2011.

［202］闫庆友，汤新发．社会资本、资本替代与内生经济增长模型［J］. 运筹与管理，2013，22（4）．

［203］闫新华，赵国浩．环境库兹涅茨曲线及其影响因素分析［J］. 煤炭经济研究，2009，（12）．

［204］杨凯等．上海城市废弃物增长的环境库兹涅茨特征研究［J］. 地理研究，2003，22（1）．

［205］杨通进．全球正义：分配温室气体排放权的伦理原则［J］. 中国人民大学学报，2010（2）．

［206］杨宜勇，池振合．中国能源消费与经济增长关系研究——基于误差修正模型［J］. 经济与管理研究，2009（9）．

［207］易纲，樊纲，李岩．关于中国经济增长与全要素生产率的理论思考［J］. 经济研究，2003（8）．

［208］于渤，黎永亮，迟春洁．考虑能源耗竭、污染治理的经济持续增长内生模型［J］. 管理科学学报，2006，9（4）．

［209］于立宏，贺媛．能源替代弹性与中国经济结构调整［J］. 中国工业经济，2013（4）．

［210］张彬，左晖．能源持续利用、环境治理和内生经济增长［J］. 中国人口·资源与环境，2007，17（5）．

［211］张清，陶小马，杨鹏．碳减排约束条件下的内生经济增长机制研究［J］. 经济理论与经济管理，2010（11）．

［212］张晓．中国环境政策的总体评价［J］. 中国社会科学，1999（3）．

[213] 张志柏. 中国能源消费因果关系分析[J]. 财贸研究，2008，19（3）.

[214] 赵国浩，裴卫东，张冬明. 中国煤炭工业与可持续发展[M]. 北京：中国物价出版社，2000.

[215] 赵国浩. 煤炭资源优化配置理论与政策研究[M]. 北京：经济管理出版社，2010.

[216] 赵国浩等. 基于随机前沿模型的山西省碳排放效率评价[J]. 资源科学，2012，34（10）.

[217] 赵进文，范继涛. 经济增长与能源消费内在依从关系的实证研究[J]. 经济研究，2007，42（8）.

[218] 赵丽霞，魏巍贤. 能源与经济增长模型研究[J]. 预测，1998，6（6）.

[219] 赵柳榕，田立新. 西部能源结构的 Logistic 模型及其预测[J]. 管理学报，2008，5（5）.

[220] 赵细康等. 环境库兹涅茨曲线及在中国的检验[J]. 南开经济研究，2005，3（3）.

[221] 郑立群. 中国各省区碳减排责任分摊——基于公平与效率权衡模型的研究[J]. 干旱区资源与环境，2013，27（5）.

[222] 周立群，李伟华. 中国经济发展指标和碳排放指标的统一性分析[J]. 经济理论与经济管理，2013，33（10）.

[223] 朱永彬，刘晓，王铮. 碳税政策的减排效果及其对我国经济的影响分析[J]. 中国软科学，2010（4）.

[224] 朱永彬等. 基于经济模拟的中国能源消费与碳排放高峰预测[J]. 地理学报，2009，64（8）.

[225] 庄贵阳. 中国经济低碳发展的途径与潜力分析[J]. 国际技术经济研究，2005，8（3）.

后　记

本书的成稿是在赵国浩教授的悉心指导下完成的，能够师承赵老师的门下，我感到倍加荣幸。多年来，在赵老师的提携和帮助下，我有幸参加了国家自然科学基金项目（应对气候变化的煤炭资源低碳化利用理论与政策研究、煤炭资源优化配置的理论与政策研究）等多项重要课题研究，参与撰写了多篇课题报告和论文。赵老师严谨的治学态度、儒雅的学者风范和勤勉务实的工作作风已成为我学习、工作、生活乃至人生道路上的楷模。

此外，本书的顺利完成还要感谢李宝瑜教授、杭斌教授和张所地教授，正是他们在课内外关于经济学、计量经济学、管理学等基础知识的传道授业解惑，极大地拓展了我的知识面并使我获得了很多灵感和启发。感谢美国威斯康星大学白水分校赵玉山教授对我专业上的帮助和指引以及生活上的照顾和关怀。感谢石洪波教授每次在关键时刻给我的肯定与鼓励。感谢张华明、闫新华、高文静、朱美峰、杨毅、陈晋玲、周南南、高萍、张靖、陈凯、李立新和王立凯等为本书提出的宝贵建议。

衷心感谢我的父母，他们无私的爱使我能够全身心地进行研究，感谢他们的付出和对我的支持。感谢我的爱人一直以来对我的信任和鼓励，给了我不断前进的信心，同时，女儿的健康茁壮成长也给了我无穷的动力。

最后，谨借此机会向所有关心和帮助过我的朋友们表示衷心的感谢！

柳亚琴于太原
2014 年 11 月